CIDEG 产业发展与环境治理研究论丛

中国县级财政研究

1994—2006

侯一麟　王有强　编著

2011 年 · 北京

图书在版编目(CIP)数据

中国县级财政研究:1994～2006/侯一麟,王有强编著.—北京:商务印书馆,2011
ISBN 978-7-100-08782-7

Ⅰ.①中… Ⅱ.①侯…②王… Ⅲ.①县—地方财政—研究—中国—1944～2006 Ⅳ.①F812.7

中国版本图书馆 CIP 数据核字(2011)第 236369 号

中国县级财政研究
1994—2006
侯一麟 王有强 编著

商 务 印 书 馆 出 版
(北京王府井大街 36 号 邮政编码 100710)
商 务 印 书 馆 发 行
三河市尚艺印装有限印刷厂印刷
ISBN 978-7-100-08782-7

2011 年 12 月第 1 版 开本 880×1230 1/32
2011 年 12 月北京第 1 次印刷 印张 13 1/4
定价:36.00 元

项目负责人:

侯一麟　美国乔治亚大学,Stanley W. Shelton 讲席教授
王有强　清华大学公共管理学院,教授

项目组成员:

徐　涛　中央财经大学税务学院,博士,讲师
卜紫洲　清华大学公共管理学院,博士研究生
王广庆　清华大学公共管理学院,博士
樊　勇　中央财经大学税务学院副院长,副教授
马蔡琛　南开大学经济学院,副教授
武玉坤　华南农业大学行政管理系系主任,讲师
何逢阳　安徽省阜阳市经济技术开发区管委会主任,博士

目录

表

图

前　言

我国县级行政区划历史悠久、稳定；县级政府在政府架构中承上启下，在提供基本公共服务方面发挥着不可替代的重要作用；县级财政则直接关系到县级政府能否充分有效地履行其职能。在我国经济高速发展、城镇化快速推进的过程中，在贯彻落实科学发展观、全面推进省直接管理县级财政体制改革的大背景下，深入分析我国县级财政现状，探讨转移支付对县级财力的影响和财政管理进一步改革的思路，具有重要意义。

我们课题组在 2008 年 7 月承担了清华大学产业发展与环境治理研究中心 2008—2009 年度重大项目“财政管理制度改革对基层政府的影响：财政能力、事权执行及基础公共服务”。该项目已于 2010 年 12 月通过评审，按期结题。该项目的结题报告经过完善、充实，以现名“中国县级财政研究 1994—2006”，编入“产业发展与环境治理论丛”，交由商务印书馆出版。

本书的研究从三个方面聚焦：

(一) 政府管理

一个国家的治理模式与该国经济、社会、文化、历史诸方面的国情密切相关。在我国经济社会的建设和改革进程中,政府一直发挥着关键性的主导作用。改革开放以来,我国经济建设突飞猛进,取得了举世瞩目的成就;相关领域中的制度建设与经济增长不完全配套。这些对公共管理的理念、理论、方法和技术提出了新的要求和挑战。因此,进一步深入探讨政府主导型管理模式的运行机理和利弊得失,有助于促进我们加深对政府管理的认识和把握,解答政府管理实践中的困惑,更好地协调与优化政府、市场、社会三者之间的关系,从而极大地促进改革的深化,提高政府管理水平。

(二) 县级政府

为了在大样本的基础上分析财政管理制度改革及其对政府日常运作的影响,本书以县级政府为研究对象,并考虑中央和省级政府及其对县级政府的转移支付和决策控制。本书所说的"县级"是指县、(大城市的)市辖区和(不设区的)县级市。

选择县级政府作为研究对象有以下四点考虑:1.县制是我国历史上最稳定的一级行政单位,"萌芽于西周,产生于春秋,发展于战国,定制于秦朝"(朱舜,2001)。自"郡县制"建立以来,县一级就确立了在国家行政体系中的基础性地位。因其历史悠久,相关的官方史书及民间方志最丰富,研究最多面化。2.县级单位数量大,最能反映自然地理、历史文化特征,最能充分地体现社会转型过程中的多样化特点。作为一级行政区划,“县”上承中央和省市,下接乡镇,“连接城乡,沟通条块”(武君婷,2006)。3.县级单位处于政府层级的下端,日常管理运行更趋于技术层面,兼具管理、服务、协调的功能,承担着向居民提供公共产品的责任和发展基层社会经济的重任。县域已经成为当今我国政治、经济、社会、行政运作和民生改进的重要载体。充分认识、把握县级政府的管理机制对于提高政府管理水平、建设和谐社会具有直接、现实和深远的意义。4.本书也包括城市的区。多数城区与县在行政级别上相同,但其职能性质、服务范围很不一样。县级研究涵盖城区是国际上学术研究的惯例,原因是从地域上讲,所有公民必定居住在(本书所指的)某个县/区的地域内,样本包括城市的区有利于进行比较;当然,进行数据处理时,我们对县和区分别标记。

(三)财政运行

财政管理、人力资源管理和资产管理是现代政府运行的三大支柱。任何一项公共政策和决策的执行都需要财政保障。从公共管理和政策角度看,每当需要进行政府管理体制改革时,财政体制改革总与行政管理体制改革相伴,是公共管理进步的基础和推进器。可以说,政府财政管理制度是政府管理的纲。

近20年来,国外关于我国财政管理体制的研究呈快速增长的态势,其中尤其以世界银行和国际货币基金组织等为甚;美国和西欧一些国家主要大学及研究机构也有一批学者的研究成果具有重要参考价值;另外,在国际机构和著名高校中任职的华裔学者也开展了非常有益的工作,尤其值得关注。

国内学者在财政领域开展了大量卓有成效的研究工作,研究覆盖面广,课题密切结合政府实践,进展很快。然而,现有的政府管理研究多数以中央和省级政府为重点,触及基层的为数较少。在已有的县级管理体制研究中,实例叙述的多,实证分析的少;经验成分的多,原理分析的少;资料综述的多,实地调研的少。随着近年来规范和定量研究方法的推广应用,实证定量研究明显增多,但多用截面或单体序列数据。此外,现有研究很多就财政论财政,忽略了财政与其他领域的关系,如财政过程与政策过程的相互作用等重要方面。本书尝试在这些重要但尚缺乏研究之处开拓、探索。

本书系实证式研究,定量与定性方法并用。在实证分析上,我们使用财政部公布的县级财政1993—2006年面板数据,运用统计和计量的方法,分析税收、非税和转移支付各项收入,以及行政管理、教育等大项支出,并对收入支出的波动和县级教育财政投入的充足性进行计量分析,得出相应的结论。同时,我们深入基层政府,通过深度访谈,对财政运行和公共服务提供进行深入了解,直接感受到分税制改革以来我国基层政府运转方式的变革以及存在的问题，以弥补财政数据统计和计量分析之不足。

我们在项目启动初期(2008 年 7 月)举办了“中国县级财政问题研讨会”，邀请了国内权威专家对课题组的项目设计和实施方案提出意见和建议；2009 年 10 月，我们结合项目中期汇报举行了“县级财政收入、支出及预算管理研讨会”；2010 年 12 月，项目举行了结题报告会。在三次会议上，英国牛津大学黄佩华教授，北京大学林双林教授、平新乔教授，中国人民大学郭庆旺教授、郑新业副教授，中央财经大学王雍君教授、乔宝云教授、张莉副教授，财政部财政科学研究所贾康研究员、刘尚希研究员、苏明研究员、阎坤研究员，中国社会科学院农村发展研究所冯兴元副研究员，甘肃省财政厅范冬菊副厅长，财政部预算司薛伟处长，杭州市财政局金翔局长等学者、专家和政府官员分别给我们提出了宝贵的意见和建议。在此，我们再次对他们表示衷心的感谢。

本书内容分为 8 章。第 1 章为县级政府和县级财政，由樊勇、武玉坤完成；第 2 章为地方财政与转移支付基本理论，由樊勇、王广庆完成；第 3 章为县级税收收入分析，由樊勇完成；第 4 章为县级非税收入与转移支付，由王广庆完成；第 5 章为县级财政支出分析，由徐涛完成；第 6 章为县级政府预算管理，由马蔡琛、李璐、孟久儿完成；第 7 章为转移支付与县级教育服务，由卜紫洲完成；第 8 章为县级财政案例，由刘述良、何逢阳完成。

有一点需要特别说明，编著者对部分章节的个别观点有所保留；但考虑到这项研究的探索性，所以我们在统稿的过程中只纠正了发现的技术错误，仍保留了那些观点。

本书在许多方面有待进一步研究和完善，最主要的有两点：1.在分析县级财政改革的制度因素方面，只进行了定性分析，定量分析不够。2.在对县级财政收支以及相关问题进行实证分析时，由于数据缺乏，没有包括预算外收支，实证模型中也没有把制度因素纳入其中。对于书中的不足以及错误之处，我们真诚地欢迎读者批评指正。

侯一麟　王有强

2011年7月北京清华园

第1章　县级政府和县级财政

1.1 县级政府的形成与发展

县在中国的政区体系中具有核心和基础的地位，是各地地方特色、文化遗产形成的主要依托，也是政府治理"合法性"的重要表现。在长达两千余年的不断发展中，县在客观上形成了介于地方和基层之间，具有承上启下、沟通各方之作用的政区层级。

据历史学家考证，一般认为中国县制产生于春秋，发展于战国，全面推广于秦。秦统一六国以后，为了强化统治地位，对社会结构的各个方面进行了一系列的改革。在行政体制上，建立了郡县制，由统治者任命郡县的行政管理者。秦始皇统治的初期，将全国版图划分为36个郡，1000多个县。之后秦的版图不断扩大，秦末郡的数目增至48个，管辖1000多个县。在某种意义上说，秦朝郡县制的建立对于维护国家统一，保持社会结构的稳定起到了积极作用。

1928 年，民国政府将行政区划改为省、县二级制。这是中国现代化县制的开始，县的职能也发生了根本性变化。县制的改革和建设经历了两个阶段。在第一个阶段，国民政府关于县级行政制度的正式法律是《县组织法》，它的基本精神是逐步实现孙中山的县自治思想和完善、充实县、乡、镇各级行政组织。在第二个阶段，国民政府颁布了《县各级组织纲要》，实行将地方自治与“官治”的国家行政相结合的“新县制”，规定“县为地方自治单位”，“县为法人，乡（镇）为法人，乡（镇）之下编组保甲”。

1949 年中华人民共和国成立以后，我国对地方行政区划制度做了统一的、根本的调整，形成省（自治区、直辖市）、市（盟、自治州）、县（旗）三级行政管理体制，并写入《宪法》。1982 年，国务院决定改革地区体制，推行市领导县体制，并以江苏为试点。在这一过程中，原有的地区一级政府成为地级市，从省政府的派出机构转化为一级政府。1983 年 1 月，国务院批准江苏省撤销所有地区，地区所辖各县划归 11 个市领导。此后，该体制在全国各地推开。20 世纪 90 年代，随着“市领导县”体制的全面推行，事实上确立了省、地级市、县、乡镇四级地方行政组织体制，同时兼有省、县市、乡镇的特殊情况。在市领导县的体制下，县级市在“理论上”直接隶属于省级政府，行政地位与县相同，宪法中所指的“不设区（市辖区）的市”即县级市。县级市一般由省政府委托省辖市代管，但也有没有代管关系的县级市存在。2009 年的中央一号文件明确提出“省管县”的探索。所谓“省管县”体制是指我国的地方行政管理关系由目前的“省—市—县”三级体制转变为“省—市、县”两级体制，对县的管理由现在的“省管市—市管县”模式变为由省替代市。“省管县”有两层含义：一是财政意义上的省管县。在财政预算编制上，由省直接对县编制预算；在收入划分上，也由省对县直接划分。二是政府管理体制上的“省管县”，市县平级，不仅是财政体制，在人事权、审批权等经济社会各方面的管理权都由省直接跟县打交道。这一改革既使县以及县以下政府更好控制，也将使县一级的权力大为增加。

纵观历史，自秦始皇普遍推行郡县制以来，不管其他行政区划的名称、地位如何变化，县制始终保持不变，而且县在发展过程中，大部分行政区划和边界基本上保存下来。中国在现在和未来相当长的一段时间仍是县域的社会，县域仍然承载着国家基本的时代和发展主题。

1.2 县域经济发展

1.2.1 县域社会经济状况

1. 区域分布状况

我国的县级行政区划有 2862 个（香港特别行政区、澳门特别行政区、台湾省除外），其中：市辖区852个，县级市374个，县1464个，自治县117个，旗49个，自治旗3个，特区2个，林区1个。[1]

从东、中、西部三大地带看，东部分布着631个县，中部702个县，西部738个县。如果将西部的范围扩大到国家实施西部大开发战略的范围，即将内蒙古和广西两个自治区包括进来，西部地区的县为893个。以北方与南方来划分的话，北方的县为994个，占48%；南方的县为1077个，占52%。从省、自治区、直辖市看，县数最多的是四川省，为140个。超过100个的还有河北省（138个）、云南省（120个）、河南省（110个）。不算4个直辖市，县数最少的是宁夏回族自治区和海南省，均为17个。[2] 根据地形情况，全国可分为丘陵县、山区县和平原县三种类型。其中丘陵县531个，山区县895个，平原县为646个。[3]

截至2002年底，全国县域内人口总数达到9.35亿，占全国人口总数的73.3%。比例最高的是贵州省和西藏自治区，县域人口比例超过90%。大多数省的县域人口比例都在65%以上，只有辽宁、天津、北京和上海县域人口比例较低，尤其是京津两市，县域人口比例都在5%以下。[4]

---

〔1〕 数据来源：中华人民共和国民政部区划地名司·中华人民共和国行政区划统计表（截至2005年12月31日）。

〔2〕 数据来源：闫恩虎.县域经济论纲[M].广州：暨南大学出版社，2005.

〔3〕 数据来源：2000—2007中国县（市）社会经济统计年鉴。

〔4〕 数据来源：闫恩虎.县域经济论纲[M].广州：暨南大学出版社，2005.

2. 财政收支状况

以我国 2007 年县(市)地方财政一般预算收入数据进行统计，在 2070 个县级行政单位中，地方财政一般预算收入在 0.5 亿元以下的县市共有 429 个，行政区域土地面积 3494933 平方公里，2007 年年末总人口 7611 万人；处于 0.5—1 亿元的县市 368 个，行政区域十地面积 1488784 平方公里，人口 12955 万人；处于 1—2 亿元的县市 522 个，行政土地面积 1607319 平方公里，人口总数 26402 万人；处于 2—5 亿元的县市 484 个，行政区域土地面积 1699764 平方公里，人口 30594 万人；处于 5 亿元以上的县市 267 个，行政区域土地面积 675573 平方公里，人口总数 19535 万人(详见图 1—1 及表 1—1)。

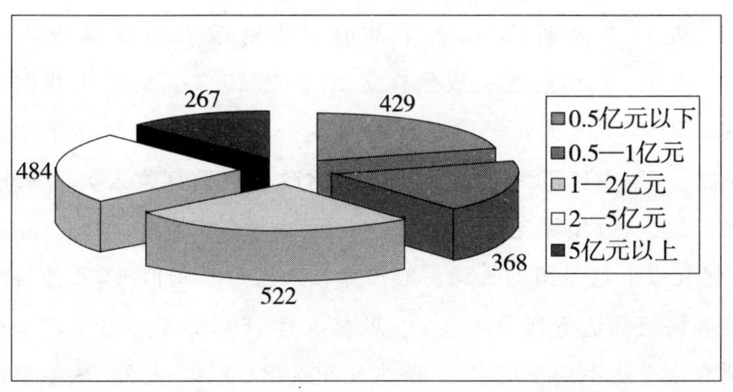

图 1—1　2007 年地方财政一般预算收入的县市分布图

表 1—1 2007 年全国县级政府按地方财政一般预算收入分组的社会经济基本情况

指标	单位	地方财政一般预算收入(2007 年)				
		0.5 亿元以下	0.5—1 亿元	1—2 亿元	2—5 亿元	5 亿元以上
县个数	个	429	368	522	484	267
行政区域土地面积	平方公里	3494933	1488784	1607319	1699764	675573
年末总人口	万人	7611	12955	26402	30594	19535
地方财政一般预算收入	万元	1104062	2715070	7600051	14829008	34906940
地方财政一般预算支出	万元	12162705	16199374	30192058	36844987	44366177

表 1—2 表明,全国每个县的平均财政一般预算收入为 29543.54 万元,财政一般预算支出为 67519.47 万元,平均财政缺口 37975.93 万元。1319 个县市的一般预算收入处于平均水平之下,所占比重为 63.7%。人均财政一般预算收入为 629.84 元,财政一般预算支出为 1439.44 元,财政缺口 809.6 元。除了 5 亿元以上这个组的人均一般预算收入超过平均值外,其他各组的人均值都达不到平均水平。就是说有 1803 个县市的人均一般预算水平达不到平均水平,所占比重为 87.1%。此外,从各组的财政缺口数据中可以看出,不论县市财政一般预算收入的高低,

县级财政的支出均大于收入证实了县级财政困难在我国是一种普遍现象。但是，随着预算收入的增加，人均的财政缺口在降低，在预算收入低于 0.5 亿时，人均的财政缺口为 1452.98 元，预算收入达到 5 亿元以上时，人均的财政缺口降为 484.22 元。

表 1—2　2007 年全国县级政府地方财政一般预算收入和支出分析表

指标	单位	地方财政一般预算收入(2007 年)				
		0.5 亿元以下	0.5—1 亿元	1—2 亿元	2—5 亿元	5 亿元以上
县均地方财政一般预算收入	万元	2573.57	7377.91	14559.48	30638.45	130737.60
人均地方财政一般预算收入	元	145.06	209.58	287.86	484.70	1786.89
县均地方财政一般预算支出	万元	28351.29	44020.04	57839.19	76126.01	166165.46
人均地方财政一般预算支出	元	1598.04	1250.43	1143.55	1204.32	2271.11
财政缺口	万元	11058643	13484304	22592007	22015979	9459237
人均财政缺口	元	1452.98	1040.86	855.69	719.62	484.22

从预算收入达 5 亿元以上的 267 个县(市)分布来看，其中 10 个东部省份中有 177 个县市，所占比例为 66.3%；7 个中部省份中有 45 个县市，所占比例为 16.85%；8 个西部省份中有 45 个县市，所占比例为 16.85%。可以看出，一般预算收入高的县大部分都分布在我国的东部地区，中部和西部地区明显落后，仅江苏、浙江、广东三个省份所占比例就达到 46.44%。这说明我国东部地区的

县市在经济、财政上都领先于中西部地区很多。表1—3反应了地方财政一般预算收入前10位的县市，集中在广东、江苏、浙江三省。前10位的县市平均一般预算收入为699556.6万元，高平均值29543.54万元20多倍。

表1—3　2007年全国县级政府地方财政一般预算收入(万元)前10位

省份	县名	地方财政一般预算收入(万元)
广东省	顺德区	900647
江苏省	昆山市	865562
广东省	南海区	842975
江苏省	张家港市	839800
江苏省	江阴市	823335
浙江省	萧山区	638828
江苏省	常熟市	600630
浙江省	鄞州区	528952
江苏省	吴江市	480957
江苏省	武进区	473880

3. 农民收入状况

以我国2007年县(市)农民人均纯收入数据进行统计，在2070个县级行政单位中，农民人均纯收入在1500元以下的县有49个，占2%；1500—2500元的有481个，占23%；2500—4000元的有644个，占31%；4000—6000元的有697个，占34%，6000元以上的有199个，占10%(见图1—2)。[1]

〔1〕 数据来源：2008年中国县(市)社会经济统计年鉴。

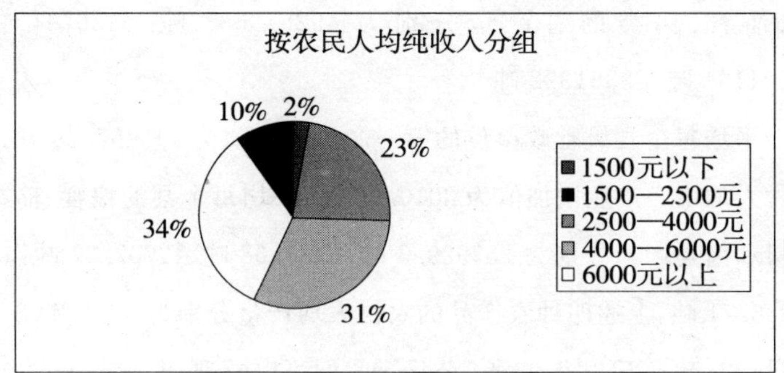

图 1—2　2007 年农民人均收入情况

农民人均纯收入排名前 10 名的县的平均收入水平为11555.1元。分布在浙江、江苏、广东地区(见表 1—4)。

表 1—4　2007 年全国农民人均纯收入排名前 10 名的县(市)

县名	农民人均纯收入(元)
长海县	16019
绍兴县	11871
萧山区	11730
慈溪市	11126
南海区	11080
余杭区	10983
鄞州区	10849
江阴市	10641
顺德区	10637
昆山市	10615

2007 年在 2070 个县级行政单位中，乡村人口总数为 80090 万人。全国县域第一产业增加值总值为 24108.84 亿元，粮食、棉

花、油料、肉类的总产量分别为 492513638 吨、6486731 吨、26304151 吨、78361322 吨。

平均每个县级行政单位的第一产业增加值为 116467.85 万元，农村人均第一产业增加值为 3010.22 元；平均每个县的粮食、棉花、油料和肉类产量分别为 237929.3 吨、3133.68 吨、12707.32 吨以及 37855.71 吨，上述四种农产品的农村人均产量分别为 0.61 吨、8.10 公斤、32.84 公斤以及 97.84 公斤。我们可以看到，人均农作物产量水平与农民纯收入水平没有明显对应关系，而肉类产量无论是县均还是人均都基本上表现出与收入同方向变动的情况。同时，其他农作物的县产量均值也都表现出与收入同方向变动。

表 1—5　2007 年全国县级政府农民收入及生产状况

按农民人均纯收入分组的社会经济基本情况						
指标	单位	农民人均纯收入				
		1500 以下	1500—2500	2500—4000	4000—6000	6000 以上
人均第一产业增加值	元	2014.11	1857.82	2703.29	3555.46	3796.04
人均粮食产量	吨	0.71	0.44	0.60	0.74	0.51
人均棉花产量	公斤	3.41	2.40	6.97	10.91	10.65
人均油料产量	公斤	23.74	17.80	37.76	36.00	31.81
人均肉类产量	公斤	69.81	70.09	93.94	115.45	95.28
县平均第一产业增加值	万元	37569.31	51814.2	108085.3	152012.6	194800.0
县平均粮食产量	吨	132767.8	122351.1	240593.9	315113.4	264224.2
县平均棉花产量	吨	635.76	669.15	2786.62	4664.66	5466.65
县平均油料产量	吨	4427.755	4965.214	15096.29	15393.06	16321.34
县平均肉类产量	吨	13022.12	19548.36	37558.33	49358.53	48894.56

4. 农业发展状况

以粮食生产来反映农业发展状况。根据 2007 年全国县(市)粮食总产量数据进行统计,粮食总产量在 5 万吨以下的县有 373 个,占 18%;5—10 万吨的有 351 个,占 17%;10—25 万吨的有 649 个,占 32%;25—50 万吨的有 419 个,占 20%;50 万吨以上的有 278 个,占 13%(见图 1—3)。[1]

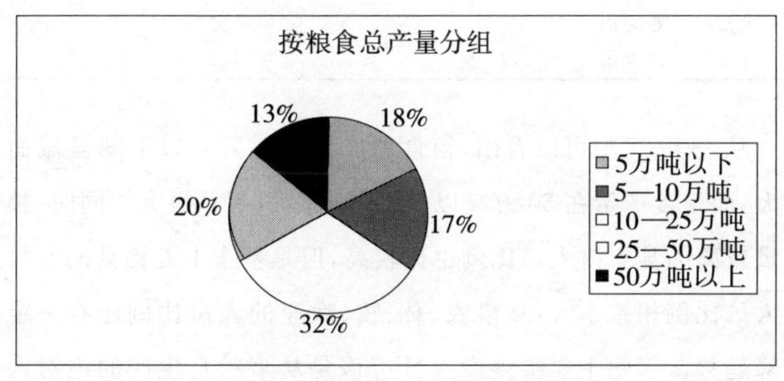

图 1—3　2007 年全国县粮食产量情况

我国粮食生产具有很强的地域性,全国粮食产量最高的 10 个县全分布在东北的吉林省(5 个)、黑龙江(4 个)、辽宁省(1 个),平均每个县的粮食产量 191.6 万吨,是最低档 5 万吨粮食生产县的近 20 倍(见表 1—6)。

---

[1] 数据来源:2008 年中国县(市)社会经济统计年鉴。

表 1—6　2007 年全国县级政府粮食总产量最高的 10 个县级单位

县名	粮食产量(万吨)
公主岭市	218
利树县	207.6
农安县	207.5
肇东市	206.8
五常市	201.2
榆树市	196
昌图县	184.5
巴彦县	175
双城市	172
德惠市	147.5

从表 1—7 中可以看出，粮食总产量在 5 万吨以下的县域面积很大，而粮食产量在 50 万吨以上的县域面积不是很大。同时，粮食产量较高的县农村人口比例也比较高，但是基本上五档县的农村从业人员比例相差不大，从事农、林、牧、渔业的人员比例还有一定的下降趋势。因此主要粮食产量县应该是从事粮食生产的绝对人数较多，而粮食产量较低的县从事林业、牧业或者渔业的人数更多。

从农村人均面积和农业机械总动力平均值指标来看，人均面积表现出五档逐渐下降的情况，而农业机械总动力平均值是增加的，这可以说明粮食产量较高的县粮食生产的效率较高，机械化程度更高；从第一、二产业增加值比值来看，粮食总产量在 5 万吨以下的县表现出较高的规模以上工业企业平均总产值，可能反映出粮食生产不具有优势的县更注重发展工业；从城镇固定资产投资平均完成额来看,粮食产量高的县有更多资金投入在城镇化建设上。

表 1—7　2007 年全国县级政府按粮食产量分组的社会经济基本情况

按粮食总产量分组的社会经济基本情况						
指标	单位	粮食总产量				
		5 万吨以下	5—10 万吨	10—25 万吨	25—50 万吨	50 万吨以上
县平均面积	平方公里	10923.7	2838.8	3192.2	2421.23	2910.67
农村人均面积	平方公里	1285.75	133.26	84.85	42.11	38.6
农村人口比例	%	69.59	80.01	84.07	82.81	83.53
乡村从业人员比例	%	52.45	54.02	54.50	54.41	54.55
从事农、林、牧、渔业人员比例	%	65.13	62.74	56.79	55.73	57.54
农业机械总动力平均值	万千瓦特	6.93	13.29	24.72	46.02	72.81
第一、二产业增加值比值	%	18.5	31.9	26.2	37.5	53.6
规模以上工业企业平均总产值	万元	10558.5	8026.3	8849.84	9595.55	8289.49
城镇固定资产投资平均完成额	万元	114419	148324	234894	30440	359238

1.2.2 县域发展存在的问题

1. 经济发展中存在的问题

(1)经济结构不合理

县域经济的主体是农业和乡镇企业、县属国有及集体企业等中小企业,这种特殊的经济结构使县域经济在体制转轨时期和买方市场出现的形势下陷入困境。中国农业经历了自 20 世纪 80 年代初以来的大发展后，正面临资源和市场的双重约束，处于一种结构调整和徘徊不前的状态。在 20 世纪 80 年代初、中期短缺经济和体制夹缝中成长起来的乡镇企业，不可避免地出现因低层次过度竞争带来的小而散、小而低和产品结构趋同现象。随着我国短缺经济的结束，对外开放的程度不断提高，国际经济一体化步伐不断加快，在全球企业纷纷实行强强联合、优势重组的今天，乡镇企业机制灵活的优势正在逐渐丧失，发展状况令人担忧；而许多县属国有企业和集体企业则因为包袱沉重、历史积累的矛盾众多，更显得难以为继。

(2)产业层次与劳动力素质较低

目前我国大多数县域经济仍未摆脱传统的生产模式和经济模式。2002 年，全国县域经济中，第一、二、三产业的比重为24∶43∶33。2070 个县域中，有 230 个县域农业比重在 50%以上，946 个县农业比重在 30%—50%，经济结构还比较单一，农业仍是大多数县的主导产业，且大多数县域的农业生产方式十分落后，生产分散、规模效益低；而同期全国经济中，第一产业比重仅为 14.5%。也就是说，县域经济的产业层次总体上比全国平均水平还要落后。

当前，我国大多数县域的工业发展落后，工业规模明显偏小，中高级技术产业几乎为零，工业效益还不高。目前，大多数县在计划经济体制下的国有经济基本破产或倒闭，国有企业职工下岗问题突出，原有企业遗留下来的诸多问题对企业改制和招商引资带来了很多困难。我国大多数县的民营经济尚处于初级阶段，缺乏国际一流的现代企业，缺乏国际知名的品牌。即使是发达的 100 个县域中，3 万多家规模以上的企业年销售收入为 2000 亿美元，仅相当于美国零售企业沃尔玛的年收入。百强县全部工业利润为 108 亿美元，仅相当于世界排名第八的美国英特尔公司的年利润规模。即使是最发达的 10 个县的 7000 多家规模以上的企业，年销售收入也不过是 660 亿美元，只相当于日本的索尼公司。目前，县域内工业对农业的反哺作用远未发挥出来，对农业产业化、城镇化的支持能力更为薄弱。

当前，县域劳动力素质明显偏低。据统计，县域单位 6 岁以上的人口，平均接受教育的年限是 7 年多一点，而城里平均受教育年限是 8 年多，相差 1 年多。在县域全部人口中，小学文化程度的占了 43%，即使是最发达的 10 个县里，人口平均受教育的年限还低于全国城市的平均水平。人才不足、教育落后是县域经济发展的一个突出问题，懂市场、掌握高新技术和法律知识的高层次人才更是匮乏。这种状况导致县域经济基础不牢，农民增收异常困难，同时也对县域经济的健康发展和国家粮食安全构成了严重威胁。

(3)工业化和城镇化的盲目性

目前县级地方政府在推动工业化和城镇化过程中还存在一定的盲目性，各地虽然意识到加快县域工业化和城镇化发展的必要性和重要性，但在实际操作中仍有诸多误区。

误区之一是认为工业化就要建工厂、建开发区、建基地。过多过滥占用土地、设立开发区的一个严重后果就是导致大量农民失地、失业、失利。据国土资源部的抽样调查和初步估计，在近 6 年中出现了 1700 万失地农民，有不到 200 万人得到安置或者继续从事农业生产，有 300 万人转向从事第二、三产业，但由于缺乏劳动经验和技能，只能从事临时性的短工。完全失地又失业的农民约 1200 万人，平均每年增加 200 多万人。另一个严重后果是导致了各地在招商引资方面的无序竞争，造成了大量低水平的重复建设，开发区缺乏应有的产业特色和优势产品，现有企业间的分工协作不足，产业内部组织化程度不高，内聚力薄弱。

误区之二是认为推进城镇化就是加快城镇建设，搞形象工程、政绩工程。不少县领导将推进城镇化工作的精力集中在建大广场、大市场、大马路、豪华办公楼上，这种所谓推进城镇化的做法不仅浪费了大量的建设资金，同时也极大地损害了“三农”的利益。这种做法的另外一个后果是增加了农民进城的成本，事实上反而阻碍了城镇化的进程。

(4)政府资源配置能力有限

对于绝大多数县来说，财政支柱是曾经在各个时期建立起来的县属国有企业、集体企业以及众多的乡镇企业。在商品短缺和市场竞争并不激烈的时代，效益都不错，但现在普遍面临着设备老化、人员过剩、产品粗糙等问题，企业没有竞争力，效益普遍不好，政府财力严重受影响。再加上 1994 年实施的财力逐渐向上级集中的分税制财政体制，处于最基层的县乡政府财力紧张。经济条件较好一点儿的县，除了“吃饭”外，还有一部分财力搞建设；更多的县财力仅够维持“吃饭”；还有相当一部分县连发工资都困难，根本拿不出钱来改善农村的基础设施条件和发展社会事业。

在财力逐渐向上集中的同时，国家、省级有关职能部门掌握大量的财力，他们在分配这些资金时，往往只从部门本身的工作出发，而不能很好地结合各个县的实际情况进行支持。换句话说，从县里的角度看，最需要支持的可能得不到支持，而能够得到支持的可能不是最迫切的。

2. 行政管理中存在的问题

(1)县政府权力与义务不对称

1982 年 12 月 4 日召开的第五届全国人民代表大会第五次会议通过的《中华人民共和国宪法》第一百零七条规定：县级以上地方各级人民政府按照法律规定的权限，管理本行政区域的经济、教育、科学、卫生、体育事业、城乡建设事业和财政、民政、公安、民族事务、司法行政、监察、计划生育等行政工作。《中华人民共和国宪法》明确了县级政府在发挥管理经济职能的同时，还负有实现辖区内充分就业、保证社会安定团结、促进县域社会发展和控制人口过快增长的社会职能。

20 世纪 90 年代中期以来，随着我国六大体制改革的推进，县以下的财权、事权都发生了较大的调整。从体制上看，县级行政单位出现了事权下放、财权上收、好的事权上收、坏的事权下放的倾向。自 1994 年以来，税务、工商、烟草、盐务、医药、技术监督、金融、养老保险、土地等部门陆续实行了上级垂直管理。从长远看，这种中央直属的垂直管理体系，有利于垂直部门对地方经济利益具有相对较大的超脱性和独立性，便于国家政策的贯彻实施，从而建立起全国统一大市场，有效防止地方保护主义。但从近期看，这种调整不利于县域经济的发展，并直接导致了县级政府权力和义务的明显不对称：一方面县级政府原有权力削弱，动用各方面力量发展经济、进行经济调控的手段明显弱化；另一方面，在一定程度上增加了县级政府与垂直管理部门之间沟通的难度，相互推诿、欠缺服务意识等问题随之产生，县域经济发展的难度随之增大。

(2)政府组织管理效率低下

在市管县之前，我国的行政层级由中央—省—县(市)—乡(镇)四级组成，虽然省县之间有一个地区行署，但毕竟是一个虚制层级。实行市管县体制以后，地区一级政权由过去的虚设变为实置，从而在省与县之间多出一个环节，行政层级变为五级。凡是县向省请示的工作，无论是政策性的，还是业务性的，即使可以直接与省沟通，一般也要通过市里的审查和推荐，降低了行政效率。五级的行政层级不仅在我国历史上不多见，在世界范围内也是很少采用的。从世界各国来看，大部分国家采取二级或三级管理，根据目前世界上 160 多个国家和地区的初步统计，超过三级的只有 17 个国家，占 11%。

从管理学角度来说，信息传递的中间环节要尽可能减少，以缩短决策层和实行层的行政距离，便于上下沟通，提高工作效率。县级政府作为我国行政管理的最基层,是各项政策的执行者。而我国现行的市管县体制人为地制造出一个中间层级,省、县之间的权力被层层截留,信息沟通受到阻滞,这在信息网络高度发达和交通十分便利的今天已越来越不合时宜,不利于调动县级基层政府的主动性、积极性和创造性。大量的理论研究成果证实,行政组织每多出一个层次,信息的失真、失落率就会成倍增加。少层次大幅度的扁平化组织结构是现代社会组织管理的主导模式。减少行政层次,加快信息传递速度,决策层能够尽快地对信息加以处理,并及时采取相应的纠偏措施,同时也有利于保证国家政令统一,提高行政效率,充分发挥县一级政府在经济发展和社会管理中的主体职能。

(3)市、县矛盾突出

当前,我国仍处于工业化加速发展的阶段,受各类资源要素的强烈约束,各级政府都试图通过占有更多的生产要素来加速发展。在现有的多级管理体制以及各级政府加快发展的意愿驱动下,市、县之间的矛盾在所难免。从各地情况来看,在工作上市把县当作自己的附属行政单位,要求县的经济发展从属于市区经济发展的需要,这就引发了两个利益主体的冲突。而且有些时候,中央和省都已完全下放的审批权限被市里截留,处在经济建设第一线的县域权力渐小,责权利不对。此外,由于地级市的行政级别高,在调配资源方面的权力更大,往往在财税分成、基建投资、项目上马等方面优先考虑市区,压制县域经济,广大县级政府及专家反应的"市压县"、

“市卡县”的现象严重。由此造成市县经济发展差距大、关联度低。

(4)行政管理成本居高不下

目前,我国的管理层次多,政府管理成本居高不下。以经济资源而论,我国人口众多、人均资源属世界中下等国家水平,且经济发展状况并不发达。五级行政管理体制,是政府公共机构臃肿的一个重要原因。据调查,我国目前一个县(市)享有县级领导待遇的干部一般有80人左右,副科级以上的干部一般为300人左右,加上一般的管理干部,人员数量之巨可想而知。诸多的财政供养人口,使得大多数县级财政仅能用于维持“吃饭”。

而以乡镇一级来看,不管地域多大,人口多少,财政承受能力如何,乡镇机构设置都要求上下对口,由此导致乡镇机构臃肿。目前,我国绝大多数乡镇除了党委、政府、人大主席团之外,还普遍设有“五站四所一中心一院”,“五站”为兽医站、文化广播电视站、林业站、水利站、小城镇建设交通管理站,“四所”为国土资源所、财政所、计生所、劳动和社会保障所,“一中心”为农业服务中心,“一院”为卫生院。初步估计,每个乡镇吃财政饭的人数至少在50人左右。

(5)县级财政困难问题突出

我国于1994年开始实行分税制财政体制改革,将75%的增值税和100%的消费税等划分为中央收入,中央本级收入明显增加,同时,各省、自治区、直辖市和地(市)两级政府的财政收入也有了较大的调高,而县和乡镇两级财政却非常困难。2003年592个国家扶贫重点县的地方财政预算内收入为314.6亿元,财政支出为 1214.6 亿元,[1]虽然有国家转移支付和各项扶贫项目投资的有力支持,但国家扶贫重点县的财政仍处于入不敷出的境地。财政的极度困难带来了地方政府的隐形债务问题,据有关研究报告指出,目前中国地方政府债务风险实际上已经超过金融风险,成为危及国家经济安全和社会稳定的头号杀手。因为财政缺口大,县域经济自主发展能力不强,县级政府调控手段虚弱,县级财政基本上是"吃饭财政"。县级政府基本没有财力考虑经济发展的财政支持,在支农、项目配套、结构调整以及小城镇建设方面心有余而力不足。而且因为政府负债,造成农民负担加重,县乡村政府信用明显降低。

1.3 县级财政制度及研究综述

1.3.1 县级财政体制的历史变迁 60 年:1949—2009[2]

1953 年之前,国家实行高度集中的财政体制,设中央、大行政

---

〔1〕 杨荫凯. 中国县域经济发展论—县域经济发展的思路与出路[M]. 北京:中国财政经济出版社,2005.

〔2〕 参考以下资料整理:马昊. 当代中国县级公共财政制度研究[M]. 北京:中国经济出版社,2008:79 - 82;阎坤. 中国县乡财政体制研究[M]. 北京:经济科学出版社,2006:7 - 41;谢旭人. 中国财政改革三十年[M]. 北京:财政经济出版社,2008:107 - 108。

区、省三级财政，县一级还没有建立较为独立的财政，而是列入省财政内；县级政府仅可以随同国家公粮征收不超过15%的地方税附加。1953年，县级财政正式独立，随后县级财政体制伴随着国家财政体制的演变而发展变化。

1. "统收统支，分级管理"财政体制下的县级财政（1953—1978）

1953年，我国进入第一个"五年计划"时期，新中国成立之初确定的"三统一"（财政、金融、物资）所对应的高度集中的财政管理体制已经不适合经济发展的需要了，地方政府有不断扩大财力和财权的需要。这一年在财政体制上的一个重要突破就是取消了大行政区财政，成立了县级财政，全国财政划分为中央、省、县三级。此时的县级财政虽有一定的收入和支出的范围，也有一定的管理权限，但总体上说还十分薄弱。1958年，针对县以下可控财力有限的问题，中央对地方财政实行了放权改革，县级财政有所增强。此时的县级财政收入有四个部分：地方固定收入（包括地方税收入、地方企事业收入）；企业分成收入（中央企业和下放地方企业20%的利润留给地方）；调剂分成收入（按地方财政收支的不同情况，确定不同的调剂分成比例）和中央专项拨款收入。总之，1953—1958年的财政体制是高度集权的，县级财政基本作为省级下属财政，在运行上很少有收支调整的空间和自己的融资调整方法。1958年开始实施"以收定支，五年不变"的财政管理体制，使县级财政管理权限进一步扩大，有了明确的收入来源，增加了机动财力,又使其收入同支出相结合,加上中央的"一定五年不变",财政管理相对稳定。

1959 年中央开始实行"总额分成,一年一变"的财政管理体制,基本的精神是:在继续下放收支项目的同时,适当收缩一部分地方机动财力,通过一年一变的办法,解决财政计划同国民经济计划不衔接的问题。这一年的财政改革的基本方针,一直执行到 1970 年。期间,县级财政的管理体制基本没有大的变化。1971 年财政部实施了"定收定支,收支包干,保证上缴,节余留用,一年一定"的体制,简称"财政收支包干"。1971 年的改革,贯彻了下放财权的精神,扩大了县级财政收支的范围,实行绝对数的包干大大调动了基层政府增收节支的积极性。但同时也造成了中央财政收入比重的下降(从 1970 年的 30%下降到 1971 年的 16.1%,1972 年的 13.8%),还造成了地方财力的不均衡以及地方盲目重复建设。1975 年,中央提出"收入按固定比例分成,超收部分另定分成比例,支出按指标包干"的办法。这种体制在当时财政收入不稳定的情况下,对保证地方及县级财政的必要支出起了较好的作用,但是由于收支不挂钩,不利于调动地方积极性和体现地方一级财政的责权关系,是一种过渡性的办法。1976—1979 年又再次实行了"收支挂钩、总额分成"的财政体制,但保留了县级财政在固定比例分成时的既得利益。

这一时期省以下县级财政体制基本上是比照国家对地方的体制形式,主要实行的是高度集中的财政体制,其间虽然经过多次大大小小的调整变革，但始终没有能够打破中央集中过多，地方财权较小的格局。

2. **“分级包干”财政体制下的县级财政体制**(1979—1983)

自 1980 年起，按照关于经济体制改革的决定精神，中央对地方实行了“划分收支、分级包干”的财政体制，全国省以下财政体制也进行了相应的改革。其主要内容是年初核定各市、县的年度财政收入和支出指标，然后收支挂钩，确定收入分成办法。完不成收入指标，就要压缩支出，自求平衡；收入完成得好，当年实际收入比上年有所增加，则对增加部分实行一定分成。

收入方面：多数省区的市、县所属企业收入、工商所得税、农业税和其他收入，作为市、县财政的固定收入；工商税和盐税作为省和市、县的调剂收入。如安徽省列入地方(行署、市、县)收入包干范围的有：地方所属企业、事业收入，工商税收，盐税，农业税和其他收入。支出方面：列入市、县的简易建筑费、农业、林业、水利、水产、农机等事业费，城市维护费、人民防空经费、抚恤和社会救济费、行政管理费等纳入市、县财政支出包干范围。

收支包干基数的核定。地方收支包干基数多是以 1980 年财政收支数为基础经适当调整以后核定的。如福建省收入以 1980 年实际入库数，支出以 1980 年省核定预算数为基础，并适当考虑 1981 年收支增减因素，经过调整后，由省核定收、支、缴(补)基数。而广东省原则上以 1980 年上级下达的年度财政收支计划(剔除一次性因素)为基数，个别地、市、县由于受灾影响调减的指标，已在确定基数时作了适当调整。

分成办法。当年实际收入比上年增收或减收部分，各省根据各地经济基础和收支情况，对地、市、县分别确定分成的办法。一般来讲，对增收的部分，有的是全部留用，也有全部上解，还有比例分成的，而对于减收的部分则实行定额补贴的办法。如河北省凡是地市固定收入大于支出的，按一定的比例上解省财政；凡是地市固定收入小于支出的，不足部分，由省财政给予定额补贴。而安徽省对当年实际包干收入超过包干基数的部分，实行比例分成，具体是：定额上交的合肥、蚌埠、芜湖市分成40%，淮南、淮北、马鞍山、铜陵、安庆市分成42%，省分成分别为60%和58%；定额上交的行署、县(市)分成55%。定额补助的行署、县(市)，超基数收入小于定额补助数的，全部留用；大于定额补助数的部分分成55%，省分成45%。

3."划分税种、分级包干"财政体制下的县级财政(1983—1987)

根据党的十二届三中全会《中共中央关于经济体制改革的决定》精神，结合第二步"利改税"实施后在分配关系上发生的新变化，国家从1983年起实行了"划分税种、核定收支、分级包干"的财政体制。按照国家的统一部署，结合当地的实际情况，从1985年起，全国大部分省份对各地市、县也层层实行了这种财政包干办法。

从收入划分来看，省级财政固定收入主要包括省直属各类国营企业的所得税、调节税、利润、计划亏损补贴，金融保险营业税，其他收入等。地市、县级财政分成收入包括工商税收（均不含作为中央、省和地市、县固定收入部分），地市、县所属各类国营企业的所得税、调节税、利润、计划亏损补贴和承包收入退库，农业税，其他收入等。地市、县级财政固定收入包括城市维护建设税，税收税款滞纳金、补税罚款收入，专项收入以及预算调节基金等。

关于支出范围的划分，财政支出划分为省级财政支出和地市、县级财政支出。省级财政支出主要有基本建设支出、企业挖潜改造资金、简易建筑费、流动资金、农林水利、文化教育、科学卫生等事业费、民兵事业费、优抚和社会救济费、工交商事业费、行政管理费、公检法司支出、其他支出等；地市、县级财政支出主要有用本级财力安排的基本建设支出、企业挖潜改造资金、流动资金、支援农村生产支出、城市维护建设费，农林水利、文化教育、科学卫生等事业费，工交商事业费，优抚和社会救济费，行政管理费，公检法司支出，其他支出等。

财政收支基数以 1983 年决算数为基数，调增调减一些收支因素后确定。

4.“财政包干”财政体制下的县级财政体制（1988—1993）

1988 年又进行了财政体制改革，主要内容有：全国 39 个省级单位和计划单列市分别实行了收入递增包干、总额分成、总额分成加增长分成、上解额递增包干、定额上解、定额补助等 6 种不同的财政包干体制。各省与所属各县政府采取逐个谈判、逐个落实的办法，相应地在地方财政之间进行了财政包干。财政包干体制在一定程度上片面地强调了地方利益机制。同时，采取基数法不可避免地存在讨价还价、压低收入基数、抬高支出基数，甚至故意隐瞒财政收入等互相扯皮现象和不端行为。而且，基数法的长期延续把历史造成的不合理因素保持并延续下来，在一定程度上加重了地方财政苦乐不均的状况。

5. 分税制下的县级财政(1994—2009)

1994 年以来，中央财政多次提出完善省以下财政管理体制的指导性意见，各地也陆续比照中央对地方的分税制财政管理体制框架，对省以下财政体制适时进行了调整，重点是收入划分、支出划分和转移支付等方面。从收入划分来看，受经济发展水平和产业结构差异的影响，各省以下政府间收入划分形式多样、差别较大，归纳起来大致有两种形式：一是按税种分成，二是总额分成。从支出划分来看，省级政府承担的事务主要包括：本级行政管理费，科技三项费，支援不发达地区支出等；省、市、县政府共同承担的事务主要包括：基本建设支出，公检法司、文化、教育、科学、卫生等各项事业发展支出，技术改造资金和新产品实验费，支农支出，价格补贴，社会保障补助支出等；市、县政府承担的事务主要包括：本级行政管理费，农林水部门事业费，城市维护和建设费，抚恤和社会福利救济，专项支出等。

与政府间收支划分相配套，转移支付同样是省以下财政体制的重要制度安排。由于自然禀赋、民族文化及经济发展差异较大，各省以下地区间财力差距较大。省级政府承上启下,承担着均衡辖区内财力差异的职责。1994 年以来省级财政通过集中财力,逐步建立了省对下转移支付制度,对于发挥省级政府的调控职能,缩小辖区内财力差距发挥了重要作用。

(1)地市本级与县(市)的事权与支出划分

实行分税制以来,各省地市本级与县(市)的事权和支出划分发生了一些变化,特别是因管理模式的变化致使在具体项目划分上,一些省的变化较大。但总体而言,目前在各地市对县(市)的分税制财政体制中,地市本级与县(市)的事权与支出划分基本相同。以广西为例,地市本级财政主要承担地市国家机关运转所需经费、协调县(市)经济和社会事业发展以及由本级直接管理的经济和社会事业发展支出。除了按分税制要求,核定给县(市)的税收返还外,地市本级财政支出具体包括:地市本级自筹的基本建设投资,企业挖潜改造资金,科技三项费用,行政管理费,公检法司支出,社会保障支出,政策性补贴支出,城市维护费,支援不发达地区支出,本级负担的农业支出、林业支出、水利和气象支出、教育支出、医疗卫生支出、科学支出以及抚恤和社会福利救济费、文体广播、工业交通和流通部门事业费及其他支出等。

县(市)财政主要承担本县(市)政府机关运转所需支出以及本县(市)经济、事业发展所需的支出。包括本县(市)自筹的基本建设投资,企业挖潜改造资金,科技三项费用,行政管理费,公检法司支出,社会保障支出,政策性补贴支出,城市维护费,支援不发达地区支出，县（市）负担的地方农业支出、林业支出、水利和气象支出、教育支出、医疗卫生支出、科学支出以及抚恤和社会福利救济费、文体广播、工业交通和流通部门等事业费及其他支出等。

（2）省以下政府间收入划分

分税制改革推行到省以下的财政收入分配体制之中，所有省区对中央财政分享后的财政收入又进一步在地方各级财政间进行分配。受经济发展水平和产业结构差异的影响，各省以下政府间收入划分形式多样、差别较大，但绝大多数的 28 个省区采用了按税种分税的方式，只有江苏、浙江和福建 3 个省份选择了总额分成的方式（其中江苏和浙江选择了基数加增量定比分成，福建则不考虑基数），总额分成虽然没有按照具体某个或某些税种分成，但可以理解为所有税种都按照相同的比例分成。

第一，税种划分

省以下税种划分大致有以下几种情况：

其一，收入稳定且规模较大的税种由省与市、县共享。全国大部分省区采用了这种模式。目前，省与市、县共享税种主要为增值税（25％部分）、营业税、企业所得税和个人所得税（地方分享的 40％部分）、城镇土地使用税等。

其二，收入较少的税种市（县）独享。目前划归地市或县（市）的固定收入税种主要有资源税、城建税、房产税、车船使用和牌照税、耕地占用税、印花税、契税、土地增值税等。作为地市或县（市）固定收入的税种虽然较多，但收入规模普遍较小，主体税种不多。尤其是国家取消农业税和除烟叶外的农业特产税后，情况更是如此。

其三，部分省市在按照以上两种方式划分收入的同时，规定主要行业或支柱产业的税收收入由省级独享。采用这种划分方式的省市较多。如天津市规定，交通及运输、邮政通信、石油石化、金融保险等行业的增值税、营业税、企业所得税、个人所得税、城建税、教育费附加，以及机场、港口、卷烟、汽车、天钢、天铁、钢管和创业环保公司的增值税、营业税、企业所得税、个人所得税等，划归市本级收入。河北省将石油、石化、有色、电力等 4 部门及省参与投资的电力企业缴纳的增值税、营业税划归省级收入。陕西省在 2004 年体制调整时明确，将全省电力企业（不含小水电）增值税，省级汇算清缴的电力增值税和西北电网有限公司过网费增值税附征的城建税及教育费附加，金融保险（含非银行金融机构）营业税以及随同征收的城建税和教育费附加，全省高等级公路通行费营业税以及随同征收的城建税和教育费附加，作为省级固定收入。此外，还有 20 个省将金融保险营业税全部作为省级固定收入。

第二，共享税的分享办法

共享税收的分享办法可以分为以下三种类型：

其一，按比例分享。目前，全国共有北京、天津、河北、山西、辽宁、吉林、黑龙江、河南、山东、湖北、广西、重庆、海南、陕西、甘肃等15个省采用这种方式划分省与市、县共享收入。省与市、县共享收入的划分比例主要有“五五”、“四六”、“三七”等，多数省级分享比例略低于市、县分享比例，体现了财力向下倾斜的原则，对于缓解基层财政困难有一定的积极作用。

其二，按隶属关系划分。目前，上海、浙江、安徽、江西等4个省仍采用这种划分方式。如浙江省将增值税、营业税和企业所得税按企业的隶属关系划分省级收入和市、县收入。需要说明的是，对国有资产经营收益、计划亏损补贴、行政性收费收入、罚没收入、专项收入等，各省均按隶属关系划分为省级固定收入和市县固定收入。

其三，按比例和隶属关系交叉划分。目前，内蒙古、江苏、福建、湖南、广东、云南、四川、贵州、西藏、青海、宁夏、新疆12个省份按这种方式划分共享收入。如广东省将增值税收入按企业的隶属关系划分，将企业所得税中源于国有企业的税收按企业隶属关系划分，源于非国有企业的税收由省与市县按“四六”比例分享，对营业税和个人所得税按“四六”比例分享。

1.3.2 县级财政研究综述

总体上看，多数学者都认为县级财政困难问题突出，收入来源少，支出增长过快，难以支持地方经济建设和公共事业的发展。按照财政困难程度的差别，地方官员和部分学者把全国县级财政形象地分为三种类型："吃饭型"、"要饭型"和"穷困潦倒型"（宋童文、邱旭东，2008）。"吃饭型"财政的县域经济发展比较快，财政收入增长比较稳定，上级补助占总财力比重较低，能保障政府机关的正常运转，但各项事业发展资金依然短缺，可用于经济建设和发展社会事业的财力十分有限。"要饭型"财政的自给程度较低，上级补助占总财力比重在60％到70％之间，自主财力难以维持政府机关运转的经费开支，根本没有能力支持地方经济建设和社会事业的发展。"穷困潦倒型"财政在分税制前后一直没有骨干企业，属于贫困县、亚贫困县或"有实无名"的贫困县，县域经济不发达，上级补助占总财力比重在80％以上，维持政府机关运转的正常经费开支，都要靠"寅吃卯粮"或借债，更谈不上支持经济建设和社会事业的发展了。

1. 县级财政制度存在的问题

（1）收入方面

对于县级财政收入制度存在的问题，学者们研究的结果大多集中在三个方面：财政收入不足、收入结构不合理、收入不平衡。

第一，财政收入不足

县级财政收入不足被认为是现行制度最主要的问题。阎坤（2006）提出"财政自给系数"，认为县级财政困难的表现就是财政自给系数偏低。马昊（2008）采用定量分析方法，通过计算财政自给系数，认为县级财政收入的总量明显不足，自给系数呈现不断下降的趋势，分税制改革严重削弱了地方政府的财政自给能力。另外，陶勇(2009)也分析了财政自给率，并且得出了相似的结论。

李保民(1994)和王迎春(2005)认为，经济实力差、人均水平低，高附加值财源少，缺乏作为财政收入支柱的骨干企业，主要财源的工业企业竞争能力差，经济效益比较低，财源基础不厚实，这些原因使财政收入难以增长。阎坤(2006)和马昊(2008)分析了分税制对县级财政的影响，认为分税制后中央掌握了大部分财力，地方财政非常困难，同时地区间政府收入也存在差距。暴景升(2007)认为实行分税制后，县乡两级政府收入主要依靠农业税，取消农业税以后，县乡政府的主要财政收入锐减，保证县乡政府有自身稳定税源和一定程度的税收自主权的问题暴露出来。马昊(2008)通过实证分析，认为对于以农业为主的地区，农业税一般占到当地财政收入的30%以上，个别县达到70%—80%，农业税构成了基层财政的主要收入来源，取消农业税加重了县乡财政的困难。

第二，财政收入结构不合理

学者们都注意到，在县级财政收入中，非税收收入所占比重较高，并且存在着相当规模的制度外收入。预算外收入的存在说明预算制度对地方来说仅仅流于形式，制度外收入本身就说明了财政制度的重大缺陷(暴景升，2007)。马昊(2008)指出，自分税制以来，税收收入占县级财政收入的比重呈下降的态势，行政性收费、罚没收入和其他收入成为拉动财政收入增长的主体。税收收入在地方财政收入的比重偏低与县乡政府主体税种不足有直接关系。

李一花(2008)对县乡税收结构变化进行了分析,得出的结论是:总体来看,农村税收中流转税的比重一直持续下降,财产税、所得税和资源税的比重不断提高,但目前农村税收中流转税的比重依然过大,适合地方征收的财产税以及企业和个人所得税等税种所占比例仍然太小。陶勇(2009)认为目前财政体制中过多采用"共享税"模式,地方共享税分配比例低,独享税少,这是造成县级财政收入不足的体制性原因。宋童文和邱旭东(2008)指出,真正留给县乡的税收大多是规模小、税源散、稳定性差,或面临取消,或征管难度大、成本高的小额税种,比如房产税、印花税等。作为承担基层政府重要职能的县乡财政,由于缺少主体税种,只得依靠税收返还、转移支付和非税收入来勉强维持运转。

第三,财政收入不平衡

目前各地政府收入不平衡的问题突出。从总体看,县级财政自给率的差距巨大,经济越是落后,财政自给率越低。从大的区域看,中西部地区县级财政的状况落后于东部。从省内看,各省县级财政收入的状况也是千差万别(马昊,2008)。各地自然资源等要素禀赋不同,财政收入来源的不一致也造成了财政收入的不平衡。中、西部的县多以农牧业为主,财政收入幅度地区差异较大(暴景升,2007)。东部地区县域人口占全国县域人口的31%,创造的生产总值约占全国县域地区生产总值的50%,县域地方财政收入平均规模为2.51亿；中、西部地区的县域人口占全国县域人口的60%，创造的生产总值约占全国县域地区生产总值的42%，县域地方财政收入平均规模分别为1.03亿和0.6亿。东部地区县域地方财政收入是中部地区的2倍多，是西部地区的4倍。因此，可以很清楚地看到东、中、西部地区县级财政收入差距（陶勇，2009）。

第四，其他原因

除了上述三个主要原因以外，还有学者提出了一些其他原因：1.不少地区不能充分利用政策效应；2.国家财政投入的许多发展资金使用效益不良，造成人力、物力、财力的浪费和损失；3.各地国有自然资源长期基本上无偿使用，导致严重的资源浪费和补偿不足（李保民，2005）；4.地方政府为争夺税源随意制定税收优惠政策（吴中学，2009）。这些都或多或少地导致了县级财政收入不足。

(2)支出方面

第一，县级财政支出增长过快

王迎春、马昊都认为县级政府规模过大，财政供养人口过多是导致政府支出增长过快的主要原因。马昊（2008）将政府规模存在的问题归纳为三个方面：一是政府规模不合理，结构失衡，表现为大、中、小县的政府规模没有明显区别；二是政府官员结构性过剩和功能性过剩并存，真正专业能力强的公务员少，官僚主义严重，铺张浪费，政府的行政效率低下；三是事业单位规模过大，使财政供养人口过度膨胀。王迎春（2007）指出，民办教师转公办后工资也由县级财政纳入预算，供养人口一增再增，县级财政基本上成了“吃饭财政”。

县级行政管理费支出日益膨胀是县级财政支出增长的又一重要原因，也反映出支出结构的不合理。马昊(2008)通过数据分析证明，在县级财政的支出中，支出增长快、规模大的是行政管理支出，各项事业费支出比例过重，而财政用于支持农业发展的资金明显不足。吴中学(2009)持有相同观点，他还指出，真正用于事业发展的资金并没有很大的增长，增长较快的是人员经费。

第二，财权和事权不匹配

几乎所有的学者都论述了目前县级财政制度中财权和事权不匹配，政府职能“越位”和“缺位”的问题。王迎春(2005)、阎坤(2006)和马昊(2008)都明确指出，目前地方政府承担职能过多，在省级政府向上集中资金，财权不断上移的情况下，县级及以下地方政府仍然要提供义务教育、本区域内基础设施、社会治安、环境保护、行政建设等多种地方公共物品，同时还要在一定程度上支持地方经济发展(马昊，2008)，出现了事权下移的局面。一般来说，随着事权的下移，也应该赋予地方政府更多的财权和财力。但是我国实行分税制的主要意图是扭转长期以来中央财政收入占全国财政收入比重过低的局面。由于中国政治和行政的高度集中，中央政府或上级政府享有绝对的权威，它可以通过税权的高度集中、改变税收共享比例等手段来提高自己的收入(陶勇，2009)。然而目前最大的问题是，在省级以下财政关系很不完善的情况下，省、市级政府有提高财政资金集中度的强力冲动。这使得在中央财政集中度大大提高的同时，省、市级财政的集中程度也不断加大，于是县乡财政困难重重（贾康、白景明，2002）。县乡政府的事权大都刚性强、欠账多，所需支出基数大，无法压缩。财权上收、事权下放直接使得县乡财政日益窘迫，赤字不断扩大。而政策性增支数额也使得县乡支出增加许多，事权超财权的不对称成为加剧财政困难的相当重要的因素（宋童文、邱旭东，2008）。但是，即便县乡政府承担了过多职能，却仍然存在“缺位”现象。县级财政用于支持农业发展的资金明显不足，对农业的科研投入严重不足（马昊，2008），提供的公共物品和服务不能满足需求（阎坤，2007）。

第三，其他

有学者还指出了增加财政补贴带来的影响。中央和省级财政补贴占财政支出的30％左右，县级财政补贴占10％以上。工资和补贴的增加，又必然引起生产成本的上升和财政支出的增加，从而引发通货膨胀，形成恶性循环。这成为县级财政平衡的致命难点。另外，由于现行预算允许专项列收列支，使本来有限的财政资金被分割和刚化了，难以调整，增加了财政平衡的难度（李保民，2005）。

有学者认为非税收收入的增长导致了非预算支出的增长，非税收资金中的相当一部分被用于改善办公条件、增加职工福利甚至公款吃喝等非建设性支出，它进一步使整个县级财政支出结构出现“一头沉”的不合理局面。预算外支出扩大，必然要侵蚀预算内资金，使预算内支出得不到相应的保证。预算内、外支出双轨运行，在支出监管上难以协调，造成各部门和单位之间经费开支差异扩大，既助长了行政事业费支出的不断攀升，也带来了资金使用中的极大浪费（吴中学，2009）。另外，还有学者认为财政支出区域不平衡，支出能力低下和财政资金的损失浪费并存也是县级财政支出制度的缺陷（马昊，2008）。

(3)转移支付方面

第一，对转移支付依存度高，但转移支付的数额不能满足县级财政支出的需要

县级财政能力的弱化，特别是2000年实行农村税费改革后，县级财政压力进一步扩大，使得县级财政进入了依靠转移支付支撑的时代。越是经济不发达地区、民族地区和农业地区，县级财政的能力越弱，对转移支付依赖性越大，县级财政的主要财源变成了上级转移支付，而且它的支出也高度依赖上级财政。上级财政完全可以通过“弹性很强”的补助与上解方式控制县级财政的收支规模与收支结构。在政府间财政关系的调整上，主导权完全在上级政府，县级政府往往处于被动的地位（陶勇，2009）。

第二，转移支付结构不合理

马昊（2008）以湖南省为例，说明从分项转移支付的均等化效应来看，税收返还的均等化效应很差，中央专项补助有一定的均等化效应，一般性转移支付均等化效应最强。陶勇（2009）通过对2006年中央对地方转移支付的分析，认为虽然具有均等化效应的一般性转移支付规模不断增长，但在中央转移支付总量中所占比

重还是不高，这势必影响到转移支付的效果。作为有条件转移支付的各类专项，都不具有均等化的效果，因为大多是配套性的专项拨款，获得拨款的多为发达地区；而且专项拨款还有可能造成地方政府不顾自身情况，盲目挤占财政资金乱上项目，造成资金的占用和亏损（李保民，2005）。

(4)县域基础教育

基础教育供给是县级政府的主要职能之一，也是造成县级事权过多、财力紧张的主要原因。2002 年国务院办公厅发出《关于完善农村义务教育管理体制的通知》（国办发[2002]28 号）改变了过去“由地方负责，分级管理”的体制，确立农村义务教育实行“在国务院领导下，由地方政府负责、分级管理、以县为主”的体制。在县级财权缩小、事权扩大的情况下，“以县为主”的义务教育体制从建立之初就面临种种困难。

官员魏强（2004）通过对湖南省三个县的调查，发现四大问题：“教育投入总规模有限，危房改造投入严重不足，不同程度的欠发教师工资或补贴，学校公用费用短缺。”所以，他认为“教育负担沉重”，中、西部省份贫困的县级财政无法从根本上保证义务教育经费投入，“以县为主”难以落实到位。学者吕丽艳（2004）据其对东北某农业县的调查也发现“以县为主”的义务教育体制实施中存在诸多问题，认为其原因有三：国家政策异化、财政体制弊端和成本分担格局不合理。王世忠和王一涛（2004）发现，尽管义务教育阶段已经实行“一费制”，但实施后义务教育乱收费现象依然存在。

戴罗仙(2005)发现税费改革减轻了农民负担,但同时却极大地影响着义务教育经费的来源渠道、义务教育经费收入规模以及义务教育的投资规模和结构。任仕君(2005)提出,义务教育资源配置不均衡主要表现在教育经费投入和教师队伍的差距上。吴理财(2005)通过对农村"留守"孩子问题的调查,发现"以县为主"的教育体制难以从根本上解决农村基础教育的投入问题,因为县乡财政原本是一体的,"以县为主"其实是一种"换汤不换药"的做法。建议形成中央、省、县三级按比例投入农村基础教育发展的新格局。李存生和杨永刚(2006)发现"教师自身素质低,显示教育评价和新课程评价相互矛盾、农村基础教育投入不足"等问题。彭世华和谭日辉(2006)认为"经济发展不均衡、社会发展不均衡、教育人事和工资制度不合理是导致县域基础教育发展不均衡的主要原因。

(5)其他方面

第一,财政包干体制导致的县级财政制度缺陷

现行财政包干体制包而不"干",包干的思想、范围、方式、方法,并不适应不同层次生产力水平的要求。县级财政赤字,是与各级政府在财政包干体制下的扩张冲动分不开的。中央向地方"借款",并且打入地方预算基数,影响地方积极性。现行财政体制以某个时期的收支额作为基数,一旦确定,尽管客观实际情况变化很大,体制也难变,形成苦乐不均,导致一些县级政府不顾财力平衡,想方设法增大支出基数,转移、压缩预算内收入,以防体制调整时吃亏(李保民,2005)。

第二,县级财政债务制度

县级地方债务规模庞大,种类繁多,结构复杂,或有债务问题突出,极易产生财政风险(马昊,2008)。包揽过多不该它承担的经济职能,政绩工程、达标工程大行其道,债务资金的无效率是县级政府形成债务的重要原因(宋童文、邱旭东,2008)。另外,债务管理体制分散,难以进行有效的债务风险量化,直接融资渠道缺位,这些都使得债务风险加大,增加了县级财政的不稳定因素。

2. 完善县级财政制度的建议

(1)收入制度

学者们对于完善县级财政制度的建议基本上都是要增收开源。闫天池和杨松建(2003)针对县级财政所依赖的经济基础薄弱问题,认为重点是积极采取措施,抓好县级财源建设,加快培植新财源,建立新的财政增长点。要从自身的基础设施、人才、技术等投资硬环境和软环境对资源开发进行分析,抓住时机,加快建设,切实提高财源建设项目的成功率,不勉强上新项目,造成资源浪费。在发展县域经济的过程中,财源建设项目的策划、立项、筹资要充分体现市场竞争和企业行为,政企分开,实现企业和政府"角色"的真正换位,让企业成为项目投资的主体,切实改变"厂长负盈,企业负债,政府负责"的状况。而且要抓好特色经济,搞好地方的建设和发展,增强县域经济实力。

张洪剑(2008)提出要根据县级政府的事权和支出需求,适当提高县级财政收入自给率,使每一级政府都有自己比较大宗的、稳定的税源。在财产税制改革的基础上，把财产税作为县级政府主体税的税种；采用国际通行的税基分享、分率计征的办法，调整共享税；实现非税收入的规范化管理，取消预算外资金，并将其纳入到预算管理中。地方政府提供的公共服务也应采用规范的公共定价制度。此外，应逐步创造条件，赋予地方政府适度的税收自主权、税率调整权和一定的设税权，以调动县级政府发展经济、自主理财的积极性，缓解基层政府财政运行的压力。

王迎春(2005)强调要强化征管，严格执行新《税收征管法》，加强"免、抵、退"税收优惠政策的管理工作，坚持农村税费定时、定点集中征收，并要进一步加强对非税收入的监督力度，严格管理各种行政事业性收费、政府性基金和罚没收入。在清理整顿的基础上规范行为，以收入考核机制的完善来调动增收的积极性，调整地方政府的职能范围。马昊(2008)通过县级财政制度的国际比较，提出地方要拥有主体税种作为地方财政主要的收入来源。上级政府的拨款(补助)在地方财政收入中要占有适当的比例。同时还可发行地方公债，这是地方政府财政收入的重要补充。

(2)支出制度

张洪剑(2008)主张要赋予县级政府更多的财权，使事权与财权相统一。按照公共产品的受益范围和层次，明确各级政府之间的事权和财政支出责任，改变目前县级政府集中了过多的事权而没有匹配的财权的状况，赋予县级政府相应的财权和财力，实现财力与支出责任的均衡，满足基层政府公共服务需要。

陶勇(2009)从中国目前的情况出发,认为要完善分税制和地方财政体制,首先就是要解决中央与地方政府事权划分错位、事权下放过低的局面。社会保障、缩小地区差距、计划生育等职能应由中央政府承担主要责任;义务教育和公共卫生等公共产品的提供应由中央和省级政府承担主要责任,而不能转嫁给县乡政府。政府间事权划分必须法制化,政府间事权的划分在国际上主要是通过立法而非行政干预来确立。各级政府事权的履行又需要其财权的保障,这些财权也是通过立法来保障的。

李保民(1994)认为要调整财政支出结构,整顿财政补贴。县级财政调整支出结构要以压缩行政经费和各项财政补贴为重点。首先是要严格控制人员编制,控制财政支出增长幅度,优化财政支出结构,尽可能挤出较多的财力支持生产发展。其次是清理整顿各项财政补贴,对企业亏损补贴,要严格区分经营性亏损和政策性亏损。对经营性亏损企业可采用亏损包干办法。超亏不补,减亏留用。对价格补贴,尽量补在生产、消费两个终极环节,合理压缩粮油、煤炭等的消费量,相应减少财政补贴。再次是对有经常性收入的行政事业单位,核定其抵支收入,减少财政拨款。凡收入较多、能自给的,财政就要停止预算拨款。

王迎春(2005)还提出要改革财政监督体制,加强财政的支出管理。财政支出管理的薄弱在一定程度上是由财政监督的不到位造成的。尽管改革以来我国逐步建立起了以财政部门为主体的财政监督体系,但在实际运作中却得不到足够的重视。

(3)转移支付制度

张洪剑(2008)认为要完善现行转移支付办法,逐步取消税收返还、体制补助等均等化较弱的一般性转移支付形式,用“因素法”代替“基数法”。要规范财政专项补助。我国目前的专项补助拨款,范围太宽,几乎覆盖了所有的预算支出科目;不少专项资金的分配使用缺乏事权依据和严格的制度约束,随意性大,客观性差,实际上是按照基数分配,客观上拉大了地区间的发展差距。

陶勇(2009)认为要调整转移支付结构,缩小税收返还和专项转移支付规模,扩大均等化转移支付规模。同时,应大幅度削减专项转移支付的配套要求,贫困地区的资金配套率应低于其他地区。让基层财政成为中央转移支付的主要接收者,要改变我国目前财政和政府级次过多的局面,通过财政体制的“扁平化”渐进带动行政体制的“扁平化”,最终减少行政层次。

(4)其他制度

宋童文、邱旭东(2008)觉得必须采取必要的措施缓解债务给财政带来的风险。明确公共财政的目标,建立公平有效的预算制度和官员审核制度,制定伴随税费改革相应的补助制度,建立偿债基金和债务资金的管理机构。张洪剑(2008)也认为需要认真清理化解县级债务,逐步建立债务风险防范体系。

阎坤(2006)提出融资多元化的建议。县级政府可以通过合理利用“使用者费用”筹资,地方债务融资以及 BOT、IPO、ABS 等融资方式，健全融资体系。同时，她还建议要重视基层民主建设，完善农村土地使用权的流转及人口流动制度，健全农村社会保障制度。王迎春(2005)也认为要进一步完善社会保障体系，增加社会保障支出。随着经济体制改革的进一步推进，发展社会保障事业是财政部门的重要职责。在市场经济条件下，企业的破产、兼并、重组都会影响劳动力的流动与安置，并且都以合理解决失业劳动者和退休人员的基本生活保障为前提。因此，社会保障制度的建立与完善是关键。为此，财政要进一步完善社会保障体系，增加社会保障支出，加快社会保障事业的发展，减轻企事业单位的负担，适时开征社会保障税。

已有研究在不同方面做出了相当的贡献，但也有明显的不足。

第一，研究人员大都缺乏对某一问题的持续关注，除少量受到特别项目资助(如孙学玉的研究)和专门研究机构的专项研究(经合组织的研究)外，大多研究者都没能对同一主题进行持续的推进式研究。而且不同研究者研究的独立性很强，少有对前期成果的详细评估。另外，研究者的学科背景较为分散。也许这正表征出县域研究领域的多样性特质，但多种学科背景的研究在一定程度上造成了相互间交流对话的困难。

第二，就研究方法及其数据来源看，定性研究占绝大部分，定量研究非常少。为数不多的定量研究中致力于理论建构的几乎没有，大多是利用调查数据进行假设或模型检验(如王慧霞和林晨的研究)。定性研究中，不同研究主题所选用的具体资料搜集和资料分析的方法区别较大。在县域政权、政府、政务以及县域经济的相关研究中，所用资料大多来自官方文件、已有研究的文献整理和少量的访谈资料，资料分析上呈现为对文件的解读、探讨政策执行的利弊、给出各自的研究对策等等。总的看来，这部分研究的学术意味不强，很多一部分更类似于略带学术口吻的评论。在县域财政和公共服务领域，较多的研究运用调查问卷和已有的公开调查作为资料来源，资料分析表现为对某一问题的具体状况的实证性描述，并带有相关的问题解析和对策建议。

第三，学者们的研究较少具有明确的时间跨度。近似评论的研究风格、研究方法上的定性特点、研究取向上的"宏大"走向使得大部分研究都倾向于讨论自某些特殊文件公布以来或特殊政策执行以来的一般情况，少有明确的时间界分，也少有不同阶段的比较研究。

第四，研究领域分布极不均衡。中国是个中央集权型的单一制国家，行政隶属关系构成了上下关系的主要内容，但当前对县级政权、政府在上下级间的地位、角色和作用方式即"条条"等方面缺乏研究，已有的资料多是教材意义上的正式制度的简单描述，缺乏对正式制度和各种非正式制度的实证分析。

第五，相比较而言，县域财政的研究较为丰富。财政体制改革尤其是分税制以来的地方财政体制、县级财政收支情况是研究的焦点。但当前的县级财政研究还仅仅停留在县财政收支总量描述和财权与事权相对等的研究层面，对财政管理效率、运作效率、资源配置等功能少有研究。

1.3.3 县级财政体制创新

1. “省直管县”[1]

“省直管县”的财政体制，是指省级财政直接管理地（市）级和县（市）级财政，地方政府间在事权和支出责任、收入的划分，以及省对下转移支付补助、专项拨款补助、各项结算补助、预算资金调度等方面，都由省级财政直接对地（市）和县（市）级财政。虽然福建、黑龙江、广西等省（区）的地（市）、县（市）两级财政在资金调度等方面仍有一定关系，但县级财政体制、转移支付等主要职能已经属于省级直管，因此也列入了“省直管县”范围。到 2010 年，全国共有 10 多个省（自治区、直辖市）实施了“省直管县”的财政体制。

从一些省份的实践看，“省直管县”的财政体制改革都坚持了以下基本原则：一是维持现行利益分配格局。保证各级财政现行体制和政策规定范围内的既得财力不受影响，促进市、县（市）财政平稳运行。二是共同支持县域经济发展。妥善处理省、市、县（市）三级政府间利益分配关系，充分调动县（市）自我发展积极性，省、市财政继续加大对县（市）的支持力度，促进县域经济发展。三是坚持权责统一。在改革财政体制的过程中，省、市、县（市）财政要

〔1〕 谢旭人. 中国财政改革三十年[M]. 北京：财政经济出版社，2008：107－108.

承担相应的管理责任。省财政要加大对县（市）财政的支持力度，帮助解决县乡财政实际困难；市财政要继续履行对县（市）财政的指导、支持和监督的职责；县（市）财政要规范管理，加强自我约束。四是积极稳妥、有序推进。先建立省直管县（市）财政体制改革的基本框架，再逐步完善和规范。

关于改革的内容，各省的具体做法虽然各不相同，但以下几个方面则基本一致：一是预算管理体制。实行“省直管县（市）”财政体制，主要是改变省管市、市管县（市）的财政管理模式，基本上不调整财政收支范围，但一些省对不符合支持县域经济发展要求的市、县（市）收支范围划分，进行了适当的规范和调整。二是转移支付及专项资金补助。省对下各项转移支付补助按照规范的办法直接分配到县（市）；省财政的专项补助资金由省财政厅会同省直有关部门直接分配下达到县（市）。三是财政结算。年终财政结算项目、结算数额，由省财政直接结算到县（市）。市对县（市）的原各项结算、转移支付及资金往来扣款等，由省财政根据市财政有关文件规定固定数额，分别与县（市）财政办理结算。四是资金报解及调度。各市、县（市）国库根据财政体制规定，直接对中央、省报解财政库款，同时，省财政直接确定各县（市）的资金留解比例，预算执行中的资金调度，由省财政直接拨付到县（市）。五是债务偿还。原县（市）举借国际金融组织贷款、外国政府贷款、国债转贷资金和中央、省级政府债务等，由市与县（市）两级核实后，由省财政分别转账到县（市），到期后由省财政直接对县（市）扣款，未核对清楚的继续作为市政府债务处理。新增债务分别由市、县(市)财政部门直接向省财政办理有关手续并承诺偿还。

从体制运行情况看,“省直管县”的财政体制创新发挥了明显成效:

(1)有利于发挥省级财政在省辖区域内对财力差异的调控作用,帮助困难县解决财政运转困难。特别是对于地区之间经济发展不平衡问题比较突出,而地级市本身财政状况又比较困难的省,实行省直管县的财政体制,有利于省级财政从全局的角度出发,合理分配财力,发挥省级财政对各市县财力差异的调节功能,以帮助解决困难县的实际困难,确保困难县财政正常运转的资金需要。从资金调度的角度来看,由于省级财政调节能力相对较强,更有利于保证县级干部职工工资的及时发放和社会保障支出等重点支出资金及时拨付到位。

(2)有利于减少财政管理级次,降低行政成本。省直管县财政体制,由于在管理层次上省直接对县,没有中间环节,有利于提高工作效率和确保政策措施的及时贯彻落实。这种体制,相对提高了县级的财政级次,使县级与地级市成为平等的主体,在项目的申报、情况的反映上使信息传递更加快捷、准确,在信息的对称性安排上也更加科学,有助于提高信息的有效性,使决策更加科学。同时,由于减少了省以下政府间财政管理级次,既降低了财政管理运行成本,也有助于促进政府管理组织架构趋于扁平化,为行政管理体制改革的深化提供有益的借鉴。

(3)有利于避免地级市财政截留、挤占县财政的资金,避免地级市财政对县财政的不恰当集中。从总体上看,我国局部地区地市一级财政保障能力仍然不高,但其困难更多的体现为发展中的困难,是城市建设中的困难,是加快推进城镇化进程中遇到的困难;而县级财政困难则体现为基本运转的困难,因此,部分地区地级市财政对县级财政不恰当的财力集中将使县级财政困难进一步加剧。实行省直管县的体制,有助于解决这些问题。

(4)有利于实现城乡共同发展。采用“省直管县”的财政体制,让城市把更多的精力和有限的财力投入到城市基础设施建设和支持经济发展中去,加强对资金使用的绩效管理,避免资金的低效使用。各县可以根据自身的特点和优势积极主动地发展县域经济,大力发展有自己特色的农业、工业、商业、旅游业等产业,使县域经济得以健康和快速发展,改变县域经济长期以来发展缓慢和被动的局面。而县乡则可以根据自身优势和特点发展经济,构建县乡和谐社会,从而促进城市和县乡统筹协调发展。

2.“乡财县管”〔1〕

“乡财县管乡用”是以乡镇为独立核算主体,由县级财政部门直接管理并监督乡镇财政收支,实行县乡“预算共编、账户统设、集中收支、采购统办、票据统管”的财政管理方式。它是以缓解乡镇财政困难,加强乡镇财政收支管理,规范乡镇财政支出行为,强化

〔1〕 谢旭人.中国财政改革三十年[M].北京:财政经济出版社,2008:107-108.

财政监督职能为目的进行的县乡财政管理体制改革。

针对农村税费改革后县乡收支格局特别是乡镇财政职能的变化，为规范乡镇政府收支行为，保证基层正常运转，安徽等省份改革和完善县乡财政管理方式，对除少数经济比较发达的乡镇之外的其他乡镇，在保持乡镇资金所有权和使用权不变的前提下，试行了“乡财县管乡用”的财政管理模式，将乡镇财政收支纳入县级预算管理。2007 年度，全国已有 28 个省级区域较全面地或部分地推行了这一改革。

“乡财县管乡用”改革的主要内容：一是县（市、区）对乡镇比照县直单位编制部门预算；二是统一设置财政收支结算账户，取消乡镇财政所设置的财政总预算会计，改为在乡镇财政所设置乡镇政府单位预算会计，负责乡村两级财务管理；三是实行国库集中支付，乡镇财政支出以年初预算为依据，按“先工资、后重点、再一般”的原则，通过国库直接支付或授权支付；四是实行政府采购制度，编制乡镇政府采购预算，由乡镇根据年初政府采购预算，提出申请和计划，经县（市、区）财政相关职能部门审核后，由县（市、区）政府采购经办机构集中统一办理；五是票据县级统管，乡镇使用的行政事业性收费票据及其他税费征缴凭证等，其管理权收归县（市、区）财政部门管理，实行票款同行、以票管收。在改革管理方式的同时，各地还根据农村税费改革后的新形势，重新明确了乡镇财政所的职能，对乡镇财政机构进行了改革。

从部分试点地区的情况来看，实行“乡财县管乡用”改革，在坚持乡镇“三权”不变(即预算管理权不变、资金所有权和使用权不变、财务审批权不变)的前提下,实施综合财政预算,集中和加强了乡镇收入管理,控制和约束了乡镇支出需求,统一和规范了乡镇财务核算,遏制和缩减了乡镇债务规模。通过改革乡镇财政管理方式,堵塞了收入截留、流失和支出挪用、浪费的漏洞,提高了县乡财政管理水平;管住了乡镇“乱收费、乱进人、乱花钱、乱举债”的状况,减轻了农民负担,巩固了农村税费改革的成果;推进了乡镇公共财政改革的进程,缓解了乡镇财政困难;推动了乡镇政府职能的转变,促进了社会稳定。

(1)统一了预算管理,加强了税收征管

一是实行“乡财县管乡用”后,乡镇财政收入和预算外资金全部缴入县国库,加强了县财政对乡财政收入的统一管理,通过实施综合财政预算,增强了县级财政的调控能力。二是通过加强账户、票据管理,将“票款同行”、“以票管收”、“收支两条线”等管理措施落到实处,从源头上杜绝了乱收费、乱摊派现象的发生,进一步巩固了农村税费改革成果,减轻了农民负担。三是县财政对乡镇财政所(农税所)实行垂直管理,乡镇财政所收支管理的大部分工作转移到县财政会计核算中心,乡镇财政所的主要精力转为加强税收征管(取消农业税和农业特产税后,财政所负责征收的税收主要包括耕地占用税、契税),有利于做到依法征税,应收尽收。

(2)规范了财务核算,加强了支出管理

一是通过制定统一的财务核算制度,加强审批约束力,明确了统一的支出范围和定额标准，规范了财务核算办法，增加了乡镇财务透明度。如“乡财县管乡用”后，不仅各项支出要有正式发票，而且要根据财政监督管理规定进一步加强对支出的审核，完善了支出手续，杜绝和减少了以前乡镇工程建设、来客招待等“白条”满天飞的现象。二是有效地防止了截留、挪用、滥支现象的发生，确保了重点资金及时足额拨付。如在县级同时设立“村级资金专户”和“乡镇结算专户”，按使用对象将资金分别划入相应专户，从制度上断了乡镇“雁过拔毛”截留挪用的路子。按照“保工资、保运转、保重点”的顺序合理安排支出，保障了乡镇工资正常发放。三是约束了非正常性开支，控制了乡镇财政的不合理支出。压缩了招待费、会议费、电话费、燃修费等一般性支出，清理清退不在编人员，严格控制乡镇财政供给人员，减轻了财政负担。

(3)扎住了乡镇举债的口子，遏制了乡镇债务膨胀

在彻底清查乡镇债务的同时，严格明确了乡镇不能随意举债，有效扎住了乡镇举债的口子，对乡镇债务实行“先刹车、后消肿”，初步遏制了债务膨胀。

与前述“省直管县”的改革相仿，“乡财县管”的改革也符合财政层级“扁平化”的改革逻辑，从中长期看，将对于贯彻落实省以下的分税制和实现县乡基层的综合配套改革，提供十分重要的制度创新贡献和配套条件。

3. “三奖一补”

2005 年，中央财政安排 150 亿元资金实施“三奖一补”政策，

力图通过这一政策在三年内逐步缓解县乡财政的困难。第一个“奖”是对财政困难的县政府增加税收收入和省市级财政增加对困难县财力性转移支付的给予奖励。对财政困难的县政府通过发展经济方式增加的税收收入以及省市政府增加的对困难县财力性转移支付,中央财政按照一定的系数,并考虑各地财政困难程度,给予适当的奖励。第二个“奖”是对县乡政府精简机构和人员的给予奖励。对撤并乡镇取得进展的,中央财政根据减少的乡镇单位数,给予一次性奖励。对积极采取措施减少财政供养人员的地区,中央财政根据减少人数给予一定的奖励。第三个“奖”是对产粮大县给予奖励。为鼓励粮食生产,减轻产量大县的财政压力,中央财政对产量大县考核粮食播种面积、粮食产量、粮食商品量等因素给予奖励,奖励政策对财政困难的县适当倾斜。所谓“一补”是对以前缓解县乡困难工作做得好的地区给予补助。中央财政对奖励政策实施以前,省市级政府财力向下转移较多、机构精简进度较快、财政供养人员控制有力的地区,给予适当补助。“三奖一补”政策一方面加强了财政体系内部各个财政层级之间的内在联系,特别是高端财政和基层财政之间的信息沟通;另一方面,通过“以奖代补”政策在转移支付制度中建立激励约束机制,在基层财政解困过程之中形成中央、省、市、县、乡五级财政的良性互动,充分调动基层财政优化公共支出结构、提高公共支出效率的积极性,避免上级财政转移支付资金分配和使用上的“寻租行为”和“道德风险”。

1.4 经验与问题

1.4.1 经验[1]

改革开放 30 年来，我国财政体制改革走过了不平凡的历程，取得了重要进展。特别是经过 1994 年的分税制财政体制改革及其后的不断调整和完善，目前已经建立起适应社会主义市场经济发展要求的财政体制框架。

1. 应立足现实国情

政府间财政关系遵循一定的基本规则，但受一国历史传统、政治体制、经济体制和文化背景等影响，并无放之四海皆准的制度模版，必须与特定国情紧密结合。我国的特殊国情决定了财政体制的改革必须服务于中国特色社会主义的建设与发展。如在改革初期，放权让利的改革思路和“分灶吃饭”的行政性分权有利于冲破高度集中的计划经济体制的重重束缚，增强微观经济主体和国民经济的活力，这对于打开改革的突破口至关重要。而在党的十四

[1] 谢旭人. 中国财政改革三十年[M]. 北京：财政经济出版社，2008：112 - 115.

大提出建立社会主义市场经济体制的目标后，则必须按照市场经济的客观要求推进经济性分权，逐步在各级政府之间建立适合我国国情、以分税制为基础的分级财政管理体制。

2. 应坚持“统一领导、分级管理”的基本原则，发挥地方政府的积极性和创造性

我国设有中央、省、市、县、乡五级政府，政府级次多，地区差异大。为充分发挥地方政府的信息优势，调动地方财政部门的积极性，必须坚持“统一领导、分级管理”的基本原则，在按照改革基本方向确定统一框架的基础上，赋予地方适度的管理权限，最大限度地发挥地方政府的主动性和创造性。具体而言，中央政府负责处理与省级政府间的财政关系，而省以下各级地方政府间的收支划分和转移支付等事宜，由各省在中央指导下，结合本地实际情况自主确定，抓大放小，因地制宜，提高管理效率。

3. 应适应社会经济发展，不断创新管理体制

财政体制不仅是处理政府间财政分配关系的基本制度，也涉及政府与企业、居民等各微观经济活动主体间的利益联系。财政体制必须根据经济社会发展形势的变化，不断进行体制创新，通过经济活动参与方之间的利益调整，建立有效的激励约束机制，推进整体经济体制改革，激发微观经济主体的活力，促进经济社会快速健康发展。

4. 应与其他制度改革相配套

财政体制改革是一项复杂的系统工程，各项改革是相互联系的，单项推进往往难以奏效，必须综合配套进行。这种配套包括两个方面：一方面是外部配套，即与国有企业改革和计划、金融、投资体制改革等相关领域改革协调推进；另一方面是内部配套，即财政系统内的配套改革。如分税制充分体现了财政体制、预算管理体制与税收制度的有机结合。再如预算管理领域的部门预算改革、收支两条线改革、政府采购制度改革和国库集中收付制度改革，它们都是相互联系、相互制约的预算支出管理的重要环节，为提高改革效果，也需要坚持相互呼应、配套推进的原则。

1.4.2 问题

分税制财政体制改革在取得显著成效的同时，运行中也存在一些问题，特别是与落实科学发展观、推进主体功能区建设和基本公共服务均等化的要求相比，还需要进一步完善。

1. 政府间事权与支出责任界定不太明晰

我国有关法律法规对各级政府的事权划分只作了原则性的规定，对市场经济发展过程中新形成的政府事权，如许多与民生有关的事权未能适时作出清晰界定。各级政府的支出责任划分仍比较模糊。

2. 财力与事权不尽匹配

在统一的税制和财政管理体制下，各地本级税收收入差异很大，地区间基本公共服务保障水平存在较大差异，实现基本公共服务均等化的要求很难。实际运行过程中，各地省以下财政体制不一，又存在收入往上集中、事权向下转移、财力与事权不匹配的现象。基层政府尤其是中西部地区基层政府提供基本公共服务的财政保障能力偏弱。

3. 转移支付制度不够完善

受政府间事权与支出责任界定不够清晰等因素影响，转移支付缺乏总体设计和统一规范，一般性转移支付与专项转移支付结构不合理，专项转移支付配套办法不够规范，影响地方统筹安排预算。对中西部地区、革命老区、民族地区、边疆地区的转移支付力度需要加大，转移支付分配办法需要完善等。

樊　勇　武玉坤

第2章　地方财政与转移支付基本理论

本章主要介绍地方财政基本理论以及转移支付理论根据，并介绍我国的转移支付制度。

2.1 地方财政基本理论与特点

与中央政府相对应，地方政府是国家政治制度的重要组成部分。除了少数城市国家外，各国有一个中央政府和多级(个)地方政府，与此相对应形成一级中央财政与多级地方财政。

2.1.1 地方财政基本理论

1. 多级政府结构

政府结构是各级政府职能划分的基础，是调整中央与地方政府关系的最基本的制度安排之一。

(1)西方关于地方政府存在的经济学理论认为,合理提供公共产品的理想政府结构,应该包括纵向的不同级次的政府,以及横向的每一级次的足够数量的政府。政府结构呈现金字塔状,最高的一级是中央政府,只有一个;以下按不同国家的政治体制分为数量不同的级次,每个级次的政府数量也有所不同;但一般说来,政府的级次越低,其数量越多,所辖区域就越小。

(2)在这个金字塔结构中,多级次的政府,以及同一级次不同地区的多个政府的存在,使各种权力和责任错综复杂地交织在一起。因此政府间关系十分复杂,涉及纵向平衡的不同级次政府间的关系,以及横向平衡的同级政府间的关系。在各种各样的政府间关系中,财政关系居于最重要的地位。

(3)即使有了数量足够多的基层政府,也未必就能解决所有问题。一是不能解决跨政府辖区的外部性问题。例如,如果一个社区的环境标准较为宽松,邻近社区较为严格,后者就会因为前者的污染排放和空气质量恶化而承受环境破坏的恶果。跨区域外部性的存在,往往要求更高一级的政府来解决。二是不能解决收入分配问题。包括马斯格雷夫(Musgrave,1959)和奥茨(Oates,1972)在内的多数学者认为,最终的再分配职能应该由中央政府执行,根本原因是存在要素流动性(资金和人口)。

1988 年,美国学者斯蒂尔曼概括了美国联邦制度下各类政府间关系的五大特征:

第一,政府间关系的概念比联邦主义概念所包含的范围更广,联邦主义主要强调中央与各州之间的关系，有时也涉及各州之间的关系。而政府间关系还包括联邦与地方之间、各州与地方之间、联邦—各州—各地方之间以及地方与地方之间的关系。第二，政府之间存在一种持续的、灵活的动态关系，是通过政府官员和公务员之间的日常接触、了解及估价的形式而产生的，以竞争和合作两种形式进行，有正式和非正式的关系。第三，真正决定政府各部门之间关系的，实际上是办公室工作人员，因此，政府关系可以说是一种人际关系和人的行为。第四，公务员的作用越来越重要，已经成为政府间关系的主体。第五，政府间新的权力关系与权力结构正在形成。这五大特征带有一定的普遍性，适用于各国，包括联邦制和单一制国家的政府间关系。

2. 多级政府间的财政关系[1]

(1)传统的财政分权理论

传统财政分权理论(the theory of fiscal decentralization)，又叫财政联邦制理论(the theory of fiscal federalism)，或联邦制经济理论(the economic theory of federalism)，主要是从经济学的视角，以新古典经济学的规范理论作为分析框架，考虑政府职能如何在不同政府级次间进行合理配置，以及相应的财政工具如何分配的问题(Oates，1999)。鉴于蒂布特(Tiebout，1956)、奥茨(Oates，1972)

---

〔1〕 杨之刚等.财政分权理论与基层公共财政改革[M].北京：经济科学出版社，2006:27-47.

和马斯格雷夫(Musgrave,1959)等人在这一理论上的先驱性贡献,传统的财政分权理论被称为 TOM 模型(TOM-model)。

Breuss and Eller(2004)概述了财政联邦制的主要理论观点,认为分权决策所要考虑的四大基本因素是:居民偏好的区域差异、规模经济和小外部性、辖区间竞争和分工、地理和人口条件。

第一,地区间居民偏好的异质性。从地区偏好的异质性来考察,对于那些各地区的偏好未必相同的产品和服务,在向居民提供时应当由地方政府负完全责任。这是因为公共产品偏好的显示信息,是决定公共产品供给机制的关键问题,由于地方政府与当地居民更接近,更有条件了解当地居民的偏好信息,因而将比由中央政府按照全国统一的标准供给公共产品更有效率。

然而,出于对地方政府行政效率的担心,尤其是地方政府缺乏现代化的透明的公共支出管理体制,有的学者支持某些职能由地方政府负主要责任,由中央政府负补充责任(Ter-Minassian,1997)。也有学者认为,由地方政府担负全部职能并不能完全避免公共产品偏好上的困难,因为地方政府仍然要面临信息难题,只是在程度上稍微不同而已。考虑到地方政府缺乏行政效率,将会抵消分权的效率收益,因此主张中央和地方共同承担责任(Hemming and Spahn,1997)。

第二,辖区间竞争和垂直分工。从辖区间的竞争和垂直分工来看,多数研究依然主张实行分权。因为辖区间的竞争,客观上使地方居民获得了更好的公共产品及服务,同时支付的税收代价较小。辖区之间的相互比较,将激励地方公务员廉洁奉公,忠实于当地选民的利益。此外,不同辖区间的竞争,还促进了各地之间政治方面和组织方面自下而上的创新,这一过程中劳动力的跨区流动以及各地比较优势的发挥,都将提高资源配置的效率。

第三,规模经济和外部性。然而,若从实现规模经济和内在化外部效果的角度看,具有规模经济和外部效果的公共活动应当相对集权,即由中央政府负责。随着产量的增加,公共产品或服务的平均成本下降,即视为存在着公共产品供给的规模经济;规模经济要求更为集中的供给方式。反对分权的另一理由是辖区间公共服务的外溢效果的存在,而内在化外部效果不一定必须将职能移交给中央政府。除此之外,还可能通过其他方式,比如援助拨款、财政转移支付、辖区间的横向合作以及自愿解决方式,特别是考虑到外部效果的范围各不相同,需要考虑大到全球小到城际之间的各种外部性的治理机制。

可见,如果在考虑规模经济和外部性的同时,又要考虑利用区域信息优势和辖区间竞争优势,那么对于集权分权的选择决策就会面临两难。因此试图将集权和分权的优势结合起来考虑的一种财政联邦制,近年来在欧美等国尤其是大城市地区的公共事务治理中被广泛应用。

第四,地理和人口因素。在衡量偏好的异质性以及规模经济能否实现时,辖区的规模(人口)是一个重要的决策变量。辖区规模越小,个人偏好的差别越少,分权化的收益越低。另一个对分权决策有重要意义的变量是城市化的程度，一个地区的城市化程度越高，分权化的困难越小。除此之外，种族分化程度、人口密度、自然资源及历史条件的可获得性，也影响着对于某项职能的分配。

(2)对传统财政分权理论的批评与发展

公共选择学派立足于限制政府征税权的角度对传统的财政联邦理论提出了批评。首先，传统的财政联邦理论假定专制政府是仁慈而高效的，能够给定辖区内特定公共产品或服务的最优提供量。事实上，这样的假设模型，只为推导地方性公共产品的最优供给提供了分析的制度背景，而不代表供给公共产品的具体方案或机制。其次，传统的财政联邦理论忽略了联邦制结构本身所具有的宪法含义。一方面，众多地方政府同时存在与相互竞争，以及要素与居民在辖区间的流动能力，客观上限制了地方政府漠视当地居民利益的行为；另一方面，通过明确的立宪规则，对政治权力实行分权，从而拆解政府内部的权力结构，这一作用有可能取代对于政府财政行为的明确限制，或者代替对政府征税权的限制。

在公共选择理论看来，与理论上的均衡条件相比，公共产品供求的现实均衡机制更为重要。在现实中，公共产品的需求信息是如何被集结起来的？又是通过怎样的程序提供和生产公共产品的？

另一个批评财政联邦理论、并发展起来的财政分权理论，是所谓的市场维护型的财政联邦制(market preserving fiscal federalism)。市场维护型的财政联邦制反对传统财政联邦制理论的政府模型假设，还将企业理论和机制设计理论等微观经济学的新近发展成果引入财政学。

市场维护型联邦在构造政府治理结构时考虑到相应的激励机制，使中央和地方政府各司其职，相互拥有权利和负有义务；在这个行动框架内，市场机制受到维护和推进，从而市场交易的各方都从市场的增进中获益。它具有五大特征（钱颖一，2003）：一是存在一个政府内的层级体系。二是在中央政府与地方政府间存在一种权力划分，从而任何一级政府都不拥有绝对的制定政策法规的垄断权，同时又在自己的权力范围内享有充分的自主权。三是制度化的地方自主权对中央政府的任意权力造成强有力的制约，使得中央与地方的权力分配具有可信的持久性。四是地方政府在其地域范围内对地方经济负有主要责任；同时，一个统一的全国市场使得商品和要素可以跨地区自由流动。五是各级政府都面对着硬预算约束。

市场维护型联邦由此而形成一系列对地方政府的经济与政治激励机制。第一，与其他辖区不受类似限制的企业相比，在辖区范围内对企业施加各种限制，将使这些企业的产品在成本和销售上处于竞争劣势。第二，辖区通过提供产权保护、基础设施、公用设施、市场准入等方式，为要素的流入创造良好环境。反之则会导致要素的流出，并且伴随地方经济活动水平和税收收入的下降。第三，硬预算约束意味着地方政府也有可能破产，财政破产将会成为地方政府为公共产品融资的极大障碍。因此，无论是地方企业、政治家，还是公民，都不愿意看到地方政府花钱无度，从而为良好的地方财政提供了激励。最后，市场维护型的联邦提供了市场据以运行的政治基础。一方面，通过使地方政府分享对市场的治理权力，使之具有培育地方市场和经济繁荣的激励。另一方面，通过限制中央政府的活动，阻止政治性干预对市场的扭曲。

3. 地方政府职能〔1〕

按照传统的财政联邦制或财政分权理论，经济稳定和收入分配是中央政府的主要职能，资源配置职能则需要在中央与地方政府之间进行垂直分工（如表 2—1 所示）。这种分工的理论解释是，在市场经济条件下，政府干预资源配置的理由主要有三个：公共产品、外部性和规模经济。

(1)地方性公共产品

按照公共产品的受益范围，可以将其分为全国性公共产品和地方性公共产品。在多级次政府框架下，公共产品的受益范围实际上也在某种程度上决定了不同级次地方政府间的职能划分。一般而言，一定区域内的环境治理、空气污染的控制、消防、治安、路灯、市容卫生等公共产品和服务通常由地方政府提供，是地方政府的基本职能。

在现实中，为社会提供完全符合消费的非竞争性和非排他性要求的纯地方性公共产品只是地方政府的职能之一。在纯公共产品和纯私人产品之间存在着大量介于两者之间的混合产品。例如

---

〔1〕 孙开．地方财政学[M]．北京：经济科学出版社，2002：16－35．

基础设施、教育、卫生等，被视为现代政府重要职责的产品和服务，实际上既具有消费的竞争性，也可以实现排他。

表 2—1　中央政府与地方政府支出责任(事权)划分的基础框架

内容	责任归属	理由
国防	中央	全国性公共产品或服务
外交	中央	全国性公共产品或服务
国际贸易	中央	全国性公共产品或服务
金融与货币政策	中央	全国性公共产品或服务
管制地区间贸易	中央	全国性公共产品或服务
对个人的福利补贴	中央、地方(省、州)	收入重新分配、地区性服务
失业保险	中央、地方(省、州)	收入重新分配、地区性服务
全国性交通	中央、地方	全国性公共服务、外部效应
地区性交通	地方	地区性服务
环境保护	省、州级地方、中央	地区性服务、外部效应
对工业、农业、科研的支持	地方、中央	地区性服务、外部效应
教育	地方、中央	地区性服务
卫生	地方、中央	地区性服务
公共住宅	地方、中央	地区性服务
供水、下水道、垃圾处理	地方	地区性服务
警察	地方	地区性服务
消防	地方	地区性服务
公园、娱乐设施	地方	地区性服务

(2)外部性

为社会提供具有正外部性的产品与服务已经成为现代社会政府最重要的职能之一。与纯公共产品及服务不同，有些产品及服务的外部效应无法被市场有效内部化，这些产品或服务可以由市场提供；但由于外部性的存在，政府需要通过补贴或直接提供将外部效用内部化。同样，对于无法被市场有效内部化的负外部效应，政府也有责任将其内部化。

外部性的范围决定了各级政府在职能上的分工，地方政府主要负责将那些具有区域外部性的产品与服务内部化。但是，外部性的范围有时是难以准确把握的。例如，教育的外部性是随着教育内容的差异和人口流动情况而不断变化的，如果基础教育的外部性主要集中在某些特定区域，基础教育就应当是这一区域内地方政府的职责。高等教育和职业教育随着接受教育的人力资本流动性的增强，其外部性是全国范围的，那么高等教育的内部化则应是中央政府的职责。在现实中，根据受益的外部性划分中央与地方职责的情况在各国是千差万别的。例如，卫生服务在德国属于中央政府的职责，在加拿大、印度和阿根廷则是省级政府的职责，而在巴西和墨西哥却是各级政府的共同职责。社会保障和社会福利在澳大利亚、德国和瑞典是中央政府的责任，在印度为州政府的事权范围，而在巴西则是各级政府的共同职责。教育，在德国、阿根廷主要是省级政府的责任，在美国是州和地方政府的共同职责，而在巴西和墨西哥则是属于中央与省级政府共同的事权范围（孙开，2001）。

（3）规模经济

规模收益递增，是指随着产量的增加，平均成本不断下降，边际成本小于所有产量的平均成本。具有收益随规模不断增长特征的行业通常被称为自然垄断行业，这些行业包括通讯、电力、天然气、自来水、下水道及交通运输等。运营或管理公共事业被认为是政府，尤其是地方政府的重要职能。因为根据效率原则，按照边际成本定价，私人经营会产生亏损，因而无人愿意经营；而如果不对价格进行管制，垄断厂商的垄断定价及其产量会偏离资源最优配置所要求的价格和产量。另外，考虑到电力、天然气、自来水、下水道等产品和服务作为基本需求对居民生活的影响，从政治责任、社会公正的角度出发，政府也应当对其进行管制。从管制的信息与技术要求及管制的受益范围来看，对大多数自然垄断行业的管制是地方政府的重要职责。地方政府对自然垄断行业的管制主要采取两类措施：一是国有国营，由政府直接为居民提供这些产品和服务；二是允许这些行业由私人投资经营，政府通过确定产品和服务的标准和价格对其进行管制。

自 1980 年以来，发达国家对传统自然垄断行业兴起了放松管制和私有化的浪潮。其原因主要有两个：一是技术进步导致某些传统的自然垄断行业逐步丧失了自然垄断地位，如互联网及无线通讯的发展对传统电讯服务构成了竞争，这些行业已经成为可竞争的产业；二是产业组织理论的发展使人们认识到许多所谓的自然垄断行业实际上是可竞争的。例如，电力、铁路等行业真正具有自然垄断性质的是其管线和轨道，而发电和客货运服务则是可竞争的。政府需要管制的仅仅是管线和轨道，而非整个行业。实际上，许多行业的垄断恰恰是政府赋予的垄断经营权所导致的，只要取消市场进入的政策壁垒，仅仅是潜在竞争对手的进入威胁就可以对现有厂商形成竞争压力，并不需要政府过多的管制（斯蒂格勒，1996）。

4. 地方公共产品及供给

(1)全国性公共产品与地方性公共产品:按受益范围划分

按照受益范围的不同,可以将公共产品分为全国性公共产品和地方性公共产品。因为对于绝大多数公共产品和服务来说,它们都有其特定的受益区域,而没有绝对无限的受益区域。也就是说,一定区域内的公共产品和服务通常由地方政府提供,是地方政府的基本职能(如表 2—2)。

表 2—2 部分国家划归地方的支出职责表

项目＼国家	奥地利	比利时	丹麦	法国	德国	爱尔兰	意大利	卢森堡	荷兰	挪威	瑞典	瑞士	土耳其	英国
学前教育	R,L	L	L	L	L	R,L	L							L
初等教育	R,L	R,L	R,L	L	R,L		R,L	L	L	L	L	R,L		L
职业教育与技校	R	R,L		R,L			R,L	L	L	R,L	L	R,L	R	L
高等教育		R,L			R		R,L					R	L	
成人教育	L	L	L	L	R,L		R		L	R,L	R,L	R,L		L
医院	R,L	R,L	R	L,D	R,L		R,P,L	L	R,L	R,L	R	R,L	R,L	
保健	R,L	L	R,L	L	R,L		R,P,L	L	L	L	R	R	R	
家庭福利服务	R,L	R,L	L	L,D	R,L		R,L		L	L	L	R,L	L	L
福利院	R,L	L	L	L	L		R,L	L	L	L	L	R,L	R,L	L
住房	R,L	L	L	L	R,L	L	R,L	L	R,L	L	L	L	L	L
垃圾处理	L	L	L	L	L	L	L	L	L	L	L	R,L	L	L
供热	L	L	L	L			L		L		L	R,L	R,L	L
供水	L	L	L	L	L	L	R,P,L		L	R,L	L	R,L	R,L	L

注:R 是州或地区政府;L 是地方政府;D 是法国的郡; P 意大利的省。

地方性公共产品是公共产品的重要组成部分。地方性公共产品的特征主要表现在三个方面：一是地方性公共产品的提供者是各级地方政府，而不应该是中央政府；二是受益范围基本上被限定在某一个区域之内，并且这种受益在本区域内散布得相当均匀；三是这类公共产品的受益者主要是本辖区内的居民。但是各个地区居民之间对一定的地方性公共产品的偏好程度是各不相同的，而且各地方辖区内的居民数也会有一定的差异。在各级政府当中，中央政府应该承担起提供全国性公共产品的责任，但不能包揽其他层次的公共产品的提供。否则，便容易产生效率低下的问题。

地方性公共产品也有“纯”与“准”地方性公共产品之分，而且准公共产品的成分在地方政府提供的整个公共产品量中所占的比重并不算小。以气象预报和社会治安这两种公共产品为例，气象预报提供给当地居民的利益具有非竞争性，每位居民从当地气象预报中所获得的利益并不会因为其他地区居民的大量移入而相应地减少或受损，所以，这种气象预报是一种较为典型的纯公共产品。相比较之下，地方性社会治安的情况则完全不同。如果更多的居民移入本地，则势必产生诸多治安问题，造成警力分散，于是，原有公安系统对当地原有居民所产生的利益便会减少。上述分析表明，区分和判断“纯”与“准”地方性公共产品，关键是看这种公共产品的消费是否会因居民人数增加而产生拥挤。关于如何同时确定准公共产品的最佳数量和该地方政府辖区内消费这种准公共产品的最佳人口数量问题，我们可以通过简单的拥挤函数及图 2—1 来表示。

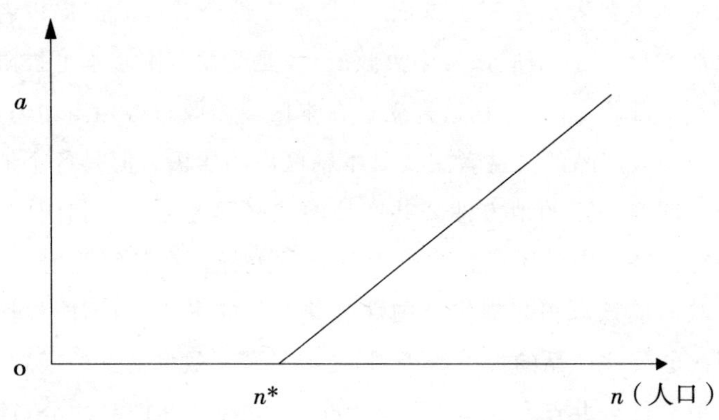

图 2—1　人口数量与准公共产品的提供

$$Z_j^* = (a-1)Z$$

其中,等式左侧为消费,右侧为生产;Z 表示公共产品数量;Z_j^* 表示个人实际消费的公共产品数量;a 表示人口递增函数的拥挤参数。在图 2—1 中,当人口达到 n^* 后,a 即随之增加。

针对某一个地区内消费准公共产品的最佳人数的确定,可以借用图 2—2 进行分析。图中 X 轴表示地区内居民人数,Y 轴则表示每位居民消费准公共产品 Q 所得到的受益或成本。曲线 PB 表示随着居民总人数的增加,每位居民的受益的变动情况。PC 则代表因居民人数增加每位居民所分担成本的变动。不难看出,当曲线 PB 上某一点(M)与曲线 PC 上的点(N)之间的垂直距离最远时，每位居民从公共产品中所获得的净效益最大；相应的，该区域内消费准公共产品 Q 的最佳人数应该为 A。

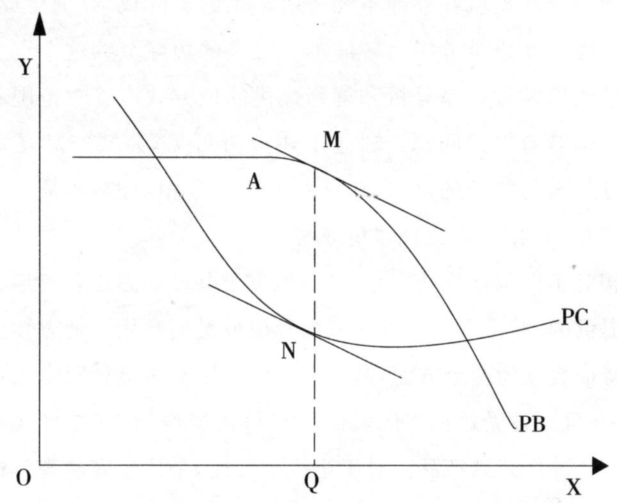

图 2—2　享用准地方公共产品的最佳人数的确定

布坎南(J. Buchanan)在论述地方公共产品的提供时，提出并分析了“俱乐部”理论。这一理论将社区比作俱乐部，研究在存在着外部性的条件下，任何一个俱乐部(这个俱乐部是为分享某种利益而联合起来的人们的一个自愿协会)如何确定其最优成员数量。在通常情况下，俱乐部理论包含着两个方面的基本内容：一是与某一个俱乐部对新成员的接纳相伴随，已有的俱乐部成员所承担的成本就需要由更多的成员来分担了，就如同使固定的成本由更多的人来分担一样；二是与新成员的加入相伴随，会使俱乐部较以前更加拥挤，从而也使原有的设施更加紧张。在这种情况下，一个俱乐部的最佳规模就在外部不经济所产生的边际成本（拥挤成本）正好等于由于新成员分担运转成本所带来的边际节约这个点上。俱乐部理论通常被用来分析和解释最优的地方政府管辖范围和准公共产品的有效提供问题。通过上述分析可见，公共产品受益范围的划分是较为复杂的，而且这种划分往往是相对的，不是绝对的。

(2)地方公共产品的均衡分析

相对于全国性公共产品而言，地方公共产品是由各级地方政府分别提供的，并且可以为本区域内每位成员所享用。地方性公共产品的特征表现为两个方面：其一是受益范围基本上被限定在本区域之内，并且这种受益在本区域内散布得相当均匀；其二是其外部性要多于全国性公共产品。对于第一个特征，是比较容易理解的。第二个特征的存在，从很大程度上讲，一是由于一个国家的各个地区之间有着密不可分的经济、政治和社会文化联系，区域间人口迁移和流动经常发生（其中短期性的人口流动尤为频繁）；二是行政区域之间的界限并非依照公共产品受益范围来划分和规定，而是历史形成的。因而，较之全国性公共产品来说，地方公共产品的外部性问题也就在所难免。从这个意义上讲，本地区提供的区域性公共产品的边际社会受益之和就很难等同于其边际社会成本，而只能是边际社会受益约等于边际社会成本，即：$\sum MSB_j \approx MSC$。

效率原则本来要求上式中的边际社会受益等同于边际社会成

本。出现"约等于"状况的原因，在于本地区提供的地方公共产品的边际社会受益的一小部分(确切地说是很小的一部分)外溢至邻近的其他地区，从而造成了该公共产品边际社会受益与边际社会成本在本地区内的某种不均衡。因此，在上式当中，$\sum MSB_j$ 通常是略小于 MSC 的。实际上，在正常情况下，既没有必要而且也很难消除地方公共产品的外部性，就像很难消除地方公共产品为本地区带来的受益一样。如果把本地区每位成员的边际社会受益之和同外部性(E)结合起来的话，那么，与相应的边际社会成本的关系可以表示为：$\sum MSB_j + \sum EMSB \approx MSC$ 。这一等式表明，外部性是衡量地方公共产品受益与边际社会成本关系的一个重要因素。

(3)地方公共产品的有效提供

关于地方公共产品的有效提供问题，与这种公共产品提供主体的选择有着密切的关系。从理论上讲，中央政府也可以提供地方公共产品，但是把效率因素考虑在内，就会得出更清楚的结论。不难理解，许多地区居民之间对一定地方公共产品的偏好程度通常是各不相同的。由此，不同地区居民对这种公共产品的需求量也存在着差异。中央政府若出面提供地方公共产品，就必须考虑各个地区的需要，从而选择一个尽可能照顾到各个地方综合利益的"量"。虽然这个量对某一地区也许有利，但对其他地区来讲可能却并不适宜。因此，就会产生有利的地区公共产品数量过多、供给成本相应增加，而其他地区则供给不足的问题。在适度分权的财政体制下，与中央政府相比较，地方政府更能够针对本地居民的消费偏好，适量地提供本辖区内的一般性公共产品和服务，并且更有助于降低提供公共产品和服务的成本与费用。

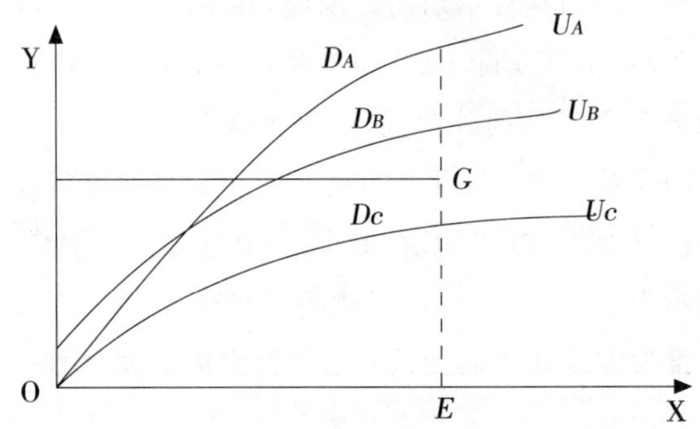

图 2—3　中央和地方政府分别提供地方公共产品的比较

图 2—3 表明了这种比较及差异。图中，横轴 X 表示居民人数，纵轴 Y 表示居民对公共产品的偏好。假设有 A、B、C 三个地区，它们对公共产品户的需求曲线分别为 U_A、U_B 和 U_c，当三个地区的居民人数均为 E 时，他们对公共产品户的需求量分别为 D_A、D_B 和 D_c。如果由中央政府出面为这三个地区统一提供地方公共产品 P 的话，那么，中央政府从总体上考虑，很可能会取三个地区对户的需求量的平均数，把提供这种公共产品的水准定为 G。从图中可以看出，G 距 D_B 很近，说明对 B 地区居民的满足程度较高。但 G 远未达到 U_A，这意味着它在很大程度上不能满足 A 地区居民的需求。同时，G 也远远超过了 D_c，表明提供给 C 区的公共产

品P大大超过了需求量，从而造成了资源的浪费。如果适应地方公共产品的规定性的内在要求，由对本地区居民负责的各地方政府分别提供的话，则它们就可以根据需要和可能，尽量向A、B和C三区提供出D_A、D_B和D_c水准的公共产品，从而比中央政府更接近于满足各自地区对地方公共产品P的偏好和需求。由此可见，相对较之下，地方政府有可能更有效地提供地方公共产品和服务。

查尔斯·蒂布特(Charles Tiebout)将著名的“看不见的手”的理论引申到了地方财政体制设计中来，并运用“用脚投票”(voting with feet)理论，对地方公共产品的有效供给问题进行了较为系统的阐述。蒂布特在研究地方公共产品需求与供给之间的关系时指出，社会成员之间消费偏好的不同和人口的流动性，制约着地方政府生产和提供公共产品的种类、数量和质量。如果有许多地方政府和相应的辖区，并且各地方政府分别提供类型各异的公共产品，人们选择在哪一个地方生活时要考虑的一个重要因素，便是该地方的税收和公共产品与服务的组合状况。换句话说，就是居民承担的税收负担与享受的公共产品和服务的对比。通常，在某一地区的税收和公共服务最接近于人们的偏好的情况下，人们就会选择前去那个地区居住。通过这种“用脚投票”的方式，表明了人们对某种公共产品消费和税收(价格)组合的偏好，就如同人们表明自己对市场上某种私人产品的消费偏好一样。地方政府为了赢得(或者说是迎合)民意，就必须在行使其职责的过程中充分考虑到居民的偏好。当然，值得指出的是，在人们选择居住地时，往往不仅会考虑到地方财政收支组合的问题，同时也会考虑到其他多种因素。

但上述结论有诸多的前提性假设。第一，“用脚投票”的消费者是完全流动的，而不是由于家庭、朋友、就业或户籍等原因长期居住在某一个固定的地方，他们可以迁至能够最大限度地满足其偏好的地方。第二，人们对各个地方的公共预算都有充分的了解，即完全了解各个地区的公共支出与收入的组合情况，并且能够对这种组合上的差异做出反应，而并不掩饰其偏好和需求。第三，有诸多地方供人们进行选择。第四，不存在就业机会给消费者流动造成的限制。第五，在各地方之间不存在公共产品和税收的外部性问题。第六，对于每一个地方来说，都存在着追求最优社区规模的问题，低于最低规模的地方试图吸引规模适当的人口，以降低提供公共产品的平均成本，达到最佳的社区规模。

依照蒂布特模型，在上述假设条件下，消费者是理性的，他们将会选择居住在最能满足其偏好的地方。其具体结果是：首先，各地方内部资源配置达到最优；其次，各社区规模达到最优；再次，有相似偏好的人聚居在一起，共同享受地方公共产品。显然，在这种情况下，人口流动向地方政府发出的信号，与市场需求向企业发出的信号极为相似。在这种情况下，地方政府的决策者就需要像企业经理一样，对各种信号做出必要的反应，并最终落实到公共收入、支出等具体措施方面。

5. **财政竞争理论**

财政竞争理论最初是与财政联邦理论一起发展起来的。国外现代市场经济国家，不管是联邦制国家，还是单一制国家，都实行财政联邦制制度，即分税制的财政体制。在这种财政体制下，一国之内的不同地区之间就会进行财政竞争。

《地方支出纯理论》(Tiebout,1956)给出了财政竞争的基本内容。蒂布特假定存在数量众多的提供不同政府收支组合（即不同的财政和公共服务组合）的辖区（地方），个人可以根据自己的偏好，选择最适合自己居住的地方；个人如果对一地的政府收支组合不满意，那么他可以选择离开，迁移到适合自己居住的辖区；如果太多的人都这样做，那么地方政府将无法为公共服务筹集充分的收入，政府机构也将无法正常运转，个人的"用脚投票"给地方政府很大的约束力，迫使各地政府最大限度地提高财政收支效率，在课征尽可能少的财政条件下提供最优的公共服务。蒂布特实际上强调了政府效率提高的重要作用。

奥茨(Oates,1972)则直接指出财政竞争可能带来的负面效应，担心财政竞争会使地方公共服务的产出达不到最优水平。这是因为各地政府为了吸引资本，竞相降低各自的税收，使得地方财政支出处于边际收益等于边际成本的最优水平之下，从而政府无法为最优的公共服务产出筹集足够的资金。特别是对于那些当地经济无法提供直接收益的投资项目上，更是如此。

威尔逊(Winson,1999)指出，如果不同级别政府同时对一税基征税，当一级政府对此课完税之后，提供给其他级别政府的税基就相应缩小，这样，一级政府课税给其他级别政府带来负外部性。如果中央政府和地方政府的目标都是最大化所有居民的福利，那么不同级别政府之间的冲突较少；反之，问题就需要通过“矫正性政策”才能得到解决。布兰卡特(Blangchart,2002)强调民主(相对于专制社会而言)和地方分权(相对于中央绝对集权而言，各级政府可以受到相应的监督)在消除地方间竞争障碍中起重要作用。

6. 政府间收入的划分〔1〕

现代政府财政的主要收入来源是税收，因此政府间收入划分最主要是税收分享问题。从理论上说，税收分享方法大致有两种思路：一是根据税种本身属性在中央政府和地方政府之间划分税收；二是根据受益原则确定税权。

(1)依税种本性进行税收分享

若依税种本身的属性分享税收，大部分税收收入应由中央政府征收。例如，塞利格曼三原则要求税权的划分应根据效率(efficiency)、适应(suitability)和公平(equity)原则进行。效率原则要求，哪级政府征税效率高，就由该级政府征税；适应原则以税基大小为划分标准，税基大的归中央，小的归地方；公平原则以税收负担公平为划分标准，若为公平目标而设的税，归中央征收。另外，

〔1〕 杨之刚等.财政分权理论与基层公共财政改革[M].北京:经济科学出版社,2006:195-199.

迪尤就税权的划分提出了效率和经济利益二原则。前者与塞利格曼相同；后者则以增进经济利益为标准，税收的分享应以归属何级政府更为有利于经济发展，不减少经济收益为标准。

如果根据一个税种由哪级政府征收给经济带来效率损失更小为标准，那么大部分税种必须划归中央政府，地方以地方税收入承担较大比重政府支出责任的需要不能保证，其缺陷是明显的。这种方法没有将收入和支出责任结合起来，可能带来某些负面影响。按此方法划分税权，地方只能取得较少份额的税收，地方公共支出可能因之缺少约束力。地方政府可能以收入太少为由替自己的低税率辩护，从而影响政府支出的效率。由此，现实税制征收的收入可能无法满足支出的需要，从而引发新一轮增税，最终导致企业和个人税收负担的加重。实行这种税收分享方法的结果是，地方的收入缺口只能靠中央的转移支付来弥补。倘若如此，地方政府支出的相当大部分就不是靠本级财政收入，这可能助长地方政府的消极行为，地方可能以此为借口，将职责未能很好地完成归咎于中央政府没有补足充分的收入。另外，即使地方政府按照中央确定的税率课征巨额税收，它仍可能无效率地花钱，并将之归咎于没有办法筹集足够的资金。只要地方能从中央获得资金，财政资金的使用效率就可能大打折扣。

(2)按受益原则进行税收分享

按受益原则进行税收分享，就是要求各级政府根据支出的需要课征收入，而且税收应与公共支出相对应。这种方法的不利之处是它可能增加税收征管成本，但其有利之处是它符合“谁受益，谁付款”的原则，从而可以增加对地方政府经济行为的监督，从根本上促进整个政府体系服务效率的提高。因此，它是建立现代社会民主财政制度的客观要求。

持这种税收分享标准的人认为，不能单凭税种自身特征确定其归属，应将税种与其在全部税收收入中的地位结合起来进行综合考虑，即依据受益原则进行税收分享，保证地方支出所需税收主要由地方政府征收。

实行分级财政体制的目的之一是为了在规范化的条件下给地方更多的激励，由于中央政府对地方政府经济行为缺少充分信息，很难判断其是否具有经济效率，因此，如果地方不能依靠自身取得大部分所需收入，那么地方就可能将支出上的不称职(低服务水平)归咎于中央政府。因此，“花钱的负责筹资，支出数可以得到民主控制”。

由地方提供公共产品，除了地方政府比较了解当地情况这一原因外，还有地方政府在收支的调节上具有更多的灵活性。在市场经济条件下，中央政府税收征税的立法程序，往往需要经过较长的时间才能完成。相比之下，地方政府立法征税，所需要的时间可能较短。这也是在分级财政体制下，有必要赋予地方税收立法权的原因。担心地方税收立法妨碍整个国家税法的统一性是片面的。有多种途径可以防止这种可能性的出现。其中，宪法和税收基本法是防止地方侵害整个国家税法统一性的有力保障。

但给予地方较多的税权，从实践上看也可能出现一些问题。

例如,无效的税收制度可能因此产生。一般来说,有效率的税收要求对缺少弹性的商品征收重税,反之,征收轻税。假设对整个国家来说,资本的供给固定,但资本跨辖区是流动的。每个辖区认识到如对资本大量征税,只会导致资本从本地流出,最终结果更加糟糕。理性的辖区只会对资本征收轻税,甚至提供补贴。这就是税收竞争的负效应。

2.1.2 地方财政的特点与发展趋势[1]

1. 地方政府制度的典型模式

(1)联邦制国家的政府事权与支出责任划分

美国

与联邦制的国家体制相适应,美国实行联邦、州、地方政府三级相对独立的财政体制,各级政府均拥有各自的财政收入及支出范围,权力和责任相互区别,各有侧重,同时又相互补充和交叉。美国联邦和州政府的事权划分,由联邦宪法加以规定,各级财政支出责任建立在事权划分的基础之上。

美国联邦政府的事权包括:国防、国际事务、保持经济稳定、支

---

〔1〕 本部分内容参考:杨之刚.财政分权理论与基层公共财政改革[M].北京:经济科学出版社,2006:199－205;靳东升.依法治税(中央与地方税权关系研究)[M].北京:经济科学出版社,2005;孙开.财政体制改革问题研究[M].北京:经济科学出版社,2004;许善达.中国税权研究[M].北京:中国税务出版社,2003。

持社会发展和保证社会稳定，以及提供使全体公民受益的其他公共服务。与事权范围相对应，美国联邦政府财政支出责任通常为：国防、人力资源、物力资源、净利息和其他五大类。人力资源支出包括教育、培训、就业和社会服务、卫生、医疗、收入保险、社会保障、退伍军人福利和服务；物力资源支出包括能源、自然资源和环境、商业房屋信贷、交通、社会和地区发展；其他支出的内容有国际事务、一般科学、空间和技术、农业、司法管理、一般政府行政、财政补贴等。

州政府主要负责联邦政府事权范围之外的州管事务，提供受益于本州内的公共产品和服务。一是进行收入再分配，如救助穷人。由于各州之间的收入情况有一定的差异，所以各州在这方面所起的作用要小于联邦政府。二是提供基础设施和社会服务，包括道路、机场、教育、警察、消防、社会服务等。三是促进本州经济社会的发展，提高本州的竞争力。州政府的财政支出范围主要包括：公路建设、教育、公共福利项目、医疗和保健开支、收入保险（对劳动能力缺陷或丧失者提供最低收入保障）、公用事业（主要有警察、消防、煤气及水电供应）、州政府债务的还本付息等。

地方政府提供使本地区受益的项目，一般以警察、消防、水电煤气供给等公共服务为主。由于收入来源比较有限，地方政府经济发展和基础设施建设通常由联邦和州政府的专项拨款解决。地方政府的具体支出项目主要包括：一般行政经费、家庭和社区服务、健康服务、基础教育、治安、消防、道路和交通、公用设施支出等。

州和地方政府承担地方性财政支出，总额一般为联邦政府的60%—70%。(1)教育支出，是州和地方政府最大的支出项目，通常要占州和地方政府总支出的37%左右，教育支出的资金来源由州和地方政府共同负担，其中州政府负担26%，地方政府负担74%。(2)公共福利支出，是州和地方政府的第二大支出项目，约占州和地方政府支出总额的13%左右。该项支出的资金有一半以上来自联邦政府提供的补助，其余由州和地方财政负责筹措。(3)公共事业支出，是州和地方政府的一个重要支出项目，在州和地方政府总支出中约占10%，该项支出的全部资金都由州和地方政府负担。(4)公路建设支出，是州和地方财政的一个传统支出项目，约占州和地方政府总支出的9%。(5)保健和医院支出，通常占州和地方政府支出总额的9%左右。该项支出的资金来源除从联邦政府取得专项补助外，其余由州和地方政府以几乎相等的比例分摊。(6)债务还本付息支出。州和地方政府每年都要发行债券来筹集一部分财政资金，还本付息就相应成为支出项目。但由于州和地方政府债券的利息免纳联邦所得税，其利息成本较低。债务还本付息支出在州和地方政府总支出中的比重一般在4%上下。

德国

联邦德国的管理层次为联邦、州和地方三级。《德意志联邦共和国基本法》在财政收入的分配、财政支出责任的划分上突出了联邦制的相对独立性质，对政府事权范围划分做出了原则性规定。

联邦政府与州政府之间不是简单的直接领导与被领导的关系，其事权与财力界限十分明确，相互之间不能越权进行干预。

联邦政府的事权包括：国家安全和武装力量；联邦行政事务、财政管理和国家海关事务；对外交往和国际关系；联邦铁路、公路、水道航运、空中航运和邮电通讯；社会保障，包括失业救济、医疗、退休保险及家庭社会补助；重大科学研究计划，主要是核能源、外层空间、航天技术、海洋开发等高科技研究；煤田和矿山开采等跨区域的经济开发等。

各个州政府的事权包括：州的行政事务和财政管理；环境保护；卫生健康事业及保健设施建设；法律事务和司法管理；社会文化和教育事业等。除了上述联邦和州之间明确划分的任务之外，根据法律规定的原则，有些事务则由联邦和州共同承担。法律上确定的这种共同事务，主要是扩建和新建高等院校、地区性经济结构的调整和改善等。另外，按照降低成本和提高支出效率的管理原则，在经过立法机关批准后，联邦公路、水道航运、航空运输和控制节约能源的研究利用等任务也可以委托有关州来承担。

德国地方政府的事权包括：地方行政事务及行政管理；地方公路建设和公共交通事务；科学文化和教育事业，包括成人教育、学校管理、博物馆和剧院等的管理与维护；水电和能源供应；社会住宅建设和城市发展规划；地方性公共秩序管理；卫生和医疗保障；社会救济等。此外，地方政府还接受联邦和州政府委托，承担诸如公共选举、户籍和人口普查之类的事权。对属于上级政府事权委托下级政府承担的事务,《基本法》明确规定,各州承担完成联邦委托的事务,所需的财政支出全部由联邦负担,但必须专款专用;属于联邦和州共同承担的事权,由双方协议确定各方财政支出负担的比例;对于超过各州财政负担能力的事务,联邦政府有义务通过特殊支付款项的方式予以补助。这样,有助于各级政府各司其责,减少相互间的扯皮、推诿等弊端,便于实现分权自治管理。

(2)单一制国家的政府事权与支出责任划分

法国

法国行政区划分为大区、省和市镇,在经济上推行"混合经济"模式。与国家经济体制相适应,在财政管理上实行中央、地方分级管理体制,中央与地方政府各自承担着不同的财政支出责任,预算支出边界清楚。

中央权力高度集中,中央政府行使的事权范围较宽:负责国防、外交、司法等中央政府事权的正常运行;经济方面包括促进农业发展和外贸发展,直接进行投资或通过引导社会投资,支持地区经济发展,负责预测经济发展趋势,制定国家财政和税收政策,管理全国的税收、海关工作及公共会计;教育方面负责大学学校的建设,并统一支付全国所有教师的工资。与上述支出责任相适应,法国中央预算支出,分为费用支出(指经常性事务开支)、资本支出(指用于固定资产购置的支出)和军费支出。它包括国防、外交、国家行政经费支出和重大建设投资(如铁路、公路、国营企业等)、国家对社会经济的干预、国家还本付息以及对地方的补助金等。

地方政府的事权范围主要集中在教育、卫生、城市基础设施建设等方面。对教育的财政支出责任，按照法国有关法律规定，大学、高中、初中、小学分别由中央政府、大区政府、省政府、市镇政府管理并负责其建设费用和正常运行费用，学校教师的工资统由中央政府支付，省级财政主要负责初中教育和中学生上、下学的交通网络。法国政府认为办学校是政府的事权，因此，即便是私立学校，只要与政府签订合同，即可获得经费资助。大区一级财政主要负责经济发展和职业培训等；省级财政的任务还有省级公路的修建及部分社会福利；市镇财政主要负责安排居民的日常生活，即城镇的水、电、电视天线网络、小学教育、文体设施、老年人安置、市镇公路建设等。三级地方财政之间不存在隶属关系，其财政预算由各级议会决定，但国家对地方的三级财政收支都有事后的法律监督权。省和市镇预算支出，主要包括行政管理费、道路、文教卫生事业费、地方房屋建筑费、警察、司法、社会福利支出和地方债务还本付息等。

日本

日本行政区划分为1都（东京都）、1道（北海道）、2府（大阪府、京都府）和43个县（省），下设市、町、村。在政府事权和财政支出责任划分问题上，日本财政体制中突出了地方财政的重要性，大约70％的政府财政支出是通过地方预算安排的。

从总体上讲，属于中央政府的事权主要包括：立法、司法、外交、防卫、刑罚（监狱）、高速公路、国道、一级河川、教育（大学、私立大学资助）、社会保险、医师执照、医药品许可证、货币发行、关税、通商、通信邮电、国有森林、物价指数控制、平衡国际收支和制定产业政策。凡与当地居民有密切关系的事务则由地方政府承担。如基础设施、治安、教育、社会福利、卫生保健、地域经济复兴、职业培训等。在事权分工方面，地方各级政府有一定的相对独立性，地方无力承担的事务或划归中央，或由中央出面加以协调。如果中央独立承担的事务最终发生在地方，则作为中央对地方的委托事项加以处理。与政府事权划分相对应，日本中央财政主要负责中央政府的一般行政费用，全国性的公共事业和公共工程、教育、国土开发、产业政策、外交和国防等开支。地方财政支出范围是：基础设施建设、教育、社会福利、卫生保健等。在上下级财政体制协调过程当中，中央对地方都道府县和市町村两级财政均有直接的补助关系。

(3)特点与借鉴

第一，按照公共产品受益范围的大小程度确定各级政府的事权和财政支出责任。西方财政理论界普遍认为，政府具有资源配置、收入分配和经济稳定与发展这三大职责，并把事关国家全局利益的收入分配职责和稳定经济职责主要赋予中央政府，主张地方政府在行使地域性较强的资源配置职责方面应有更多的作为。以效率为标准划分支出，规模较大的支出归中央财政，规模较小的支出归地方财政。外溢性较小和地方性较强的公共产品，包括基础设施、警察、消防等，更适合于由地方政府提供。

第二，中央政府和各级地方政府均形成较为清晰的事权和财政支出责任范围。各个国家中央政府事权与财政支出责任范围大致是相同或相似的，在省（州）和地方政府事权和财政支出责任的划分方面，也不存在较大的差异，而且均能比较充分地调动各个方面的有效因素，发挥中央和各级地方政府的功效。

第三，政府事权和财政支出责任的法治化。政府事权是财政支出责任范围划分的前提，同时也是多级财政体制协调过程的基础环节，因此在各级政府间财政关系中居于十分重要的地位。从对许多国家各级政府事权和财政支出责任范围划分的实践来看，充分注意到了这一问题的重要性，并且用法律的形式将政府事权划分和财政支出责任划分加以规范，从而对各级政府有效地行使职责，对政府间财政关系的协调运转产生了良好的作用。

2. 政府间关系的发展趋势

（1）政府间关系调整的分权改革

政府间关系调整的分权改革是近年来工业化国家行政改革的三大实践之一。分权改革的内容在联邦制国家与单一制国家有所不同，但总体上都是政府间关系朝着向增加地方自主性的方向发展，改变过分依赖中央的局面，使政府间的资源分配更趋平衡，以提高相互依赖的程度。以美国这样的联邦制国家为例，1980 年里根当上美国总统以后，面对庞大的联邦财政赤字，开始实行向各州下放权力的“新联邦主义”改革，其核心内容是联邦政府与州和地方政府分享财政，分担供给公共产品和公共服务任务，分享公共政策制定的权力，重新确立自己照料自己的联邦主义。改革的具体措施包括：联邦政府以“整体补助”来代替“分类补助”，放松对州和地方政府的规制等。

与联邦制国家相比较，英国、法国、日本等单一制国家行动比较激进，开始向地方自治的“准联邦制”转变。他们通过放松对地方政府在当地事务管理权限、财政及人事任免等方面的控制，使地方政府由中央的代理机构转变为相对独立的准自治地方政府。

在英国，1997年工党上台执政以后，布莱尔首相提出了改革中央与地方的关系。英国采取的最重要的措施就是对威尔士、苏格兰和北爱尔兰地区实行自治，将地方政府行政权交给新成立的地方议会和由直接选举产生的地方行政长官。尽管自治地区在财政上仍然依赖于中央，但在地方管辖的自主权方面几乎没有受到什么直接的限制。另外，英国也取消了集体负责制，从而大大加强了地方政府的自主性。

(2)政府间的合作趋向

政府间合作在20世纪80年代以前主要以纵向政府间的合作为主，地方政府之间更大程度上是资源的竞争者。20世纪80年代以来，这一现象有了很大改变，地方政府之间不再仅仅是竞争者，他们在很多领域展开了广泛的合作，成为西方各国地方政府间关系发展的一种主要趋势，地方政府之间合作关系的发展与西方国家地方自治的发展有关，因为地方政府自主权的日益扩大，刺激了他们寻求合作、追求更大利益的欲望。

在加拿大、英国、德国和奥地利等国的地方政府间关系中，也有许多诸如“政府间协议”、“谅解备忘录”、“地方政府协会”、“市自治团体协会”、“县议会协会”、“城区议会协会”之类的合作协议和合作机构。以奥地利为例，为了促进各州和城市之间的合作，奥地利设立有“各州州长会议”、“各州财政首脑会议”、“各州联络办公室”、“奥地利村镇协会”等政府间合作组织。1915 年成立的“奥地利市政协会”的主要任务，是在联邦、各州和地方政府之间就预算分配和征税权进行谈判时代表地方政府的利益要求。这些协定和机构以彼此信任、互惠互利和相互合作为基础。在美国，也存在着众多的“州际协议”，在区际关系方面发挥着重要的作用。以美国为例，发展良好的州际关系主要有三种形式：

其一，正式或非正式的组织间合作形式。通过不同地方正式的或非正式的组织或机构的合作，来完成一些特定的地方政府间方案。如污水、污物的收集、处理和排放，通常是由服务于较大地区和人口的公共设施来承担。各地方政府通过非正式的协力合作，进行地区性的发展与建设，这是一种简单易行的地方政府间合作方式。在非正式合作中，政府人员间是以非正式的方式合作，而不受正式模式处理之法规限制。但这种合作关系一般是依赖人员间的良好关系所建立的，且参与人员的自由裁量权太大。

其二，合力协议方式。这是由两个或以上的地方政府，根据共同协议进行服务的规划、财政的分配及执行的合作，将服务一视同仁，送及参与合作协议的所有地方政府辖区。例如，美国许多中小规模的市除了依靠自己的警力提供基本的警察服务，同时还向临近的市或县签约警察派出服务，有些城市可能联合使用犯罪实验室和广播通讯设施来确认刑事嫌疑犯。这些合力协议的参与方，共同享有某些公共产品或服务。

其三，州际服务契约形式。地方政府以签契约的方式，共同来提供各地方政府所需的服务或其他合作事宜，例如，在收集固体垃圾的服务方面，将大都会的区域进行划分，由各个分区进行收集；但在处理固体垃圾的服务方面，由大都会建立大型的垃圾处理中心则更具有规模经济效益。

20世纪90年代以来，地方政府之间的横向合作，已经不仅仅局限于解决和协调地方政府间的问题，一些地方政府通过横向联合形成更大的政治力量，试图对中央政府的公共决策和政策产生影响，在整个国家的政治体系中争取更大的利益。

当前，西方国家中央政府在很多情况下，制定公共政策所面对的已经不是单独的地方政府，它们是诸多的地方政府联盟。例如，1992年成立的澳大利亚政府委员会（Council of Australian Governments，COGA），是近年来澳大利亚政府间关系发展的重要事件。该委员会是地方政府对联邦政府的集权趋势表示担忧而成立的。COGA成立以后多次召开会议，就宏观经济改革、社会政策、环境问题、政府间行政问题以及政府规制改革等进行广泛磋商。COGA大大促进了联邦、州与地方政府之间的合作，它允许地方领导者与联邦机构从国家整体利益的角度就政策框架进行协商和合作，对澳大利亚的联邦政策制定产生着重要的影响。

(3)地方治理的多中心化

近年来,在经济全球化和政治民主化的挑战和压力下。一股强大的多中心治理运动开始蓬勃兴起,这场运动就是以联邦主义和辅助性原则为指导的。所谓多中心治理,就是在地方治理的各个层次、各个区域同时进行调节,由多个主体同时供给公共产品和公共服务。多中心治理的基本目标是,拉近地方政府与人民之间的距离,恢复草根民主和公共精神,尽可能地实行多层次的地方自治,依靠多元治理主体通力合作共同解决地方性问题。

西方国家的大都市治理就是地方治理多中心化的一个缩影。每个大都市市区内都存在着大量的独立、平等的公共管辖机构,不仅容纳了州政府与县政府,还包括若干中心城市、大的城镇群以及一些特别区,如校区、消防区等。例如,典型的旧金山大都市区有102个市镇,530万人口。在旧金山湾区城市化进程中,形成了多中心的城市空间发展模式,各城市彼此关系密切、地位平等,旧金山只是其中最大的著名城市而已,并无领导其他城市的权力。地方政府的多中心治理使地方政府在某些服务领域进行竞争,确保了服务水平在各个地区的改善,并且为具有不同偏好的居民或企业提供了多样化的选择。同时也使不同的服务有不同的政治管辖单位来提供,他们相互合作进行互补,最大化地提高了服务供给的效率。

3. 政府间收入(税收)分享模式

(1)税权分散的美国模式

美国作为联邦制国家,其税权是分散的。联邦和各州政府都拥有独立的税收权力，地方政府的税收权力由州政府赋予。

联邦政府征税必须依据国会通过的法律，税收的开征、停征、税率的调整，均由国会决定。在州一级，州的立法权由州议会行使，州政府不得自行决定各种税费的征收。州议会可决定开征州税和地方税、可收取的费、借款及支出项目。地方政府的权力机构与联邦和州不同，没有议会，只有一个民选的管理委员会负责行使一定的税收立法权，地方一级除按照州的规定进行征税外，有权制定地方税方面的法律，并在州的授权下享有选择税率和税收减免，收取包括打猎、钓鱼许可证等服务费的权力。

联邦政府可以征收除一般销售税和财产税之外的几乎所有税种，包括个人所得税、公司所得税、社会保险税、关税、遗产税、赠与税、货物税等。主要税种包括个人所得税、社会保险税和公司所得税。州级政府可以征收除关税和财产税外的几乎所有税种，并拥有相应的税率决定权。州级政府征收的税种包括：一般销售税、个人所得税、国内消费税、社会保险税、公司所得税、遗产税与赠与税等。财政收入的主要来源还有个人所得税、国内消费税和社会保险税。地方政府负责征收的税种主要有财产税。

美国的联邦、州和地方政府都有各自独立的税务系统；联邦政府财政部下设国内税收署，主要负责征收联邦税。其内部设有三级：第一是总部，设在华盛顿，下设若干职能部门；第二是大区中心税务局，全国有7个大区中心税务局、10个税务服务中心，2个数据处理中心；第三是大区中心税务局下设的63个地区局以及大量的办事处。各州设有州税务局。地方政府也有自己的税务机构。

(2)税权相对集中的德国模式

作为联邦制国家,州的权限较大,但在税权划分上,德国是一个相对集权的国家。在德国,税法的基础是宪法确立的基本法,包括税收立法权的分配规定,联邦、州税收征收管理权限的划分以及税收收入的分享规定等。联邦和州都有制定税法的权力,但绝大多数税法是联邦制定的,市政府仅限于决定地方税的税率。各州在宪法未赋予联邦以立法权的范围内拥有自己的立法权,各州在得到联邦法律的明确授权下享有一定的立法权。此外,州还可以立法决定州税是否应归地方所有。

德国实行的是以共享税为主的模式,共享税收入在各级政府财政收入中占有很大的比重。共享税的立法权在联邦,共享税的税种包括个人所得税、公司税和增值税。个人所得税和公司税的分享比例一经确定,就相对稳定。增值税因在转移支付制度中发挥作用,因此比例的确定经常进行调整。

(3)税权集中的法国模式

法国是一个单一制国家,税权也是集中的。中央税和地方税的法律和政策都由中央统一制定。税收立法权属于议会。地方政府有一定的机动权,包括制定某些地方税的税率,决定开征必要的捐税,采取一定的减免税措施等。中央税(国税)包括增值税、个人所得税、公司所得税、关税、消费税等。中央集中了大部分税收收入。地方税主要有房地产税、专利税、娱乐税和电力税等。

法国税务机构实行垂直领导，人、财、物高度集中，不受议会、行政区的任何干预。全国只有一套税务机构，即国家税务机关，没有地方税专设机构，各种税收均由中央统一掌握。

(4)适度分权的日本模式

日本是一个单一制国家，但在税权划分上，适度分权。其税收基本法规的制定权主要集中在中央，各级地方团体只能在税收基本法规范围内就地方税的征收制定有关条例。

日本中央财政集中度高，国税的税源大，范围广（占税收收入的 2/3 以上）；日本基本上不实行共享税或同一税源由中央、地税分别征收的办法。日本的税种分为国税和地方税两大类。国税包括个人所得税、法人所得税、继承税、赠与税、消费税、酒税、烟税、地价税等。都道府县税包括：都道府县居民税、事业税、不动产取得税、特别地方消费税、汽车购置税等。市町村税包括：市町村居民税、固定资产税、土地保有税、事业所税、都市计划税、共同设施税、货车税、客车税、国民健康保险税等。

就主体税种而言，中央财政的主体税种是个人所得税、法人所得税，都道府县的主体税种是事业税和居民税，市町村的主体税种是居民税和固定资产税。

日本税收征管机构分为国税系统和地方税系统，三级政府都有自己的税务机构，各征各的税。中央税由财务省国税厅负责征收，都道府县税由都道府县财政局或税务局负责征收，市町村税由市町村财政课负责征收。

(5)税收分享的国际经验总结

第一,从主要国家的税收分享经验来看,税收分享模式表现出多样性的特征,而与一国是单一制还是联邦制国家没有太多联系。联邦制国家有税权分散的,也有集中的;单一制国家有集中也有分散的。征税机构的设置也表现出多样性,有统一由中央税务系统征税的,也有分别由各级互不隶属的税务机构征税的。多样性的税收分享事实表明,一国在进行税收分享时,模式的选择很有余地,参考他国经验是必要的,但更主要的要看本国国情。

第二,税权集中,特别是中央政府拥有绝大多数税收收入时,各级政府照样可以运转很好,只要有相应的、规范的转移支付形式以及足够的转移支付总额作为保证。税权分散,地方政府取得较多的税收收入时,对应的转移支付总额就不会太大。

第三,现实中,除了关税一律归中央、财产税基本上属于地方外,其他税种的归属很不一致。

第四,征税机构的设立,可以分设中央和地方,也可以只设中央税务系统,两种方式各有利弊。只设中央税务系统,可以发挥征税的规模经济优势,但是不利于提高地方政府征税积极性。分设中央和地方两套税务系统,有助于提高地方政府征税的积极性,但是机构运转费用也相应增加。哪一种征税机构模式更有利,取决于成本和收益的比较。事实上,由于外部条件的变化,成本和收益的对比关系也在演变当中,当这种演变达到一定程度时,就可能要求征税机构模式的转变。

2.2 转移支付理论依据

政府间转移支付的必要性和政策目标的确定，在很大程度上取决于政府间转移支付的理论基础。概括起来，政府间转移支付的理论基础在于：弥补纵向财政缺口，弥补横向财政缺口，矫正辖区间外溢。此外，许多国家的转移支付还有政治层面（国家内聚力）方面的考虑。

2.2.1 弥补纵向财政缺口

纵向财政缺口是指上下级政府之间的自有财政收入与其承担的支出责任不对称而出现的财政缺口。这种财政缺口可能表现为赤字，也可能表现为盈余。实际上，由于各种因素的影响，每一级政府都存在财政缺口。如果某一级政府出现赤字，而其他层级财政却有盈余，这就意味着纵向财政失衡的存在，弥补纵向财政失衡是政府间转移支付制度的一项重要的任务。

政府间转移支付在很大程度上与弥补纵向财政缺口相关联。理论上讲，可以设计一种"财权事权完全匹配"的财政体制，在这种体制下，每级政府的财权恰好与其事权对称，财政上完全自给自足，不存在任何纵向的财政缺口。如此一来，政府间转移支付就没有必要。

然而,这种过于理想化的财政体制在现实生活中并不存在。进一步讲,就算能够设计出这样一种体制,也很可能没有必要,部分原因于这种“无纵向缺口”的财政体制要求赋予各级政府——包括基层地方政府以相当大的课税权,这可能引发辖区间的税收竞争,扭曲资源配置并导致经济上的无效率。课税权的过度分散也不合乎财政公平原则的要求,还可能对宏观经济稳定造成不利影响。

正因为如此,各国实践中的财政体制都在不同程度上存在纵向财政缺口。这种缺口可能由两个原因引起:(1)课税权的相对集中和财权的相对分散;(2)错误的收支搭配。

第一个原因在某种意义上反映了财政联邦制理论的分析。根据这一理论,在不至于造成辖区间外溢的情况下,公共支出决策应尽可能由那些最贴近当地居民的地方政府做出,以便充分利用其更了解当地居民偏好这一信息优势,为当地居民更有效率地提供公共服务。另一方面,为避免税收力量对辖区间资源流动造成的扭曲以及尽可能减轻财政不公平,财政联邦制理论主张课税权应相对集中于高级别政府手中。这样一来,“税收相对集权、支出相对分权”必然导致高级别政府形成财政盈余,低级别政府形成财政赤字,由此形成的纵向财政缺口,客观上需要通过政府间转移支付,确保高级别政府的财政盈余能够用于弥补低级别政府的财政赤字。

第二个原因反映了这样一种现实:在许多国家,中央政府往往倾向于过度集中财权财力,导致地方政府——尤其是基层地方政府——在财政上处于一种脆弱的地位。典型的例子是中央政府过于严格地控制税基和税率，以致地方政府几乎没有任何实质性的财权。发展中国家和经济转轨国家中，这种现象比较多见，它反映的是政府间错误的收支搭配造成了纵向的财政缺口。

在实际生活中，不太可能清楚地区分纵向财政缺口究竟在何种程度上反映了财政联邦制理论分析的要求，在何种程度上反映了错误的收支搭配，但无论如何，只要存在纵向的财政缺口，就存在着由上级政府向下级政府提供转移支付的客观基础。

2.2.2 弥补横向财政缺口

与纵向财政缺口相对应的是横向财政缺口。横向财政缺口是指某些地方政府（通常是发达地区的政府）有财政盈余，而其他地区（通常是贫困地区）有财政赤字。形成横向缺口是以下两个因素共同作用的结果：一是经济税基的差异，这是由地区间经济发展的不平衡导致的必然结果；二是基本公共服务地区均等化的要求。与地方政府相比，中央政府更加关注全国范围内的基本公共服务均等目标，并要求各地方政府努力追求这一目标。

通常发生的情形是：发达地区依靠自有财力实现均等化尚有盈余，但贫困地区依靠自有财力不足以实现均等化的要求，这就客观上要求以发达地区的财政盈余弥补贫困地区的财政赤字，也就是弥补横向的财政不平衡。在实践中，这可以通过纵向（中央对地方）的转移支付来实现，也可以通过横向（发达地区对贫困地区）的转移支付来实现,但前一种模式更为常见。

虽然概念上可以清晰地区分纵向和横向财政缺口,但实践中这两类财政缺口是混合在一起的,不太可能分离开来。因此,几乎所有国家在实践中都一并(而不是分开)测算纵向和横向财政缺口,以此概念测算的转移支付,通常称为"一般"转移支付,有时称为"无条件"转移支付。如果无条件转移支付以基本公共服务或财政能力的均等化为政策目标,那么这类转移支付实际上就是均等化转移支付。各国的政府间转移支付模式虽然各不相同,但普遍都建立了以均等化转移支付为主体的政府间转移支付模式(美国例外)。

导致横向财政缺口的具体原因大致可以分为两类:一类是影响财政收入能力的因素,如经济发展水平、经济体制、经济结构、税基的大小、征税努力程度、城市化程度及自然、地理、人口、文化等;另一类是不同辖区间提供相同服务项目的单位成本存在差异,有些辖区在提供相同水平和质量的公共服务时需要更多的财政支出。

理论上,在人口完全自由流动的情况下,基本公共服务的辖区均等化有可能通过居民在辖区间的自由迁移来实现。因为完全自由流动意味着居民在辖区间的迁移不花费任何成本,即迁移成本为零,这样,经过一个较长的过程,不同辖区间人均公共服务水平就会逐渐均等化。然而,这种均等化的"自动调整机制"在现实中是难以达到的,特别是贫困地区的大多数人由于受经济实力、文化素质、知识水平、家庭背景、风俗习惯等因素影响,实际上很少或很难迁移。因此,维持基本的社会公正,实现不同辖区间基本公共服务水平均等化，仍然是政府特别是中央政府的一项重要而紧迫的任务。由此必须存在中央政府的协调，一定程度上缩小各地区同级政府之间横向的财政缺口。但这种同级政府之间的横向转移支付依然存在彼此的经济利益考虑，由此指望以这种方式解决横向财政缺口则过于理想化。

横向财政缺口和财政公平只是一个相对概念，绝对的均等是不现实的。实际上，保持地区间经济的梯度发展有助于提高效率，但过大的发展差距也会影响整体宏观经济效率的提高，损害社会公平、激化社会矛盾。中央政府代表着国家整体利益，有责任运用倾斜性政策，通过提供一套非配套性的基于一般财政平衡为目的的政府间转移支付制度来协调各个地区之间的经济发展，以纠正经济发展中区域间的“马太效应”。当然，中央政府通过恰当的制度安排，扶持和鼓励贫困地区发展经济，不断壮大这些地区的财政实力，才是缩小并最终消除横向财政缺口的根本之策。

2.2.3 矫正辖区间外溢

外溢性作为公共产品的一种突出特征，广泛存在于各级政府的公共服务供给中，尤其在地方性公共服务供给中明显。严格讲，地方性公共产品的受益（受损）范围不可能恰好被限定在地方政府的辖区之内，这就意味着可能有两种情况：第一种是地方性公共产品的受益或受损范围也许尚未达到地方政府辖区的界限，从而显示出公共产品数量不足或质量不佳的问题;第二种是地方性公共产品的受益或受损范围可能超出地方政府辖区的界限,使其他地区在受益或受损的同时并不承担任何成本。

对于地方政府来说,在外溢性和成本自担两种因素的共同作用下,其提供公共产品时所采取的策略便容易产生某种程度的扭曲和偏差,其具体表现为:当存在正的外溢性时,基于本地利益考虑,可能高估提供公共产品的成本,而低估其整体效益,并囿于自身的财政实力,减少此类公共产品的供给数量;与此相反,当公共产品具有负外溢性时,则容易高估该公共产品的正效益,低估或者忽视提供该公共产品的成本,从而使此类公共产品继续存在乃至有所增加。这种扭曲性政策的实施,不仅影响着地方性公共产品的提供和本地区及相关居民的利益,而且也不利于地区间经济关系的协调。在这种情况下,由中央政府提供一套资金不封顶的配套转移支付制度,对具有外溢性公共产品的提供进行适当调节,是一种较为有效的解决方式。

某些环境保护项目不仅使本地区居民受益,也会使邻近地区的居民受益;机场和跨地区的公路、铁路项目的使用者不限于本地居民;在本地接受高等教育的许多学生毕业后可能会到其他地区去工作等。大型的公共工程,例如三峡大坝的修建,外部性尤其显著。然而,地方政府间的这些外部效应(或溢出效应)的计量比较困难,难以通过地方政府之间进行对应的补偿,必须由中央政府按规范、统一的标准,对地方政府间利益外溢较为明显的活动,进行必要纠正,转移支付就是其中一个常用的手段。

矫正辖区间外部性通常需要专项转移支付,其实质是鼓励下级政府提供具有利益外溢的公共服务或设施,因为如果没有此类转移支付,下级政府提供的此类服务可能太少(低于社会最优水平)。这类转移支付可以有配套要求,也可以没有配套要求。从实践的层面看,地方政府通常不愿意有配套要求的专项转移支付,尤其是贫困地区。然而从经济理论的角度分析,配套要求在多数情况下有其存在的客观基础,而配套比率则应依据利益外溢程度而定。举个例子:假如某个河流上游辖区的植树造林开支带来的利益中,有40%的好处为中下游辖区所分享,那么上级政府应提供的专款应达到植树造林这项公共设施总成本的40%,也就是相当于利益外溢的比率;其余的60%由当地政府负担。

2.2.4 维护区域经济稳定

转移支付还可以用于对稳定等一些因素进行调节。一方面可以通过转移支付使其地方政府的财政收支维持在一定水平保持稳定;另一方面可以通过转移支付促进国家的非经济目标——典型的是加强国家内聚力,从而维持社会的稳定。由于种种原因,世界上许多国家都存在着加强国家内部各地区与各民族之间凝聚力、防止国家分裂的问题。在中国这样一个多民族的大国中,这个问题尤其突出。对于这一非经济目标,国际通行的一种做法是由高级别政府提供转移支付，扶持少数民族或贫困地区的社会经济发展，增加它们对于国家的认同感和归属意识。

另外，重大自然灾害、战争等通常也会引发额外的、数量可观的支出需求，但在常规的转移支付结构中，很难预先加以考虑。这就需要在这些特殊因素发生后，根据具体情况，按照相机抉择的方式，通过特殊因素转移支付给下级政府提供财政援助，帮助其克服暂时性的困难。我国财政部、民政部等部委在四川汶川大地震、甘肃舟曲泥石流等自然灾害后联合下拨的中央救灾资金实际上就是转移支付这一作用的充分体现。

综上，转移支付对地方财政收支的稳定作用还没有引起理论界的足够重视，本章的实证结果证实转移支付可以对地方财政收支的稳定起到一定的积极效果，未来转移支付对地方财政收支的稳定作用应该引起足够的重视，并考虑作为一种调节地方财政稳定的工具进行完善。

2.3 转移支付制度[1]

我国现行的上级对县的财政转移支付，始于 1994 年分税制财

〔1〕 王广庆. 县级财政转移支付变迁：制度与分配[J]. 经济学家，2010，12：27 - 34.

政体制改革，根据《国务院关于实行分税制财政管理体制的决定》(国发[1993]85 号)，地方财政支出中有一部分要靠中央财政税收返还来安排。为了减少改革阻力，作为过渡的办法，原来的补助、上解和一些结算事项继续按原体制运转。由此，形成了中央对地方转移支付的雏形。在中央与省确定的规则的基础上，省又比着葫芦画瓢，首先建立了省内的财政收入分配体制，然后在此基础上逐步建立了省对市或县的转移支付制度，不同省份因为省情不同，有的直接核算到县，有的则先核算到市，再由市核算到县。显而易见，县级财政转移支付，通常要直接或间接受到中央、省或市三级上层政府的影响。

经过逐省统计分析，全国地方县级转移支付制度的演进，从形式和内容上看，主要秉承了中央对省转移支付的一般思路，这也意味着县级转移支付的绝大部分是间接地来自中央，省内的转移支付多数只是对中央转移支付的二次分配。欣慰的是，随着我国经济的强劲增长，在一些发达地区，部分省开始真正动用本级财力去支持贫困县的发展。

分税制以来，多年的渐进式改革，中央对地方的财力性转移支付体系已经愈发完善，在项目和核定上比较规范、统一。但部分地区省对下的转移支付仍然要依赖于经验和谈判，迟迟未能制定出公式化、程序化、制度化的有效方法。为此，财政部已经 3 次以正式文件要求地方及时规范省对下的转移支付制度。鉴于我国疆域辽阔，省与省之间，甚至一省内部实际发展状况都存在着不小的差距，我国省对下的转移支付分配体制在路径、核算、激励等方面均由省自行安排，17 年来尽管对此争议不断，甚至有不少学者建议财政部建立统一的省以下财政转移支付制度，但“省内自主”这一原则始终没有改变，因此，县级转移支付的演变就既有共性又有区别。

2.3.1 对县转移支付的共同点

从共性上看，各个省对县的转移支付在形式和内容上一般都经历了以下的完善过程：

1. 原体制补助和税收返还

作为 1994 年分税制中的一项重要内容，原体制补助和两税（增值税和消费税）返还作为配套措施得以建立，2002 年随着国家所得税收入分享改革的实施，增加了所得税基数返还，2004 年又增加了出口退税基数返还等。一般情况下，原体制补助属于固定值，而税收返还则具有约束激励性质，两税返还与县的税收收入挂钩，多收多返；基数返还旨在保基数，保任务，否则会扣减返还额度。

2. 一般性转移支付（2002 年前称为过渡期转移支付）

1994 年，中央本级财政收入占全国财政收入的比重从 1993 年的 22%提高到了 55.7%，分税制改革取得成功。作为分税制的配套措施，1995 年国家开始实施过渡期转移支付。随着经济社会形势的发展，结合分税制财政体制改革的逐步深入，2002 年我国实施所得税收入分享改革后，建立了转移支付资金稳定的增长机制，标志着过渡期结束，名称上改为了一般性转移支付。与此同时，省或市对县级的过渡期或一般转移支付制度得到进一步规范，截止 1998 年，在财政部的要求下，全国各省份都制定了省对下过渡期转移支付办法。各省对县的一般性转移支付办法随同中央对省的办法每年制定一次。

3. **调整工资转移支付**

1998 年为缓解国内需求不足，应对金融危机，中央决定实施积极财政政策。出台了提高中低收入者收入水平的一系列政策，1999 年至今已多次增加了财政供养人口的工资或离退休费，对于沿海经济发达地区，如广东、浙江、上海、江苏等地对县级的转移支付由省或地市自行解决，对于财政困难的老工业基地和中西部地区，县级获得的补助则一般由中央补助一部分，省或市配套补助一部分共同解决。

4. **民族地区转移支付**

从 2000 年起，根据《中华人民共和国民族区域自治法》，配合西部大开发的需要，进一步解决少数民族地区的特殊困难，中央对 5 个民族自治区和非民族自治区的民族自治州实行了旨在增加其财力的无条件转移支付政策，2006 年这一政策又扩大到了全国所有的民族自治县。这一转移支付的资金起初为 10 亿元，尔后主要与全国上划中央的增值税递增率和民族地区上划中央的增值税递增率相挂钩，已形成稳定的资金来源增长机制。

5. **农村税费改革转移支付**

农村税费改革是新中国成立以来继土地改革、联产承包之后农村的第三次革命，是解决“三农”问题的一项重要措施。实行农村税费改革，目的是从根本上减轻农民负担，推进农村基层政府转变职能，精简机构，促进农村经济的发展。在农民减负的同时，县乡政府和村级组织必然会出现不同程度的收支缺口，农村税费改革转移支付正是用以弥补这一缺口。具体过程是，从 2001 年开始，我国各地相继实施了取消乡镇统筹、降低农业特产税率、取消屠宰税、降低村提留等有利于农民的改革措施，地方净减收部分中央财政给予适当补助，这项转移支付由中央核算到县，也全部补助给县。2004 年，我国又全部取消了除烟叶税外的农业特产税，直至 2006 年全面取消了农业税。在中国大地上延续了 2600 年的“皇粮国税”的终结，造成地方财政尤其是县级财政的大幅减收，对此，中央给予粮食主产区和中西部地区适当补助，沿海发达省份原则上自行消化。

6. **“三奖一补”转移支付**

分税制改革以来，许多县乡财政陷入困境，集中表现为欠发机关事业单位人员工资，公用经费保障不足等。为缓解县乡财政困难，提高执政能力，2005 年中央出台了以缓解县乡财政困难为目标的“三奖一补”转移支付政策，计划用 3 年时间基本解决县乡财政困难。该政策主要是对财政困难县乡政府增加税收收入和省、市级政府增加对困难县财力性转移支付给予奖励，对县乡政府精简机构和人员给予奖励，对产粮大县给予奖励，对以前缓解县乡财政困难工作做得好的地区给予补助。

7. 专项转移支付

专项转移支付在分税制改革初始就已形成，在概念上它与财力性转移支付相对应。县级专项转移支付项目多、内容杂、金额大小不一，分别来自中央、省或市。专项设置上有基础设施建设、天然林保护工程、退耕还林还草工程、社会保障制度建设、贫困地区义务教育工程、边境地区、革命老区等经济社会事业发展项目等。目前，多数专项转移支付在管理上是一个项目一个办法，由于规范性、透明性和公正性的缺失，导致了"跑部钱进"、"跑厅钱进"现象愈演愈烈，由于缺乏有效的监督、约束和效益评估，专项转移支付的挤占和挪用现象比较严重，资金使用效率不高，是转移支付体系中的一个久治不愈的顽疾。

财力性转移支付虽然由因素法计算，但在管理和支付上却是由上级财政部门按基数对待，换言之，当年某县有的某类款项一般下年也不会少，县级预期明确，是保持政府运转的必不可少的财力。专项转移支付一般由中央、省或地市的职能部门掌控，在事权交叉，智能重叠的情况下，上级不同机构对于县的专项转移支付显得分散、重叠甚至有些混乱。

在以上转移支付项目中，每个项目的诞生不仅具有特定的时代背景，而且都紧紧围绕社会经济体制改革这一主题，转移支付承担着减轻阻力，为特定改革保驾护航的重任。以时间顺序分析，先后出台的6项财力性转移支付政策，遵循了先搭基本框架，然后逐步完善的渐进式改革思路。

2.3.2 对县转移支付的不同点

省或市对县在转移支付资金的分配路径、核算、激励等方面则存在着显著差异。

1. 财政市管县与省直管县

分税制以来，我国省以下财政体制分为“省直管县”和“省管市，市管县”两种，其中北京、上海、天津、重庆四个直辖市和浙江、海南自始就一直实行省管县财政体制，而其他25个省份一般实行“省管市，市管县”模式。实行“省管县”者，税收返还、财力性转移支付、专项转移支付等全部由省直接核定到县，结算到县；市级财政有的继续直接对县给予转移支付，有的则需绕道省财政补助给县。而实行“省管市，市管县”者，对县的各种转移支付都必须经过市级财政。从1992年起，除上述6省市外，我国开始在其他部分省份展开了财政“省管县”的试点工作。截至2004年，又有安徽、湖北、黑龙江、福建、宁夏5个省实行“省直管县”财政管理体制。河北、山西、江西、河南、云南5省则从2005年开始对部分县试行“省直管县”体制。2006年底，全国已有14个省份实行了省直管县财政管理体制。

2. 基数法与因素法

分税制改革采取了“存量不变，增量调整”的办法，相应地，税收返还和原体制补助均按照“基数法”计算，如两税返还就是按照税收来源地返还。随着经验的积累和均等化的要求，一般性转移支付、税费改革转移支付、民族地区转移支付、调整工资转移支付等开始关注相关因素，建立了测算公式，逐步合理和规范起来。如广西的“因素法”就比较全面，其一般转移支付考虑客观因素和政策因素，并运用回归法和“权数法则”原则核定县的转移支付。

3. 关联激励与个性激励

大多数省采用了转移支付与财政收入增长的关联激励，亦即财政收入上划省级越多，返还也就越多。如江西、广东、黑龙江、安徽、吉林、辽宁等都设定了不同关联项目和返还系数。还有一些省建立了转移支付与财政收支平衡的关联机制。如浙江、四川、重庆、云南、甘肃等，其中尤以浙江的“两保两挂”为典型。个性激励主要体现在部分省单独设置了一些奖惩办法。如吉林和湖南对财政供养人口的控制均与转移支付系数挂钩。山东则制定了省内的“三奖一补”办法，浙江和四川还对不享受一般转移支付的市、县实施激励。

樊　勇　王广庆

第3章　县级税收收入分析

3.1 县级政府税收能力

3.1.1 税种及收入划分

1994年的分税制财政体制改革，将维护国家权益、实施宏观调控所必需的税种划为中央税；将同经济发展直接相关的主要税种划分为中央与地方共享税；将适合地方征管的税种划为地方税，并充实地方税税种，增加地方税收入。

对于地方税收收入的划分，省或市对县财政管理体制的做法是：一是省政府对辖内市、县分配一块收入（省固定收入和与市、县共享收入的省属部分）；二是推行“市管县”行政体制的中心城市，往往还以“集中一部分收入”的名义从辖内县市切去一块儿收入；

三是上至中央下至地市的各级政府均对下级政府保留改变收入分配、集中收入的领导权，并控制部分可支配收入。如1994年以来中央对地方的税收返还安排，逐年减少了对地方的“两税”（消费税和增值税）返还额增量占“两税”增量总额（相对于1993年基数）的份额；再如，中央不时提高一些共享税收入的中央分成比例，比如证券印花税；再次，把本属于地方税的个人和企业所得税变为共享税。

按目前的分税制制度，地方政府的税收收入来源有：

1. 营业税（不含铁道部门、各银行总行、各保险总公司集中缴纳的营业税）；
2. 个人所得税。1999年11月1日起对储蓄存款开征个人所得税，所得收入作为中央固定财政收入；
3. 企业所得税。按照中央和地方行政隶属关系征收的企业所得税的规定，自2002年开始改变，中央和地方各分享50％；2003年之后，中央分享60％，地方分享40％；
4. 城镇土地使用税；
5. 城市维护建设税（不含铁道部门、各银行总行、各保险总公司集中交纳的部分）；
6. 房产税；
7. 车船税；
8. 印花税。其中证券交易税，中央与地方各分享50％（这一比例后经过多次调整，现为中央 97%，地方 3%）；

9. 耕地占用税；

10. 契税；

11. 增值税（中央分享 75%，地方分享 25%）；

12. 资源税（资源税按不同的资源品种划分，大部分资源税作为地方收入，海洋石油资源税作为中央收入）。

至于省以下财政管理体制，按 1993 年颁发的《国务院关于实行分税制财政管理体制的决定》，各省对省以下财政管理体制有决策权，因而 1994 年后各省出台的对县财政管理体制呈现出多样性；因此，省以下税收收入的划分也就不尽相同。但各地在收入划分过程中，各级政府均重视维护自己的既得利益格局。例如，上级政府在未来收入增量上考虑更多的是如何集中下级政府的收入。而上级政府集中地方政府财力的能力受地方政府讨价还价能力、征收预算外收入和制度外收入之类的对策性行为等因素的制约。从各地的通行做法看，除分税制改革中下划的税种外，其他原有的地方税收基本上仍按原收入级次划分，个别地区调整了营业税的划分办法，大部分地区将增值税留存部分留给市县，小部分地区省与市县共享。中央下划的税种及新开征的税收大部分地区实行省与市县共享。

以某省为例，2006 年各级政府税收收入划分如表（3—1）所示。

表3—1 某省各级政府税收划分比例

税种	中央政府分享比例	省政府分享比例	市级政府分享比例	县级政府分享比例
营业税	—	40%	—	60%
增值税	75%	8%	—	17%
城市维护建设税	—	—	—	100%
个人所得税	60%	15%	—	25%
企业所得税	60%	10%	—	30%
房产税	—	—	—	100%
城镇土地使用税	—	40%	—	60%
耕地占用税	—	—	—	100%
车船税	—	—	—	100%
契税	—	—	—	100%
资源税	—	70%	—	30%
印花税	—	—	—	100%〔1〕
农林特产税（烟叶税）	—	—	—	100%

3.1.2 税收规模及结构

1. 规模

1993—2006年，全国县本级税收收入从1224.12亿元增长至2006年的7109.19元，增长4.8倍，平均年增长率15.35%，大大高于1988—1993年包干体制下的增长水平，也大大高于同期经济增长水平(见表3—2)。全国县级税收收入规模的快速增长，除了

〔1〕 除证券交易税外。

经济发展等经济因素，还得益于1994年开始实行的分税制改革。按照分税制改革的原则，除将税收划分为中央收入和地方收入外，从1994年开始，各省把地方税收划分成省固定收入、市县固定收入、省与市县共享收入，省、市县政府之间的财政分配得到了相应的调整，地方政府间的分配关系逐步规范，从而调动了各级地方政府（包括县级政府）大力拓展财源、组织收入的积极性，促进了财政收入的持续、快速增长。

表3—2　1994年至2006年全国及县本级税收收入

年份	县本级税收收入		全国税收收入		县本级税收收入占全国税收收入的比重(%)
	总额(亿元)	增长率(%)	总额(亿元)	增长率(%)	
1993	1224.12	—	—	—	—
1994	957.54	−21.78	5070.8	—	18.88
1995	1182.18	23.46	5973.7	17.81	19.79
1996	1483.14	25.46	7050.6	18.03	21.04
1997	1689.63	13.92	8225.5	16.66	20.54
1998	1908.52	12.96	9093	10.55	20.99
1999	2335.52	22.37	10315	13.44	22.64
2000	2566.08	9.87	12665.8	22.79	20.26
2001	3041.33	18.52	15165.5	19.74	20.05
2002	3164.40	4.05	16996.6	12.07	18.62
2003	3733.64	17.99	20466.1	20.41	18.24
2004	4375.87	17.20	25718	25.66	17.01
2005	5974.73	36.54	30865.8	20.02	19.36
2006	7109.19	18.99	37636.3	21.94	18.89
平均值	2910.42	15.35	15787.9	18.26	19.72
偏差		8.26		4.5	1.49

资料来源：根据全国地方财政统计年鉴及国家税收总局网站公布数据整理。

虽然县本级税收收入的规模呈现较快的增长速度，但与全国税收收入相比，在1993年至2006年的14年里，其中10年的增长率低于全国税收增长率，年平均增长率低近3个百分点，偏差值高于8，县本级税收收入占全国税收收入的比重始终徘徊在20%左右，反映全国县本级收入的增长及其稳定性弱于全国税收总收入。

县级税收收入增长率低于税收总收入的原因可能有两个：一是由于地方税的增长速度低于中央税及共享税的增长速度，使得县级税收增长率低于税收总收入。但数据并非如此：1995年至2006年中央及共享税的年均增长率为17.84%，低于地方税收入年均增长率的19.77%，而且地方税收增长的稳定性好于中央及共享税（见表3—3）。

二是由于省以下分税制财政体制中，存在着税收收入重心向省及市上移的现象，县级税收收入的独立性和稳定性较差。第一，从县乡财政与省、市级财政关系看，省、市级政府在中央财政集中一部分财力的基础上，对共享收入和地方固定收入进行了分成，又对县乡财力进行了集中。第二，县乡政府没有主体税种，所开征的税种多为难以征收的小税种，如娱乐业、个人收入所得、餐饮业及服务业等，实际操作过程中存在收入额、应税所得额难以确定、不易征收。第三，农业税改革给县级税收收入的增长影响较大，尤其是对以农业为主的地区和中西部贫困地区来说，商品劳务税及所得税收入所占比重很低，农业税一般占当地税收收入较大比重，有的甚至可以达到70%—80%。

表 3—3　中央与地方税增长率

年份	中央及共享税收入（亿元）	增长比例（%）	地方税收入（亿元）	增长比例（%）
1995	4376.9		1596.8	
1996	4956.6	13.24	2094	31.14
1997	5628.2	13.55	2597.3	24.04
1998	6142.2	9.13	2950.8	13.61
1999	7002.9	14.01	3312.1	12.24
2000	8932.1	27.55	3733.7	12.73
2001	10194.3	14.13	4716.3	26.32
2002	11324.3	11.08	5308.7	12.56
2003	13688.2	20.87	6303.6	18.74
2004	17854.3	30.44	7863.7	24.75
2005	21334.5	19.49	9531.3	21.21
2006	26188.0	22.75	11448.3	20.11
平均值		17.84		19.77
偏差		6.92		6.44

资料来源：根据全国地方财政统计年鉴及国家税收总局网站公布数据整理。

2. 结构

从结构上看，县本级税收收入第一大税种是营业税，其他依次是：增值税、所得税（个税和企业所得税合计）和农业税。这是由我国目前以商品劳务税为主体税种的税制结构所决定的。其中，商品税（增值税和营业税）占税收收入的三分之一以上，2006 年最高占税收总收入的 45%，是名副其实的第一大税类。所得税由于中央 2002 年开始将个人所得税和企业所得税纳入分享税种，使得县级所得税收入的比重从 2001 年的 28.33%，下降至 13% 左右，但依旧是县级税收收入的第二大税种。2005 年我国取消农业税，仅保留原农林特产税中的烟叶税，使得农业税占税收收入的比重从1998年最高的16.72%，降至2006年的0.05%，成为一个历史性税种；其他9个税种占税收收入的三分之一多（详见表3—4）。

从增长速度看，1994年至2006年，全国县本级税收收入增长最快的税种是营业税，年均增长率达20.28%，高于同期的全国税收收入增长率的18.26%，高于同期全国地方税收收入增长率的20.11%，高于全国县本级税收收入增长率的15.35%，是县本级税收收入增长的最主要因素之一。同期增值税的年均增长率为18.69%，也高于县本级税收收入增长率，也是县本级税收收入增长的因素之一。受农业税改革的影响，农业税是影响县本级税收收入增长的最主要因素，其他税种的增长率低于县本级税收收入增长率。

从增长的稳定性来看（增长率标准偏差），1994年至2006年，营业税是最稳定的收入税种；除了营业税是地方税的最主要税种外，省、市与县营业税的分成比例稳定是主要原因。增值税收入稳定性差于营业税；所得税和农业税的稳定性由于税制改革、中央与地方分享机制的变化等原因都比较差。考虑各个税种的稳定性，除了税制本身的原因外，税收管辖权也是一个重要的影响因素，因为营业税的征收管理权属于地方政府，而增值税的征收管理权属于中央政府派出的征收机关，因此，地方政府对营业税征收管理的控制要强于增值税。出于税收任务的考虑，地方税务部门会使营业税保持在一个稳定的增长水平,而增值税的管理可能受到地方政府干扰就会较少,增值税的收入会随经济活动的波动而波动。

表 3—4 1993—2006 年县级税收收入比例结构

年份	增值税收入			营业税收入			所得税收入			农业税收入			其他税收收入占总税收的比例(%)
	总额(亿元)	增长率	占总税收比例(%)	总额(亿元)	增长率	占总税收比例(%)	总额(亿元)	增长率	占总税收比例(%)	总额(亿元)	增长率	占总税收比例(%)	
1993	0.00			0.00			0.00			93.28		7.62	
1994	198.14	20.69	202.09	21.11	0.00	197.53	111.76	20.63					
1995	226.81	14.47	19.19	219.02	8.38	18.53	0.00			233.95	18.44	19.79	
1996	259.08	14.23	17.47	255.84	16.81	17.25	0.00			315.57	34.89	21.28	
1997	290.00	11.93	17.16	297.49	16.28	17.61	0.00			337.86	7.06	20.00	
1998	315.52	8.80	16.53	345.42	16.11	18.10	136.56			319.03	−5.57	16.72	
1999	380.86	20.71	16.31	457.31	32.39	19.58	180.99	32.533		29.47	3.27	14.11	
2000	433.40	13.80	16.96	504.15	10.24	19.72	209.47	15.74		351.44	6.67	13.75	
2001	509.44	17.55	16.75	578.57	14.76	19.02	861.63	311.34	28.33	351.79	0.10	11.57	24.33
2002	589.55	15.72	18.63	745.37	28.83	23.56	428.94	−50.22	13.56	521.79	48.32	16.49	27.77
2003	691.93	17.37	18.53	919.52	23.36	24.63	407.81	−4.93	10.92	599.27	14.85	16.05	29.87
2004	629.98	−8.95	14.40	1205.69	31.12	27.55	559.55	37.21	12.79	501.84	−16.26	11.47	33.79
2005	1150.33	82.60	19.66	1537.67	27.53	26.28	770.35	37.67	13.16	61.89	−87.67	1.06	39.84
2006	1334.54	16.01	18.78	1806.70	17.50	25.43	902.63	17.17	12.70	3.55	−94.26	0.05	43.04
平均值		18.69			20.28			49.56			3.20	13.61	33.11
偏差		21.48			8.12			109.7			44.76	6.78	7.21

资料来源:根据全国地方财政统计年鉴及国家税务总局网站公布数据整理。

3.1.3 税收收入与区域经济发展的相关性

1. 税收收入占地区生产总值的比重较低

税收收入来源于经济。国际上通常是用税收收入占GDP的比重来反映衡量宏观税负水平的高低。我国税收收入占GDP的比重在1996年仅为10.2%，1998年以来由于税收以年均17.31%的速度超常增长，这一比重每年提高一个百分点左右，2006年已超过18%。据国际货币基金组织的资料，1986—1988年发展中国家，包括社会保险税在内的宏观税负平均为17.9%，2004年我国的税收收入占GDP的比重约为17.68%，社会保障基金收入占GDP的比重约为4.3%，两项合计约为22%。这一比重明显高于发展中国家的平均水平。

如果我们考察县本级税收收入，结论可能与上面相反。1997年至2006年全国县本级税收收入占县域生产总值的比重年均3.2%，最高年份是2000年，为3.9%，最低年份是2004年，为2.67%。从2002年开始一直低于3%，这一比例远低于全国税收占GDP的年均15.35%（这部分可以理解为被中央、省、市等三级政府集中），比重较小，仅为其五分之一，且呈下降趋势，而同期全国税收收入占GDP的比重呈上升趋势，这反映县级税收收入的增长与县域经济发展的依存度不高，甚至呈反向关系（见图3—1）。这种关系导致县级政府通过直接税收从当地经济增量中获得的收入过少，即边际宏观税率过低，会导致县级政府采用非税的形式筹集财政资金。

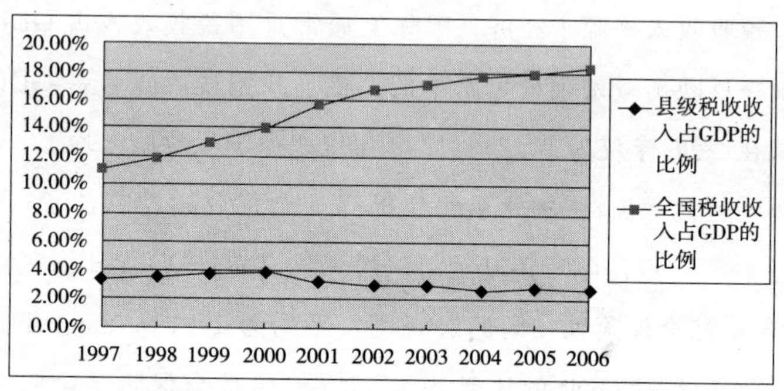

图 3—1　1997—2006 年县级税收收入占地区生产总值的比重

2. 主要税种的收入富于弹性

弹性系数表示因变量对自变量变化的反应敏感程度，它表示当一个经济变量发生 1% 的变动时，由它引起的另一个经济变量变化的百分比。税收收入的弹性是指税收收入变化率与区域生产总值变化率之比。当弹性小于1时称为缺乏弹性，它表示税收收入的增长速度慢于区域经济的增长速度；当弹性等于1时称为单一弹性，它表示税收收入与经济增长是同步增长的；当弹性大于 1 时称为富有弹性，它表示税收收入增长快于经济增长速度。

从表 3—5 可以看出，1997 年至 2006 年县级税收收入的主体税种——商品劳务税年均税收弹性为 1.51，最高是 2001 年的 2.26。由于个人所得税采用累进税率，其弹性较商品劳务税更高，年均 3.27。从个别年份比较来看，所得税的弹性不如商品劳务税，主要原因是从 2001 年起，中央调整了所得税的分成方式，将个人所得税和企业所得税列为共享税；省与县相应地也调整了对所得税的分成比例，使得县本级税收中的所得税弹性下降，但占地区生产值的比重逐渐稳定在 0.5 左右；从数据上看，农业税的税收弹性是极不稳定的，即使在农业税开始改革的 2001 年之前也是如此。上述分析表明县域经济的税收质量较高，即经济增长对税收增长的贡献明显。在这种情况下，县级政府会更加关注区域 GDP 的增长，因为县级政府需要依靠经济增长来获得更多的税源，从而满足财政支出的需要。

表 3—5 全国县本级分税种的税收弹性系数

	商品劳务税与地区生产值		所得税与地区生产值		农业税与地区生产值	
年份	所占比重（%）	税收弹性	所占比重（%）	税收弹性	所占比重（%）	税收弹性
1997	1.17	1.69			0.67	
1998	1.23	1.79	0.25		0.59	−2.55
1999	1.36	1.86	0.29	2.18	0.53	0.70
2000	1.43	1.19	0.32	2.46	0.53	3.44
2001	1.46	2.26	1.15	23.05	0.47	0.03
2002	1.63	1.33	0.52	−5.01	0.64	16.95
2003	1.70	0.57	0.43	−0.32	0.63	4.99
2004	1.55	1.68	0.47	1.53	0.43	−3.99
2005	1.78	0.92	0.51	1.36	0.04	−15.92
2006	1.76	1.76	0.51	0.94	0.00	−3.18
平均值	1.51	1.51	0.50	3.27	0.45	0.05
偏离差	0.21	0.50	0.27	8.34	0.24	8.74

资料来源：根据全国地方财政统计年鉴数据整理。

3.1.4 税收收入对县级财政运行的影响

1. 县级财政收入对税收收入的依存度

与其他收入来源相比，税收收入是最稳定和最规范的财政收入来源。县级财政收入对税收收入的依存度是县本级税收收入与县本级财政支出的比例，是反映县级财政运行稳定状况的重要指标之一。1994 年的分税制改革改变了财力分配格局，中央与地方的分配格局发生了重大变化，中央财政处于主导地位，全国税收收入向中央财政集中。省、市两级政府也相应调整了与县级政府的财力分配。上述调整的结果之一就是，县本级税收收入占财政收入比例不断下降。1993 年至 2006 年，县本级税收收入占财政总收入的比例整体呈现下降趋势，比例最高的年份是 1993 年，占 70.41%，最低的是 2004 年，为 43%，年平均值是 51%（详见图 3—2）。也就是说县级财政总收入中只有一半来自税收，其他一半的财政资金通过转移支付、收费等形式筹集。这种财政收入结构，加剧了地方政府通过非税形式筹集财政资金，对县级财政正常运转带来不利影响。

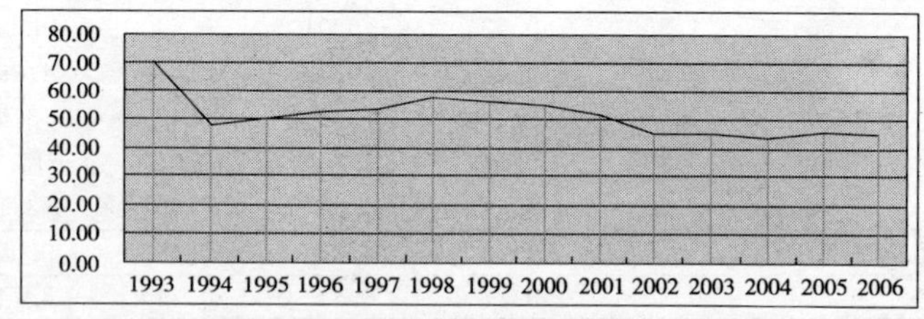

图 3—2　1993—2006 年县本级税收收入占政府收入比重

2. 县级财政支出对税收收入的依存度

1993 年至 2006 年，县本级税收收入占财政支出的比例也整体呈现下降趋势，比例最高的年份是 1993 年，占 74.5%，最低的是 2004 年，为 50%，就是说，县财政支出中只有 50%的资金来自税收收入，其他 50%的财政资金收入由转移支付、收费等形式筹集(见图 3—3)。

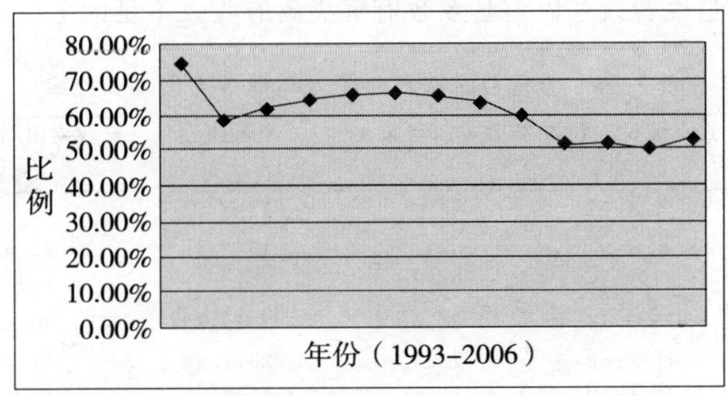

图 3—3　1993—2006 年县本级税收收入占财政支出比例

县本级税收收入占财政支出的比例较低可能有两个原因：一个是前面所讲的县本级政府收入中税收占的比重较低，年平均只有 51%；二是 1993 年至 2006 年，县本级财政支出的年均增长率为 19.67%，高于税收年均增长率的 15.35%，在 14 年中，有 7 年的财政支出增长速度高于税收收入的增长速度(见表 3—6)。

与一些国家的情况相比，我国的县级政府税收收入占财政支出的比例并不太低；但应当看到，美、日等国的地方财政缺口是由规范的、法制化的转移支付来弥补的，而我国目前的转移支付远未规范化、法制化，相当程度上存在着对既得利益格局的考虑。在这个前提下，地方政府只能依靠大量的收费才能维持收支平衡。

县本级税收收入占财政支出的比例较低对地方财政运行带来了不利，主要表现在：一是乱收费现象较为普遍。“税不够、费来补”是税费改革以前县乡政府解决政府收入不足的主要做法，

表 3—6 全国县本级税收收入与财政支出增长比率

年份	县本级税收收入（亿元）	税收收入增长比例（%）	财政支出（亿元）	财政支出增长比例（%）
1993	1224.12		1328.72	
1994	957.54	－21.78	1643.48	23.69
1995	1182.18	23.46	1913.52	16.43
1996	1483.14	25.46	2312.83	20.87
1997	1689.63	13.92	2577.44	11.44
1998	1908.52	12.96	2890.35	12.14
1999	2335.52	22.37	3573.21	23.63
2000	2566.08	9.87	4050.95	13.37
2001	3041.33	18.52	5101.06	25.92
2002	3164.40	4.05	6137.43	20.32
2003	3733.64	17.99	7200.32	17.32
2004	4375.87	17.20	8742.63	21.42
2005	5974.73	36.54	11292.57	29.17
2006	7109.19	18.99	13555.81	20.04
平均值		15.35		19.67
偏离值		8.26		5.37

资料来源：根据全国地方财政统计年鉴数据整理。

许多地方县乡两级收入的50%以上是靠各种形式的集资、收费(包括乱收费)筹集的。二是县级政府债务问题突出。为了减轻农民负担,中央从2000年开始大规模治理整顿收费和扩大农村税费改革试点,这使本来财力就不足的地方政府(尤其是县乡一级政府)更加捉襟见肘。随着农村税费改革的深入,再加上农业税的取消,在减轻农民负担的同时,由于县乡政府职能没有做相应的调整,政府机构庞大,人员众多,"僧多粥少",造成地方政府债务突出。如西部某省会城市2003年末的全市(显性)债务余额1247481万元,市本级为603878万元,县乡级为643603万元,县乡级债务占全市总债务余额的51.6%,在不同程度上都比2002年有所增长;逾期直接显性债务,大多集中在县乡级。大量的政府债务给当地的财政运行带来了很大的压力,大多数县级财政都难以承受,一些区县的债务问题已经影响到财政资金的正常调度和运转。

3.2 税制改革对县级税收能力的影响

3.2.1 农业税改革对县级税收能力的影响

1. 农业税改革及意义

新中国成立以来,仅以农业和农民为征税对象的税种包括农业税、农业特产税、屠宰税、牧业税、耕地占用税等。农业税制沿袭的是 1958 年颁布的《中华人民共和国农业税条例》。为稳定粮食播种面积，调节不同农业作物的收入水平，促进农业生产全面协调发展，1983 年恢复征收农林特产税。为严格限制耕地用于其他用途，1987 年开征了耕地占用税。从 20 世纪 60 年代开始，中国曾有“四区四省”〔1〕制定过牧业税征收办法并征收过牧业税。除了国家的税收以外，我国农民还需要缴纳各种费用。这些费用虽然不是正式意义的农业税，但与农业有密切联系，而且在新中国税制方面，国家对这些费用是与农业税联系在一起考虑、调整的。这些费用主要有乡统筹〔2〕、村提留〔3〕、义务工〔4〕等。人们又形象地称之为“三提五统”。“三提五统”的存在，一方面保证了乡村两级组织的正常运转，另一方面，由于缺乏监督制约，导致了乱集资、乱收费、乱摊派，大大加重了农民的负担。

---

〔1〕 这“四区四省”包括新疆维吾尔族自治区、内蒙古自治区、宁夏回族自治区、西藏自治区、陕西省、甘肃省、青海省、四川省等。

〔2〕 乡统筹是指乡镇向所属的农户收取的、用于辖区内乡村两级办学经费或农村教育事业费附加、计划生育、优抚、民兵训练和修建乡村道路 5 项由乡镇支配的资金。

〔3〕 村提留是指村级集体经济组织向农户收取的、用于本村的管理费、公益金和公积金等 3 项由村级支配的资金。

〔4〕 根据国务院《农民承担费用和劳务管理条例》的规定，农村劳动力还要承担农村义务工和农村积累工。农村义务工，主要用于植树造林、防汛、公路建设、修缮校舍等。按标准工日计算，每个农村劳动力每年承担 5—10 个农村义务工。农村积累工，主要用于农田水利基本建设和植树造林。按标准日计算，每个农村劳动力每年承担 10—20 个农村积累工。有条件的地方，经县级以上人民政府批准，可以适当增加。

2005年12月，十届全国人大常委会审议并通过于2006年起废止1958年颁布的《中华人民共和国农业税条例》的决定草案，标志中国政府全面取消农业税制度。而屠宰税、农业特产税已分别于2002年、2004年取消。[1] 至此，仅以农业为征税对象的税种只有耕地占用税。在农业收费方面，2002年3月27日，国务院决定在20个省（自治区、直辖市）取消乡镇统筹款，取消教育集资等专门面向农民征收的行政事业性收费和政府性基金，计划用3年的时间逐步减少直至全部取消统一规定的义务工，以农业税额的20％为上限征收农业税附加，替代原来的村提留。

农业税费改革最直接的目的就是减轻农民负担，增加农民收入。当前农民收入水平总体偏低、农民负担过重，国家全面取消农业税，有利于广大农民更多地分享改革开放和现代化建设的成果。仅以2003年农业税收入数据为对照，免征农业税、取消除烟叶外的农业特产税可减轻农民负担600亿元左右，以8亿农民计算，农民年人均减轻税负75元。[2] 再比如，我们调查的A县税费改革前1999年农民人均负担76.26元；税费改革后2003年农民人均负担34.37元，人均减负54.93％；而到2005年，以上所有税费全免征，农民已没有此项负担。取消农业税还有利于加强农业基础地位，增强农业竞争力，提高农业综合生产能力，有利于加快公共财政覆盖农村的步伐，逐步实现基层政权运转、农村义务教育等供

---

〔1〕 农业特产税只保留烟叶税税目。

〔2〕 如考虑农业收费项目的取消，农民减负的力度更大。

给由农民提供为主向政府投入为主的根本性转变，有利于统筹城乡发展、加快解决“三农”问题。

2. 取消农业税对税收收入的影响

农业税费收入是县、乡财政收入和村级收入的重要来源，主要用于提供农村公共产品和维持乡村政权组织的运转，如农村的教育、卫生、乡村道路、治安、计生、优抚以及乡村公职人员的工资等。农业税的收入主要在县、乡两级分配使用。虽然分配机制各地不尽相同，但分税制改革前，农业税收入是乡镇财政的最大来源。如有的市、县规定农业税收以 1993 年基数作为乡镇固定收入，而农业税的调增部分基本作为县级收入。因此农业税的取消对县、乡两级的影响是最大的，尤其是农业税为主要收入来源的农业县乡影响就更大。

建国初期财政收入主要靠农业税收入，如我们调查的 A 县是农业大县，1951 年全县农业税收入 18.5 万元，占财政总收入 100%。随着经济发展及工业崛起，农业税收入对财政收支的比重逐年下降。1980 年，该县农业税收入 52.7 万元，占财政总收入 10%；2004 年全县农业税收入 220 万元，占财政总收入 0.8%。1995 年至 2004 年，如表 3—7 所示，全国农业税、牧业税和农业特产税三税从 1994 年至 2004 年年均数来看，平均每年征收 386.2 亿元，占全国税收收入的比重不到 3%，但其占县本级税收入的 16.12%，在取消农业税之前，在县级税收收入中是第四大税种，是乡镇财政收入来源的最大税种，占县级本级财政支出的 9.74%。农业三税收入在 2003 年达到最大规模为 599.27 亿元，在 1996 年，占税收收入的比重及占财政支出的比重达最大值，分别为21.28%和13.64%。2005年以后，农业税只保留烟叶税，如果以2003年的599.27亿元为基数计算，平均每个县(市)减收3千万元。[1]

表3—7　1993—2006年全国农业税占税收、财政支出的比重

年份	农牧业税、农业特产税合计（亿元）	占税收的比重（%）	占财政支出的比重（%）
1995	233.95	19.79	12.23
1996	315.57	21.28	13.64
1997	337.86	20	13.11
1998	319.03	16.72	11.04
1999	329.47	14.11	9.22
2000	351.44	13.75	8.68
2001	351.79	11.57	6.90
2002	521.79	16.49	8.50
2003	599.27	16.05	8.32
2004	501.84	11.47	5.74
2005	61.89	1.06	0.55
2006	3.55	0.05	0.03
1995—2004平均值	386.20	16.12	9.74
偏差值	114.40	3.46	2.66

资料来源：根据全国地方财政统计年鉴数据整理。

农业税的取消对县、乡两级的影响最大，尤其是农业税为主要收入来源的农业县、乡影响就更大。如表3—8所示，2003年农业产值排名前5名的县级政府中，3个县级政府的农业三税比重占

〔1〕以地方统计年鉴2003年中1981个样本县(含县级市)为基数。

总收入的25%以上，其中吉林省的农安县2003年农业三税收入占税收收入的39.75%。

农业税取消后，中央政府建立了相应的补偿机制，但据我们调查的结果看，这些转移支付在一些地方，尤其是农业大县还不足于弥补由于农业税取消带来的财政收入损失，以致造成新的财政困难，情况严重的地方已经形成较大的财政缺口。如在我们调查的A县，取消农业税转移支付补助是以取消农业税前3年的平均数为补偿标准，这种制度安排没有考虑农业税的增长因素，不利于县乡财力的成长。

表3—8　2003年农业大县农业税与税收收入、财政支出的比重

年份	省份	地级市	县(市)	农业三税合计(亿元)	占收入比例(%)	占支出比例(%)
2003	江苏	盐城	东台	9.33	23.81	17.17
2003	吉林	长春	农安	8.77	39.75	18.44
2003	黑龙江	哈尔滨	双城	6.89	26.24	14.69
2003	海南	三亚	坦洲	5.82	34.41	16.84
2003	江苏	镇江	句容	3.58	14.08	9.05

资料来源：根据全国地方财政统计年鉴数据整理。

没有合理的补偿机制，取消农业税给县乡财政带来不利影响。一是乡村政府提供公共产品的能力不足。由于转移支付并不能解决收不抵支的问题，基层财政的财源将会进一步减少，使县、乡、村三级组织的财力缺口加大。二是乡村两级债务偿还能力削弱，县、乡、村债务问题将更加恶化。地方政府债务如果得不到解决，不仅会影响地方政府形象和公信力,而且会影响当前农村基层组织的功能,这样势必会造成新的问题。农村税费改革以来,乡村两级债务化,乡村两级债务主要由以下方面构成:兴办农村公益事业的负债;兴办集体企业时向金融部门借贷形成的债务;拖欠乡村干部工资形成的债务等。税费改革前,乡村两级要通过向农民收费、提取乡村企业收益等途径逐步偿还债务,这也是乡村两级以往举债的基础。税费改革后,收入渠道被"堵",乡村两级的债务并未列入上级财政转移支付的范围,这就使得乡村两级债务愈发沉重,影响了乡村两级公共产品的供给。

3.2.2 增值税改革对县级税收能力的影响

1. 增值税改革及意义

1994年税制改革以来,我国一直实行生产型增值税。在这种类型的增值税税制下,企业所购买的固定资产所包含的增值税税金,不允许税前扣除。生产型增值税与其他类型的增值税相比,虽然能征收到更多的税收,但存在一些缺陷:一是纳税人购进固定资产所含的税款不予抵扣,不利于鼓励投资;二是资本结构不同的企业之间税负不平衡、不公平,特别是高新技术产业和基础产业固定资产投资比重大,税收负担重,不利于国家产业政策的实施。

为消除生产型增值税的弊端,我国从2004年7月1日起对东北地区的8个行业实施增值税转型试点,从2007年7月1日起对中部地区 26 个城市的 8 个行业实施试点，从 2008 年 7 月 1 日起内蒙古自治区东部 5 个盟市和四川汶川地震受灾严重地区也开始实行试点。除四川汶川地震受灾严重地区外，试点改革的主要内容是，允许一般纳税人购进固定资产进项税额从销项税额中抵扣。为减少对财政收入的影响，对应抵扣的增值税采取了退税的方式，当期应退的税额不得超过当期新增增值税税额，不足抵扣的部分结转下期继续抵扣(简称“增量抵扣”)，年终如果财政收入状况允许，再采取全国统一的常规办法(由纳税人直接向税务机关申报抵扣，当期应纳增值税额不足抵扣的部分再结转下期抵扣)计算退税，不再按增量抵扣办法控制。据统计，截至 2007 年年底，东北和中部转型试点地区新增设备进项税额总计 244 亿元，累计抵减欠缴增值税额和退给企业增值税额 186 亿元。

2009 年，我国开始全面实行消费型增值税制度。这次改革的主要内容：一是自 2009 年 1 月 1 日起，全国所有增值税一般纳税人新购进设备所含的进项税额可以计算抵扣；二是购进的应征消费税的小汽车、摩托车和游艇不得抵扣进项税；三是取消进口设备增值税免税政策和外商投资企业采购国产设备增值税退税政策；四是小规模纳税人征收率降低为 3%；五是将矿产品增值税税率从 13%恢复到 17%。

增值税转型改革，允许企业抵扣其购进设备所含的增值税，这既是一项重大的减税政策，也是积极财政政策的重要组成部分。据财政部门估算，这项改革能为纳税人减轻税负超过 1200 亿元。

转型改革将消除生产型增值税制存在的重复征税因素，降低企业设备投资的税负，有利于鼓励投资和扩大内需，促进企业技术进步、产业结构调整和经济增长方式的转变，对于提高我国企业的竞争力和抗风险能力，克服国际金融危机的不利影响，将起到积极的作用。增值税转型改革完成后，下一步增值税改革的主要任务是扩大增值税征收范围，将目前征收营业税的行业纳入增值税的征收范围，以消除商品劳务的重复征税问题。

2. 增值税改革对税收收入的影响

按目前的收入划分方法，增值税属于共享税，增值税收入在中央、省、县三级政府间分成，因此，增值税改革，不论是转型还是扩大征收范围都会影响到县级政府的税收收入能力。而且由于增值税是我国的第一大税种，这两方面的改革对县级税收收入能力都会造成较大的影响。

增值税转型对县级税收收入的直接影响有限。据财政部公布的测算数据，2009年实施转型改革后全国将减少当年增值税收入约1200亿元。如果以县级政府17%的分享比例计算，将减少增值税收入200亿元左右。但从长期看，增值税转型能带来增值税税收的增长，因为转型能刺激企业投资，进而使税收持续增加。

与增值税转型相比，增值税扩大征收范围对县级政府的税收收入将造成较大影响，以致影响到这项改革的推动，因为增值税扩大范围意味着营业税的征收范围缩小，直至取消。所以，扩大增值税征收范围将直接影响县级财政。具体来看有以下两点：一是至少在短期内将导致县级税收大幅度减少。营业税是地方税的第一大税种，也是县级税收收入的最大来源税种；2006 年全国县级营业税收入占全国县级税收收入的 25.43%，总额约为 1800 亿元。以此估算，增值税扩大征收范围可能会使县级税收收入减少将近四分之一，会造成 15%的收入缺口，这对于已经步履维艰的县级财政无疑是“雪上加霜”(见表 3—9)。

二是将导致县级财政缺乏地方性主体税种，使地方税种体系更加零散。在目前的县级税收结构中，共有 13 个税种，营业税是唯一的主体地方税税种。不论是增长率(2002 年至 2006 年年均增长 25%，超过同期增值税的增长速度)，还是税收依存度，目前没有其

表 3—9　1994 年至 2006 年县级营业税收入

年份	营业税收入		
	总额(亿元)	增长率(%)	占总税收比例(%)
1994	202.09		21.11
1995	219.02	8.38	18.53
1996	255.84	16.81	17.25
1997	297.49	16.28	17.61
1998	345.42	16.11	18.10
1999	457.31	32.39	19.58
2000	504.15	10.24	19.72
2001	578.57	14.76	19.02
2002	745.37	28.83	23.56
2003	919.52	23.36	24.63
2004	1205.69	31.12	27.55
2005	1537.67	27.53	26.28
2006	1806.70	17.50	25.43

他地方税税种能取而代之，它对于县级税收收入的稳定起着至关重要的作用。

解决这一问题的办法有三个：第一，相应提高县级政府对增值税的分成比例。这种做法的弊端是由于县级政府的分享比例不可能超过 50%，将使其不能公平享受增值税增长带来的收入。第二，加大上级政府对县的转移支付力度。但这可能使县级财力再次“上移”，对转移支付的依存度进一步提高。县作为下级政府始终是转移支付规则的接受者，而非制定者。第三，开征新的地方税税种。但从目前县级税源状况来看，还没有出现新的税源能够取代营业税的地位和作用。因此，如何保证地方政府的利益不致因改革受到过大的影响，消除地方政府的顾虑，进而顺利推进增值税下一步改革并不是一件容易的事情。

樊　勇

第 4 章　县级非税收入与转移支付

4.1 县级非税收入管理改革面临的困境及出路[1]

政府非税收入与税收收入相对应，是政府收入中除去税收的剩余部分，涵盖行政事业性收费、政府性基金、国有资源有偿使用收入、国有资产有偿使用收入、国有资本经营收入、彩票公益金、罚没收入等多项内容，征管过程涉及几乎所有政府机关、事业单位和代行政府职能的社会团体及其他组织。我国政府自 2001 年正式提出“非税收入”的概念后，逐步淡化了“预算外资金”的概念。2004 年，财政部明确界定了非税收入的范围，并要求加强非税收入管理，其目的是为了构建和完善我国的公共财政体系，理顺政府收入分配秩序，增强政府宏观调控能力，并从体制上预防和治理腐

〔1〕 王广庆.地方政府非税收入态势与困境摆脱[J].改革，2009，12：48－53.

败。据我们的统计，现在我国已有 16 个省（自治区、直辖市）出台了《非税收入管理条例》或《非税收入管理办法》，全面实行非税收入管理改革。从成效上看，与改革前相比这些省份动作不小，进展也快，但与改革的终极要求和目标还有相当距离。事实上，非税收入作为政府财政收入的一个重要组成部分，其管理与税收相比一直比较薄弱，至今全国尚未形成一套统一、成熟、规范的管理制度。不同省份非税收入管理改革的进度和深度也参差不齐。率先改革的湖南省以“流程再造”对原有管理体制做了推倒重来的二次设计，总结了一系列经验，并为其他省份所效仿。但改革至今，大多数省份在向纵深领域进一步推进时都面临着同样的困境，如：立法不足、激励两难、管理技术落后等。

2008 年全国人大明确提出要在 2011 年将非税收入全面纳入预算管理，2009 年国务院总理温家宝在《政府工作报告》中也着重提到要“继续清理行政事业性收费和政府性基金，加强规范化管理”。各级政府经过多年的改革实践，已经确立了非税收入改革的原则，即“所有权属国家、使用权归政府、管理权在财政”，探索出了“以票管收、银行代理、财政统管”的征管模式。实践证明这一模式抓住了非税收入的要害，实用性很强，如在湖南和山东两省都取得了显著成效。但对于大多数省份来说，非税收入管理改革正遭遇严峻挑战，很难继续深化。

非税收入是我国地方政府可控财力的主要组成部分，并且随着政府级次的降低，非税收入所占本级财政收入的比重逐步上升。

如广西2007年度一般预算内各级政府非税收入占本级财政收入的比重为：自治区本级20.9%，地(市)本级为35.77%，县乡为37.33%，呈现递增态势，地、县两级非税收入合计占了全自治区非税收入的83.12%(见表4—1)。可见，非税收入改革的重点和难点在于地、县两级。

表4—1　2007年度广西各级政府财政一般预算非税收入情况

	非税收入单位(万元)	财政收入单位(万元)	非税收入占本级财政收入比重	各级非税收入占全区非税总收入比重
自治区本级	229769	1100897	20.90%	16.88%
地(市)本级	478791	1338369	35.77%	35.17%
县乡两级	652896	1748999	37.33%	47.95%
全区	1361456	4188265	32.51%	

数据来源：2007年度广西壮族自治区财政年鉴。

从目前学术界研究的成果看，非税收入的研究主要集中在两个方面：一是费改税方面的研究，如张馨(2005)指出，要根除我国乱收费现象，不仅限于政府收费制度本身的改革，更在于约束和限制政府以强制和无偿形式的课征能力；要解决乱收费问题，必须走税收公共化之路。二是非税收入规范化管理政策、制度方面的研究，如贾康(2005)提出了改革我国非税收入管理的基本思路；苑广睿(2007)探讨了我国政府非税收入的政策取向。鉴于我国各级地方政府非税收入管理都是基于中央"收支两条线"的基本政策，虽然各省(自治区、直辖市)或地(市)在采取的具体措施的表述称谓上有所不同，但制定的条例、规定或办法的内容却基本一致。这表明各省、市或地区的非税收入管理存在相当的共性，并且费税关系和管理政策方面的研究在学术界和财政体系内已达成了基本共识。但值得注意的是，当确定了“是什么、怎么办”之后，“办得怎么样”却研究甚少。不同于一般学者以全国或某省作为研究对象，本章以山西省某地级市（X 市）为例，采用实证研究的方法深入剖析当前非税收入改革的过程、成效和面临的困境，试图揭开导致陷入困境的根本原因，据此提出走出困境的可行性对策，本章的研究对于全国非税收入管理改革的进一步深化推进具有一定的参考意义。

4.1.1 X 市非税收入管理基本情况介绍

X 市政府非税收入在 2002 年前一直按预算外资金管理，方针是“谁征收、谁所有、谁支配”。受部门利益的驱动，职能部门竞相收费，行政行为严重扭曲。仅 X 市直范围，2002 年前就有 170 多家执收部门，近 400 个收费项目，企业“三乱”现象屡禁不止。一些企业有时每天有 4—5 个执收部门收费，平均每年有 60 余次应酬接待、请吃请喝。地处晋、陕、蒙交界的下属 B 县，过去公路“三乱”问题比较突出，仅上路收费的单位就多达 19 家，意欲投资的外商纷纷“改道”。在中央“收支两条线”政策的要求下，出于优化投资环境、治理腐败、增强政府宏观调控能力、推动经济发展的客观需要，X 市结合政府机构改革及行政审批制度改革的需要，于 2002 年 3 月正式成立了“X 市收费管理局”。

X 市收费管理局的成立源于 2002 年前该市收费管理体制的混乱。在收费养人、自收自支、部门“小金库”自由支配被默许的状况下，执收单位的收费行为往往以部门利益和个人利益最大化为目标，严重背离了公共财政的整体目标，作为财政收入重要组成部分的非税收入被部门分割挟持，政府宏观调控能力受到威胁，地方经济发展环境因为“三乱”日趋恶劣，直接影响到了外来投资。在此背景下 X 市收费管理局应运而生，被核定为市直事业编制机构，与市财政局相互独立。收费局的职责是对全市非税收入实行统一收缴、管理、监督、指导和服务。

1. X 市收费管理局的组织结构

X 市及下属县（区）收费管理局是同级人民政府的直属事业机构，局内设有办公室、收费管理科、票据管理科、计划统计科和收费稽查科 5 个职能科室。1 名局长，2 名副局长，5 名科长，市局内现有正式在编干部职工 16 人，全部具有大专以上学历。下属 14 个县（市、区）及风景区设 15 个收费管理局，共有职工 301 人。收费管理局在行政级别上与财政局相同，但在业务上接受财政局的指导。目前，X 市收费管理局局长兼任财政局副局长，但下属大多数县收费管理局局长在同级财政局内没有兼职。

2. 非税收入管理改革的主要法律依据

法律依据包括国务院、财政部、发改委、山西省政府、山西省财政厅和 X 市政府制定的一系列法规或规范性文件（见表 4—2）。

表 4—2　X 市非税收入管理改革的主要依据性文件

发布人	文件名称	发布时间
国务院	《违反行政事业性收费和罚没收入收支两条线管理规定行政处分暂行规定》	2000 年
	《财政违法行为处罚处分条例》	2004 年
财政部 国家发改委	《关于事业单位和社会团体有关收费管理问题的通知》	2000 年
	《关于加强政府非税收入管理的通知》	2002 年
	《行政事业性收费项目审批管理暂行办法》	2004 年
财政部	《行政事业性收费和政府性基金年度稽查暂行办法》	2004 年
	《关于深化地方非税收入收缴管理改革的指导意见》	2009 年
山西省政府	《山西省行政事业性收费管理条例》	1995 年发布，1997 年修订
	《山西省行政事业性收费票据管理规定》	1995 年发布，1997 年修订
	《山西省预算外资金管理条例》	1997 年
山西省财政厅	《关于净化预算外资金收入、加强预算外资金管理有关问题的通知》	1999 年
	《关于加强非税收入"收支两条线"管理的通知》	2003 年
	《关于进一步加强政府非税收入管理的通知》	2005 年
X 市政府	《X 市非税收入收缴管理暂行办法》	2005 年
	《X 市非税收入稽查暂行办法》	2005 年
	《X 市非税收入票据管理暂行办法》	2005 年

资料来源：X 市收费管理局编写的内部资料《非税收入管理使用手册》。

纵观这些法规或规范性文件，发现每个文件一般都是针对政府非税收入管理的某一项内容。这些规章制度为 X 市的先期改革提供了必要的法律支持，如 X 市作为山西省收费制度改革的试点单位，就源于落实国务院 281 号令的需要。山西省和 X 市后续出台的各种规章制度实质上都是对国务院和财政部相关政策的细化和解读。梳理各项条例、规定、通知或办法的内容，还发现文件出台时间越早，与当前现实状况的弥合性就越低，如《山西省预算外资金管理条例》在非税收入概念上已经过时。在操作层面上，当前各地非税收入管理改革主要还是依据 2002 年财政部和发改委发布的《关于加强政府非税收入管理的通知》这一规范性文件。而 X 市在试点改革中则主要依据该市 2005 年根据财政部和发改委《通知》精神细化后的三个指导性文件，即《X 市非税收入收缴管理暂行办法》、《X 市非税收入稽查暂行办法》及《X 市非税收入票据管理暂行办法》。

3. **管理模式和执行情况**

X 市非税收入的管理模式可以概括为“一集中”“五统一”。“一集中”是指对市、县两级重点企业实行“集中缴费、挂牌保护”的管理办法，各执收单位不再进入挂牌保护企业直接收费，而是一律由企业集中缴入收费局大厅专户。“五统一”具体为：一是统一收缴专户。各执收单位不得设立收入过渡户，收缴的各项非税收入一律直接进入收费大厅专户。二是统一收费程序。具体为执收部门编报计划，收费部门统一审定，同级政府行文批准，受保护企业按计划直缴。三是统一票据管理。对非税收入的各种票据，由财政局统管，收费局专管，实行计划控制、限量供应、交旧领新制度。四是统一资金划解。收费大厅汇集费款后，依照各类资金的性质和划解比例，分别直接划入中央、省、地方国库以及地方财政专户。五是统一稽查监督。主要是对执收部门的收费项目、过渡账户、票据使用等的经常性稽查，教育乱收费以及“收支两条线”的专项稽查。

围绕“一集中”“五统一”的管理模式，市收费管理局采取了四项具体执行措施。一是清理收费项目，统一分类编码。2002 年收费管理局对市直 170 多家执收执法单位的 257 个收费项目进行了清理，统一分类编码，通过媒体向社会公示，并向企业发放了集中缴费计划书和缴费“明白卡”。二是撤销过渡账户，落实“收支两条线”。2002 年市、县两级共清理账户 2769 个，撤销违规账户 108 个，取消收入过渡账户 1527 个。三是实行挂牌保护制度。到 2004 年底，全市集中缴费企业已达到 780 个，大部分重点企业都纳入了“集中缴费、挂牌保护”的范围。四是建立服务网点，分类收缴资金。市、县各级均建立了以政务收费大厅为骨干、专项收费站点和银行代理网点为支撑的集中收费网络。各执收部门只负责征收未纳入集中管理范围的一般企业的收费项目，对于边远地区和特种行业、特别项目的收费，则通过专门网点、代理站点和资金直接解缴的形式，一并纳入集中管理体系之中。

4. 非税收入管理改革的成效

改革的成效集中体现在三个方面：一是“赶进笼子”，促进了财政增收。X 市 2002 年正式实行集中收费后，非税收入连年大幅增长，年均增幅达 51%，2008 年全市非税收入 32.4 亿元，是 2002 年的 9 倍多（见图 4—1）。预算内收入的构成比重也由 2002 年的 23.5%提高到了 2008 年的 58.5%。二是收费行为日趋规范，有利于源头防腐和治乱减负。市、县两级收费管理局实行“一集中”“五统一”后，基本实现了票款分离、收缴分离和罚缴分离，遏制了执收单位的无证收费、违规收费、超标收费及转移资金、截留坐支、私设“小金库”等违法乱纪行为。“吃、拿、卡、要”等腐败现象也大为减少。据 2005 年 X 市问卷调查显示，全市平均每年减少招待费用 540 万元，企业额外负担减少 990 万元。下属 D 县在实行集中收费之后，每个企业每年平均接待执收单位收费和检查的次数从 60 余次下降到了 6 次。三是优化了发展环境，有利于扩大招商引资。集中缴费后，企业的接待成本和时间成本大大降低，企业可以把精力集中于生产经营上。据资料显示，仅 2007 年 X 市招商引资就签订了 400 多个项目、690 多亿元资金，招商引资获得巨大进展。

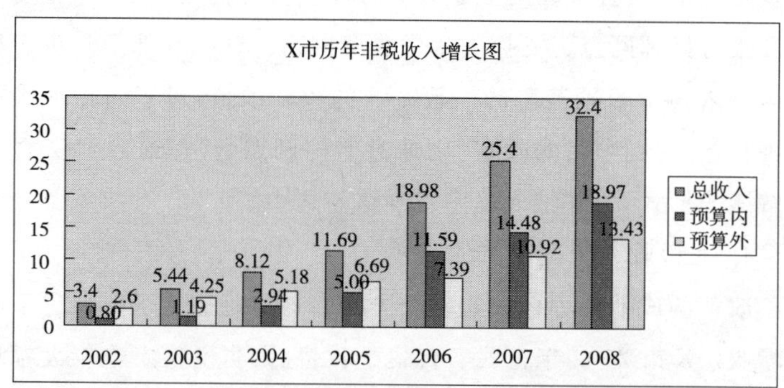

图 4—1　2002—2008 年 X 市非税收入增长(亿元)

数据来源：X 市非税收入局网站和调研数据。

4.1.2 继续深化非税收入管理改革面临的困境

1. X 市收费管理局依法行政依据不足，征管职能的合法性备受质疑

合法性是政府管理机构存在的基础，是公共政策制定和实施的前提，行政机构只有具有合法性才能具有权威，才能成功实现其法定职能。正如卢梭所说："强力并不构成权力。公民只对合法的权力才有服从的义务。"

法治社会中，依法行政首先强调行政机关所行使的职权必须依法取得，执法有据。对行政机关而言，只有在法律有明确授权的情况下，它才能享有某项权力，否则即为越权。X 市收费管理局依据市委市政府一纸红头文件而成立，其行政地位缺乏必要的法律依据，尤其是其职权显然是"革了财政局的命"。这种名不正言不顺的"集中统一"有违"财政是唯一征收主体"的共识，所以，X 市成立收费管理局的真实动机备受质疑，有以改革之名变相扩大行政编制、增加财政供养人员和创设行政领导职务之嫌。在此情况下，X 市收费管理局的工作就很难得到行政部门包括财政局的认可和支持。但在我国"权大一级压死人"的泛政治化管理体制下，所有合作部门也不得不作出积极支持的政治表态。毋庸置疑的是，强力变为权力为部门协作埋下了祸根，部门之间人为设置障碍、有意拖延、扯皮等内耗现象严重。

我国税收工作的规范管理得益于《税收征收管理法》的强力支撑。相对而言，非税收入工作目前还没有一部可供依据的法律，造成了非税收入管理的被动与滞后。非税收入范围和边界的界定，收费项目及标准的设置，征收程序，监督稽查等事关财政、执收单位和缴费人的切身利益，这些问题单靠政府规范性文件为依据难以令人信服。X市收费局就曾多次遇到企业拒缴费时拿不出“尚方宝剑”的尴尬，这个时候只能耐下心来向对方宣讲政府政策，做企业负责人的思想工作或以停水停电等手段相威胁。从我国政府收费项目情况来看，中央审批的收费项目大部分有法律、法规依据，省级批准的项目部分存在法律、法规依据不足问题；而省以下则程度不同地存在乱收费行为。目前对于什么情况可以申请收费、如何申请收费等均没有统一而明确的规定，许多收费项目和基金都是地方与中央单独谈判的结果。X市在确定收费标准之前，一般要征求缴费人的意见。如把某企业划定为A、B或C类时，因为收费档次差异较大，直接牵涉企业利益，一般要获得企业认同，否则后续收费工作难以进行。通常双方在没有法律做后盾的情况下，参与式协商成了主要沟通手段，但这种协商的结果缺乏稳定性，双方都有随时反悔的可能。

2. 部门利益冲突削弱了部门协作机制，“收支脱钩”遭遇激励难题

部门利益是指行政部门行为偏离公共利益导向，追求部门局部利益，变相实现小团体或少数领导个人的利益，其实质就是“公共权力部门化”以及“部门权力利益化、个人化”。X市非税收入管理改革是一项“权力再分配、利益再划分”的探索性活动。在改革过程中,大量原属其他部门的行政权力和经济资源被转交到收费管理局。而长期以来,在“收支挂钩”管理模式下,收费的多少与单位的福利水平、个人收入息息相关,新的“集中统一、收支脱钩”的管理模式打破了原有的利益格局,直接损伤到了大多数协作部门的利益,影响了个人收入。因此,出于争权和自我保护需要,所涉部门一般都会阻挠变革,与政府或收费局在工作配合中产生冲突。结果是部门利益冲突使部门间的竞争消耗大量的政治、经济资源,一方面给政府形象带来负面影响,另一方面对于相关责任的互相推诿,使原本可以高效解决的问题一拖再拖,损害了缴费人的权益,造成政府行政效率下降。X市下属E县的环保局和收费局就曾因为收费管理权之争,把“官司”打到了国家环保部,后来在山西省政府的协调下,环保局不得已才交出了收费权。

部门利益难以平衡,部门冲突常有发生的关键原因,一是界定政府部门职权的法律、法规模糊或界定的职权交叉并存。特别是牵涉经济利益的事务,总会有多个政府部门凭借相关法律条款竞相争取管理权,如根据国务院《排污费征收使用管理条例》第三条规定,“县级以上人民政府环境保护行政主管部门、财政部门、价格主管部门应当按照各自的职责,加强对排污费征收、使用工作的指导、管理和监督”。这一规定非常模糊,而山西省地方政府又没有制定具体的实施细则，在利益驱使下，环保局与财政局(收费管理局)就“谁有权征收和管理”的问题曾经争执不下。二是部门官员政绩需求驱使。部门领导只有拿到相关职权，才可能创造部门利益，从而获得更多的威信和内部支持，更好地“办事”，以凸显部门和个人政绩。与此同时，领导者的成就感、声望和社会地位也会得到相应提升。

“收支两条线”的本意是希望以“收支脱钩”切断非税收入与执收部门的直接利益关系，降低部门的乱收费冲动。但在实际工作中，却往往会陷入激励两难的境地。如果收支真正脱钩，执收部门难免会转向另外一个极端，在所有经费由财政保障的前提下，员工待遇相比以前将大打折扣，执收部门的努力度将大幅降低，出现人情减免、权力寻租、应收不收等现象，从而造成政府财政收入的大幅减少，而财政收入减少一定会影响到部门财政经费的足额拨付。根据张光远的研究，成都市公安局实行罚没、收费“收支两条线”管理和停止经营活动后，需要财政增加拨款 59%，财政压力之大可见一斑。

3. 管理技术落后，征管、监督、稽查工作效率低下，非税收入流失严重

截至目前，全国已有湖南、广西、内蒙古、甘肃、青海 5 省先后颁布了地方《非税收入管理条例》，这些地方性法规的出台标志着非税收入规范化管理已经积累了相当的经验，尤其在政策制定和制度设计等战略层面已日趋完善。而当前的问题主要是政策执行环节不力，管理技术落后。具体表现为征管、监督、稽查过程中计算机信息化应用水平严重不足。X市在非税收缴过程中，虽然实现了业务操作的计算机化，但主要集中在数据录入、开票、款项收取等较浅层次，缺乏对征收部门和被征主体的有效监控，计算机信息系统强大的信息采集、数据处理、联网监控、内部管理等功能远未发挥出来，也就更谈不上为监督、稽查提供完整、系统的基础资料。究其原因，一是开发非税收入信息化管理系统投资大，成本收益一时难以确切判断，再加上主要领导对信息化的功能和意义认识不足，一般不愿贸然扩大经费开支。二是部门内部缺乏既懂得计算机网络应用又熟悉非税收入政策的复合型人才，再考虑到一般员工对快速发展的计算机知识的学习能力普遍较弱，领导者对内部员工包括他们本人将来能否熟练应用信息管理系统把握不足。三是信息技术的应用是系统管理的一场变革，它将导致工作机制、资源配置、权力结构的全面变化，不同部门、不同层次机构的事权也要相应调整，进而涉及到方方面面的既得利益，领导者不得不慎重考虑变革的潜在阻力和风险。

4.1.3 走出地方政府非税收入管理改革困境的对策

我国非税收入管理经过多年的理论研究和试点改革，在基本思路和政策取向上已经达成了广泛共识，按照非税收入“所有权属国家、使用权归政府、管理权在财政”的原则，各级地方政府普遍采取了“以票控费、银行代收、财政统管”的管理模式，乱收费、乱罚款、乱摊派现象已得到有效清理和遏制，“小金库”的治理也有了明确的时间表，目前各单位正在自查自纠，预计到 2012 年底将被彻底取消。

然而，对 X 市非税收入管理改革的通盘分析后发现，财政改革绝不仅限于财政，执行难就难在它牵一发而动全身。X 市非税收入管理改革的 7 年(2002—2009)是中国非税收入规范化管理的一个缩影，其所面临的困境对于大多数地方政府来说具有代表性。而非税收入立法滞后、激励两难、管理技术不足这三大因素正是制约非税收入改革继续深化的关键所在。为此，提出以下政策建议：

1. 尽快出台全国性非税收入管理法规，使非税收入管理做到有法可依

经过多年酝酿和地方试点，全国性《政府非税收入征管法》亟待出台，这一法规对非税收入的性质、分类、范围、征收管理、票据管理、资金管理、监督稽查、法律责任应作出明确规定。这将使非税管理有法可依，彻底解决征管机构合法性的问题，减少部门间争权夺利中的内耗，也给被征收主体一个明确的交待，树立征管权威。同时结合《预算法》的修订，实现政府非税收入与税收收入预算的统一编制、统一安排、统一执行，使财政收入全面接受人大监督。

2. 加快行政体制改革，理顺部门职能，强化部门协作

在行政机构重塑中，要对政府财政部门和执收执罚单位的权责作出统一规定，根据非税收入管理权在财政的原则，明确两者在征收方面的“委托代理”关系；同时，专门的非税收入征管机构必须归口财政领导，其建制应该是财政厅、局的二级单位，绝不允许地方政府为了解决领导岗位编制，增加财政供养人员，借改革之名将非税收入的征管机构独立于财政部门之外，变相肢解财政的统管职能。为避免被执收部门应收不收、少收、缓收或免收等逆向行为，必须构建有效的收费督察机制。

3. 加大信息化建设投入，构建征管、监督、稽查为一体的信息管理系统

按照国家“金财工程”建设的统一要求，以“金财工程”收入管理系统为依托，根据政府非税收入管理的内容，兼顾与其他财政业务管理系统相衔接，设计开发出非税收入信息管理系统，实现征收、监督、稽查一体化，财政部门、代理银行、代征部门互联互通，自动分成、款项直达财政专户或国库，提高资金周转效率，斩断部门“小金库”的来源渠道。信息管理系统中的电子查账功能根据权限设置能够实现“多人同时看一套账”，彻底遏制“暗箱操作”，使征收、监督、稽查工作更加透明、规范，以先进的管理技术规避工作人员的道德风险，降低执法的随意性、降低职务犯罪的概率。

4. 信息公开，扩大宣传，主动接受社会监督

履行政府信息公开义务，所有非税收入的项目、标准、征收流程和使用必须全面地向缴费人和社会公开，主要方式可采用财政部门网站专设栏目，报刊、媒体宣传，收费大厅免费赠送相关资料等。同时，财政部门应组织汇总编辑非税收入状况的月报，定时送交上级政府、执收部门以及重点缴费人，用数字说话、及时沟通。最后，改进非税收入征管情况的披露机制，可借鉴上市公司财报的发布模式，定期按季度向社会公开非税收入预算执行情况，接受舆论监督。

4.1.4 结论

非税收入管理改革是财政体制改革的一部分，财政体制改革的突破与行政体制改革的滞后已经矛盾凸现，缺乏必要的行政体制改革作配套，非税收入管理改革将难以继续向纵深推进。非税收入改革不仅是对现有资源的整合，更是对部门利益和个人利益的重新调整。对于可行性和实践性较强的政策或制度，只有通过立法上升为国家法律，才能具有权威性和稳定性，从而提高企业、单位或公民的遵守度。好的政策能否实现预期目标，关键在于执行，执行中对人的约束和激励正是公共管理的核心所在。非税收入规范化管理在依法行政的同时，还需构建政府、财政和受托代征部门三者之间的约束激励机制，使各方相关工作人员可以预知个人努力程度与奖惩的明确关系。在全球信息化浪潮推动下，行政管理的方式正面临着新的革命，计算机强大功能的应用不仅提高了行政效率，而且使行政透明度和公众参与度都大大提高，这为非税收入政策执行沿着正确的方向提供了技术保障。

4.2 县级财政转移支付变迁:制度与分配[1]

郡县制自秦国开始,至今已有2300多年的历史,在这一合纵连横、转瞬千年的过程中,尽管朝代更迭频仍,但县政在历朝历代定国安邦的框架中却始终担当着重要角色。改革开放后,我国实行五级行政层级体制,县的完备功能一度被上级地市和下级乡镇分散弱化,但随着财政"省直管县"和"乡财县管"的大力推进,县又重新成为治国安邦的前沿阵地。因此,以县级视角来研究中国的财政问题,无疑具有重要而直接的现实意义。

4.2.1 问题的提出

县级政府[2]作为我国的基层政权,机构齐全、功能完备,承担着向辖区内居民提供教育、卫生、安全、基础设施建设等公共品的基本职能,直接面对着辖区内的公民。县的基本职能的落实离不开财权、财力。我国自1994年分税制改革以来,县级财权被层层上收,但所承担的事权却越来越多,财权、财力与事权的不对等往

---

〔1〕 王广庆.县级财政转移支付变迁:制度与分配[J].经济学家,2010,12:27-34.

〔2〕 本章中的县级政府,是指县、县级市、地级市辖区、旗等与县平级的行政单位。

往导致县级财政收不抵支，政权运转一度陷入困境。2000 年后，随着税费改革和农业税退出历史舞台，原本不多的县级财政收入中又少去了一大块儿，拖欠公务人员工资、办公经费不足等现象严重制约着县级政府基本职能的履行，这段时期，举债和争取上级转移支付成为了县级政府保运转、保工资、保稳定的不二途径。在举债与转移支付之间，后者因其无需偿还自然就成为县级财政工作的重中之重。在西部省份，大量的国定、省定贫困县更是几乎完全依赖于上级转移支付来维持运转。

从目前学术界对我国转移支付的研究情况看，大多数的研究集中于中央与省级层面，如周飞舟(2006)、王雍君(2006)、汪冲(2007)、袁飞(2008)等从不同侧面对我国转移支付制度的影响和效果进行了研究；乔宝云(2006)、张恒龙(2007)分析了转移支付与地方财政努力的关系；贾康(2005)、高培勇(2006)、安体富(2007)、王朝才(2008)、马国贤(2009)等实时讨论了转移支付的现状、问题及对策。近年来，还有一小部分的研究集中于省以下层面，如尹恒(2007、2009)运用全国 2000 个县的面板数据分析了上级转移支付对县级财力均等化效应，张光(2006)运用 2000 年的截面数据讨论了浙江、湖北、陕西三省转移支付对县乡财政教育支出的影响效果，刘凤伟(2009)则以甘肃省为例，利用该省的分县数据，分析了财政转移支付与县的经济产出的关系。在省以下转移支付的研究中，由于省以下政府间转移支付数据的可获得性、完整性等原因，截止目前，有价值的研究成果非常有限。我们在收集整理 1995—2006 各年全国 2800 多个县级、330 多个地市本级和 31 省级转移支付的基础上，主要运用各级转移支付总量之间的相对比例关系开辟一个新的研究思路，系统分析我国省以下转移支付的变迁过程。

根据已有数据，全国财政收入已从 1994 年的 5218 亿元增长到了 2009 年的 68477 亿元，伴随着财政收入的高速增长，政府间转移支付的规模也屡创新高，2009 年中央对地方的转移支付（含税收返还）达到 28621.3 亿元，占当年全国财政收入的 41.8%，地方财政支出的 39.1%来源于中央财政转移支付[1]。与此同时，县级政府获得中央、省（自治区、直辖市）或市（地、盟）[2]的转移支付的额度也一路水涨船高。但是，鉴于我国省际间的区域位置、经济水平和发展战略等诸多因素的影响，县级财政转移支付的演进，从制度设计和分配结果来看既有共性又有区别，本节正试图回答以下问题：1. 县级转移支付[3]制度 15 年来主要经历了怎样的变迁？ 2.从县级转移支付的分配结果看，区域或省份之间表现出了哪些特征？

4.2.2 1994 年以来县级转移支付的分配变化

分税制以来，我国实行“分级管理”的财政体制，除实行省直

---

〔1〕《关于 2009 年中央和地方预算执行情况与 2010 年中央和地方预算草案的报告》，www.mof.gov.cn。

〔2〕 为表述上的方便，省、直辖市、自治区在本章中统一简称为省；市、地、盟统一简称为市。

〔3〕 本章中的县级转移支付是指县获得的上级转移支付收入，本章并不讨论县对乡镇或村的转移支付。

管县体制的省份外，县级财政一般不直接与省和中央发生关系，县级财政可以获得的转移支付额度在很大程度上首先取决于省与中央的博弈结果。通常情况下，如果省级政府能够获得中央更多的转移支付收入，那么对于县来说，增加转移支付绝对数的概率就会提高。但这并不意味着县级必然会提高它在省、市、县三个本级财政之间的份额。如果按照理性人假设，省级财政会优先满足本级支出，然后再下拨给市，市又同样会先满足本级开支，剩余部分才会下达给县。在这个分级管理层层拨付的过程中，即使省级财政以县级项目从中央申请获得转移支付，在拨付到县的渠道中也往往会截留一些，在省级财政困难的情况下更是如此。

1994 年，中央与省以分税的方式统一划分了各自的固定收入和分享收入，但省以下的收入划分各省之间却一直没有统一的政策。由于经济发展水平、产业结构等因素的影响，各地区省以下政府间收入划分形式多样、差别较大。目前在全国 31 个省份中，有 28 个省采用了按税种分税的方式，而江苏、浙江和福建 3 省则采用了总额分成方式。[1] 在这两种大的分成方式下，有的按比例分享，有的按隶属关系分享，有的则按比例和隶属关系交叉划分。在一省内部有时也会有不同的收入分配政策，如甘肃省就根据各地

〔1〕 谢旭人. 中国财政改革三十年[M]. 北京：中国财政经济出版社，2009.

级市经济发展水平实行了三种分配体制。事实上，即使在同一个地级市辖区内，在不同的发展阶段，也经常会有不同的收入分配体制。由于省以下收入划分方式的错综复杂，在定量研究县级转移支付时，我们选择了转移支付的总量〔1〕来进行分析。在全国31个省份中，我们剔除了北京、天津和上海3个直辖市的县级财政，但保留了重庆市，主要原因是北京、天津和上海的县域地理面积狭小，人口密度过高，经济水平远远高丁一般的县或县级市，而重庆的县域状况和其他省份的县则几乎没有什么差别。另外，县级转移支付，在本研究中指的是县、县级市、市辖区、旗等在行政级别上等同于县的转移支付。基于数据的可获得性、完整性和可比性，本节选用了28个省1995年至2006年各年的县级、地市本级和省转移支付总量以及县级支出总量为基本数据，并运用他们之间的相对比例和人均转移支付从纵向、横向以及东部与中西部进行比较研究。〔2〕

如前所述，县级转移支付分配结果的变化，直接受到省或市政府行为偏好的影响。纵向来看，全国县级转移支付分配结果的演进与县、市层级的转移支付收入占省级总体转移支付收入的比重密切相关（如图4—2）。

〔1〕包括税收返还、原体制补助、财力性转移支付、专项转移支付等。

〔2〕本章数据均来源于财政部编写的1995—2006历年《全国地市县财政统计资料》和《地方财政统计资料》。

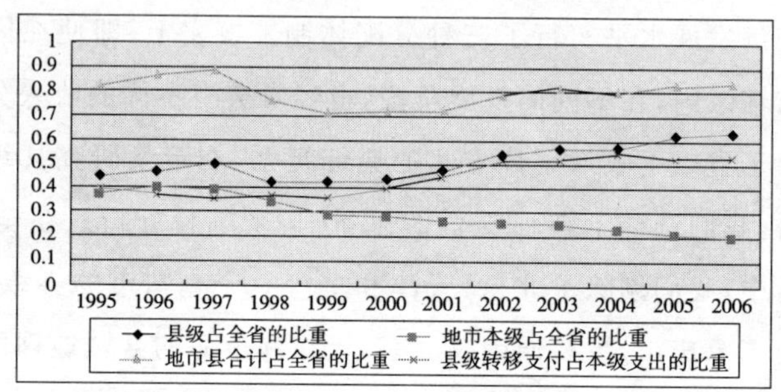

图 4—2　28 省合计省以下政府间转移支付收入占全省转移支付收入的比重

从整体纵向走势来看，28 省县级转移支付总量所占省级全部的比重呈现不断增长的态势，尽管 1997 年至 1999 年曾出现过短暂的下滑，但 1999 年之后县级转移支付的份额开始稳步向上递增直到 2006 年达到最高水平 63.15%。与此对应的是，在这一期间地市本级转移支付占省的比重一直递减，因此，从地市县合计占省的比重走势分析，不难看出，省对下的转移支付数额尽管 12 年间增长不少，但相对比重却几乎没有增长，仍在 80%左右。值得注意的是，县级转移支付与地市本级转移支付的比例变化几乎呈现等量反转，即县级增长了 18.2%，地市本级减少了 19.93%。从县级转移支付占本级财政支出的比重看，12 年间基本保持递增走势，在 2004 年最高位时达到 54.91%，基层县乡财政对上级转移支付的依赖性由此可见一斑。从绝对值上看，中央对 28 个省的转移支付 1995 年为 2196.8 亿元，2006 年为 12807.16 亿元，12 年间增长了近 5 倍，而县级转移支付 1995 年为 987.52 亿元，2006 年为 8087.24 亿元，12 年间增长了 7 倍多，这意味着省级财政逐步加大了对县的转移力度。

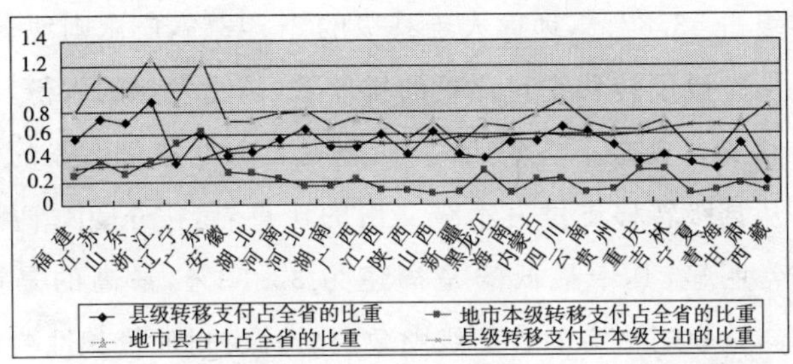

图 4—3　分省看省以下政府间转移支付的相对比重

从横向分省对比看，各省县级财政 12 年累计获得的转移支付占本省转移支付总收入的比重差异悬殊（见图 4—3）。最低的是西藏 19.14％，最高的是浙江 89.08％。分比重区间看，这一比重低于 40％的有西藏、青海、宁夏、重庆、辽宁 5 省，介于 40％至 60％之间的有新疆、陕西、贵州、海南、湖南、黑龙江、甘肃、安徽、湖北、吉林、江西、广西、内蒙古、河南、福建 15 省，超过 60％的有云南、山西、河北、四川、山东、江苏、广东、浙江 8 省，在超过 60％的省份中，有 4 个东部发达省份，2 个中部省份，2 个西部省份。在低于 40％的 5 省中，除辽宁外，其余 4 个均为西部省份。这一情况表明越是贫穷的西部，县级所占全省转移支付的份额似乎越低。28 个省份中，地市本级所占份额除辽宁省外，其余均低于或等于县级份额，地市县合计所占比重大于 100％的有浙江、广东和江苏 3 省，这意味着这 3 个省级财政除了把中央的转移支付全部转移给市县外，还着实利用本级财力建立了省内的转移支付，合计份额小于 100％但大于 80％的为福建、河北、四川、辽宁和山东 5 省。辽宁地市本级占 53.37%,远远大于县级的 36.42%,广东则地、县几近持平。从省以下转移支付比重的排序看,越是发达的省份,越倾向于把转移支付资金下拨到市县,而越是贫穷的省份下拨的比例则越低。从县级转移支付占本级支出的比重看,按东、中、西递增的特征非常明显,其中最低的是福建为 32.69%,最高的是西藏为 85.11%,这表明贫穷的省县级财政对转移支付的依赖性要远远高于发达省份。

从东部 6 省与中西部 22 省的纵向比较看[1](图 4—4),东部县级转移支付所占比重与中西部 12 年间的走势类似,东部从 1995 年的 46.94%增长到了 2006 年的 76.01%,中西部则从 1995 年的 43.77%增长到了 2006 年的 59.59%。期间,东部县级所占

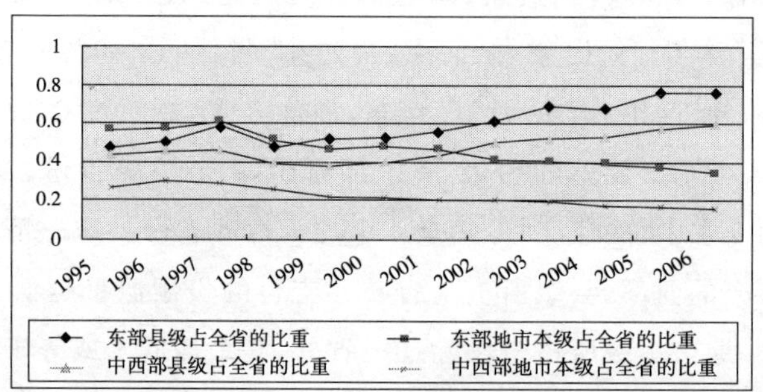

图 4—4　东部与中西部县级和地市本级转移支付占全省的比重

---

〔1〕 东部 6 省是指福建、广东、浙江、江苏、山东、辽宁;中西部 22 省指全国 31 个内陆省份除去京、津、沪和东部 6 省之外的其余省份。

比重始终明显高于中西部，并且东部的增长幅度远远高于中西部的增长幅度。东部市本级所占比重与中西部市本级具有相同递减态势，东部从 1995 年的 56.51%下降到了 2006 年的 34.48%，中西部则从 1995 年的 26.19%下降到了 15.91%，东部降幅远高于中西部。这一特征表明与中西部相比，东部省份的转移支付更倾向于向县级倾斜，省本级和地市本级让出了相当大的份额。东部县级所占份额与东部地市本级的份额在 1999 年后发生了显著变化，县级份额开始大于地市本级份额，并且县级开始递增，地市本级继续递减，份额差距也越来越大。中西部县级所占比重一直高于地市本级，同样从 1999 年开始，两者的份额之差开始显著扩大。上述事实说明在 1999 年后，对县的转移支付在东部和中西部都获得了高度重视，但在实施力度上东部显然要大于中西部地区。

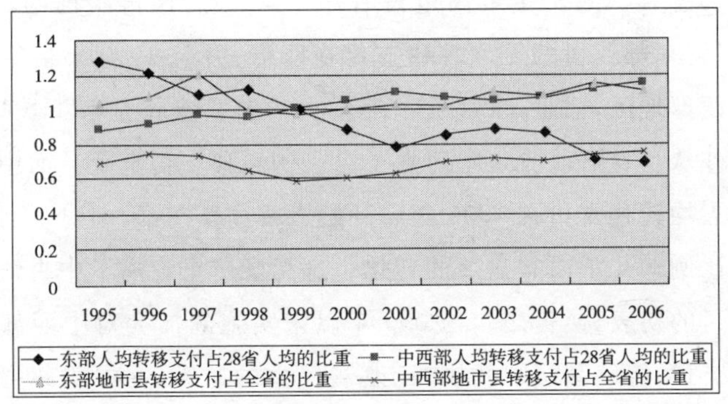

图 4—5　东部与中西部人均转移支付及省对下转移支付的变化情况

从人均相对比例看(如图 4—5),东部人均获得中央的转移支付 1995 年是 28 省平均水平的 1.27 倍,2006 年只有 69.25%,呈现单边递减态势。中西部人均转移支付 1995 为平均值的 88.61%,2006 年则是平均数的 1.14 倍,呈现单边递增趋势。从绝对值上看,东部 1995 年人均为 239.85 元,2006 年为 711.47 元,12 年人均增长了 2 倍,中西部 1995 年为 116.86 元,2006 年为 1171.04 元,12 年间增长了 9 倍。1999 年两者几乎持平,东部人均为 295.81 元,中西部人均为 295.30 元。从省对下转移支付的比重看,东部 6 省与中西部 22 省走势相似,1999 年同时达到最低点,尔后开始逐步上升。总体看,1995 年至 2006 年变化幅度都不太大,东部最低时为 98.05%,最高时为 114.27%。而中西部则在 59.73%与 75.51%之间徘徊。但不可忽视的是,东部除 1998 年和 1999 年外,其余 10 年省对下转移支付的比重都大于 100%,而中西部省对下的比重最高也没有超过 80%。这再次证明,12 年间,尽管东部获得的人均转移支付在降低,并且 1999 年后开始低于中西部地区,但是,东部除了把中央的转移支付全额下拨以外,还额外从自身财政收入中建立了自己的转移支付资金。而中西部尽管人均转移支付在 1999 年后开始大幅高于东部,但对下的转移支付比例却几乎没有显著的变化。这无疑严重背离了中央财政转移支付的初衷,换言之,自 2000 年以来实施的加大对中西部财政转移支付、缓解基层财政困难、改善民生的政策,在中西部省级政府的截留下已大打折扣。

4.2.3 结论

本节以上级(中央、省或市)对县级的财政转移支付为研究对象,分析了县级转移支付制度和分配的演进过程及特征。我们发现,在这一制度的变迁过程中,中央始终起着主导作用,尽管中央并不直接管理对县的转移支付,但省、市对县的转移支付在形式和内容上几乎是完全参照中央;而各省在转移支付的路径、核算和激励方面则大相径庭。1994 年我国实施分税制财政体制以来,县的地位一度被忽略,县的财政状况也曾经恶化,直至难保运转。但针对县的财政支持直到 21 世纪才开始,这从 2000 年后中央连续出台的多个转移支付文件得到佐证,这些政策文件无一不以县为受惠对象。

我们还发现,在转移支付资金的分配过程中,从 12 年的纵向和横向以及东、中西部对比看,不同省份和地区对县的分配结果差异悬殊,但东部 6 省或中西部 22 省又表现出超乎寻常的共性特征:一是从 28 省纵向平均来看,县级转移支付在省、市、县三者之间的份额自 1999 年以来一直在稳步增长,同一时期,县级转移支付占本级支出的比重也同步增长,而地市本级获得转移支付的相对份额自 1995 年就一直处于递减状态。二是以 12 年间获得转移支付的总量并分省看,县级相对份额最高的是东部发达省份,但辽宁是个例外,主要原因可能与辽宁属于老工业基地,地市本级政府负担了国企改制过程中的大量支出有关。最低的是西部西藏、青海、宁夏等贫困省份；省对市县的转移支付比例按省的贫富程度递增，特征明显，越是富裕的省份越是把转移支付向下倾斜，越是贫穷的省份越倾向于把资金集中到省本级。三是从东部6省和中西部22省纵向对比看，东部6省县级转移支付的相对份额始终明显高于中西部的县级份额。东部县级份额与地市本级份额在1999年发生反转，2006年，县级已远远高于地市本级的份额，与此对应的是，中西部县级份额则始终高于地市本级份额。四是以人均转移支付纵向比较看，东部整体呈现下降趋势，中西部则稳步递增，两者在1999年持平之后中西部人均转移支付开始远远高于东部地区。

王广庆

第5章　县级财政支出分析

中国是个具有多层级地方政府的地理和人口大国，地方政府经由地方财政支出，提供了比中央政府更具多样性的公共服务。传统公共财政理论（Musgrave，1959）认为，地方政府的基本职能之一是资源配置，这集中体现为向辖区居民提供基本公共服务。中国地方政府的支出责任很大，特别是在卫生保健、教育以及减轻贫困等公共服务方面起着重要作用。从发展趋势上看，中国地方财政职能范围将随着市场经济进程而逐步扩大，如社会保障支出、食品价格补贴以及许多原由国有企业承担的社会性支出，将更多地由地方政府承担起来，这些领域中的财政支出对改善市场运作效率、促进经济的增长和减轻贫困具有重要意义。

中国的地方政府支出模式还有一个重要特征，就是在向辖区居民提供与日常生活密切相关的基本公共服务方面，较低层级政府的作用比较高层级政府大。实际上，中国现行财政体制把基本公共服务职责留给了县及县以下负责农村的地方政府，它们为全国70%的人口提供了基本公共服务，包括基础教育、基本医疗、“五保户”福利计划、民兵训练以及公路和农村基础设施建设等。

地方政府财政自主权的扩大，增强了地方财政职能的重要性。在长期的计划经济中，中国实行高度集权的财政体制，地方政府只是中央政府的代理人，一方面为中央政府征集收入，另一方面按中央政府的意图安排财政支出，既没有形式上的、也缺少法定上的财政自主权，因此不能成为独立的财政决策主体。在这种体制中，地方财政收支分析并不重要，因为经由这些分析并不能解释地方政府的财政行为，后者只是中央财政决策的结果。

经济改革以来，随着经济管理权限和财政权限的下放，地方政府不再是一个唯命是从的“中央代理人”，正逐步演化为代表本辖区经济和财政利益的利益主体和独立的决策单位，具有不同于中央政府的收入及支出责任。在这种情况下，地方政府收支具有了相对独立的职能，除资源配置外，也能够对地方经济稳定和收入再分配产生一定的影响。

目前我国政府权力层次为五级。相应地，财政级次也为五级。除中央财政之外，省、市、县和乡级财政统称地方财政。在考察中，由于乡级财政的具体支出责任和财力分配多由县级财政决定，尤其是占乡财政支出主要部分的教师工资由县级财政统一发放后，乡级财政趋于“虚”化，已经不能算作完全意义上的一级财政。位于省和县之间的市级虽然是一级完整的财政，但其运行状况、职能配置等都不具有典型性。[1] 县级行政区(包括市辖区、县级市)数量众多,2007年为2859个县;而且县级政府也是中国历史上最重要和最稳定的政府级次,它在中国政治稳定、经济繁荣以及社会管理等方面发挥着无可替代的作用。从地方财政运行的总体情况看,县级财政是地方财政运行情况的晴雨表,因为县级财政是具有财政运行能力的最低的政府级次,基本处于财政收入的最初阶段和财政支出的最终阶段,最贴近于经济。所以,收支矛盾、体制矛盾和经济运行问题在县级财政中反映得最突出,本章的着重点就在这个层级。

5.1 县级财政支出分析

世界上大部分国家都是通过地方财政支出来发挥其公共服务职能的,例如,美国、日本和其他许多发达国家在财政支出格局中,地方财政支出通常约占全部财政支出的2/3,中央占大约1/3。在这种情况下,地方财政对宏观经济、资源配置和再分配具有重要影响。

与世界上大多数国家一样,中国地方政府的收支范围很大并且有继续扩大的趋势,自1994年分税制以来中国地方财政收入占全国财政总收入的比例一直维持在50%左右的水平;地方政府支出范围不断扩大,不仅中央政府下放了许多支出责任,原来由国有企业承担的许多社会职能也转由地方政府承担。此外,地方政府

---

〔1〕 贾康.地方财政问题研究[M].北京:经济科学出版社,2004:13.

还有一些没有纳入正式预算的支出，这包括预算外资金支出、要求企业对某些公共服务（如公路和体育设施建设）提供“赞助”以及继续让地方企业承担一些本应政府承担的职责等。1994 年分税制改革以来，虽然中央财政收入比重大幅度提高，但是中央财政支出和地方财政支出的比重没有发生大的变化，地方财政支出基本保持在70％左右。近几年地方财政支出比重有继续扩大的趋势，2004 年为 72.3％，2005 年为 74.1％，2006 年为 75.3％（见表 5—1）。

表 5—1　1993—2006 年中央和地方财政支出及比重

年 份	全国（亿元）	财政支出（亿元）		比重（％）	
		中央	地方	中央	地方
1993	4642.30	1312.06	3330.24	28.3	71.7
1994	5792.62	1754.43	4038.19	30.3	69.7
1995	6823.72	1995.39	4828.33	29.2	70.8
1996	7937.55	2151.27	5786.28	27.1	72.9
1997	9233.56	2532.5	6701.06	27.4	72.6
1998	10798.18	3125.6	7672.58	28.9	71.1
1999	13187.67	4152.33	9035.34	31.5	68.5
2000	15886.5	5519.85	10366.65	34.7	65.3
2001	18902.58	5768.02	13134.56	30.5	69.5
2002	22053.15	6771.7	15281.45	30.7	69.3
2003	24649.95	7420.1	17229.85	30.1	69.9
2004	28486.89	7894.08	20592.81	27.7	72.3
2005	33930.28	8775.97	25154.31	25.9	74.1
2006	40422.73	9991.4	30431.33	24.7	75.3

数据来源：中国统计年鉴 2007。

如果考虑到主要分布于地方但没有纳入政府预算管理的大量公共支出，那么，地方财政支出的总额还要大得多。地方财政支出承担了越来越多支出责任，尤其是处于支出最低层次的县级财政支出值得特别关注。

5.1.1 支出规模

在我国财政支出中，2006 年县级财政支出占全国财政总支出的 37.9%，而且县级财政相对市级财政更加完整。县级财政支出规模扩大，一个重要方面就是支出压力的膨胀。我国的支出压力主要来自几个方面：(1)客观的支出压力。我国的人口基数大，财政支出和人口成正比。义务教育责任重，对财政支出的压力很大。(2)体制转轨带来的压力。改革要付出成本，付出代价。目前财政支出的很大一块儿是弥补改革的成本，比如社保支出和国企技改贴息方面。(3)制度不规范导致资金浪费造成的压力。(4)实施财政调控政策所带来的压力。不管是积极的财政政策，还是适度从紧的财政政策，财政支出都是扩张的。这两年实行积极的财政政策，扩张率更高。财政支出的主动性扩张，目的在于刺激经济增长、维持社会稳定。从各级财政来看，体现最综合的就是县级财政。县级财政压力最大、最困难，因为县级财政收入增长空间极为有限，而且事权最重。1994 年以来地方财政支出和县级财政支出稳步提高，也印证了以上观点。1993 年全国地方财政支出 3330.24亿元，占当年全国财政总支出的 71.7%，2006 年全国地方财政支出增加到 30431.33 亿元，占当年全国财政总支出的比例也提高到 75.3%，比 1993 年增加了 27101.09 亿元，增长了 8.1 倍。县级财政支出的规模同样也在不断扩大，1993 年全国县级财政支出 1889.14 亿元，占全国财政总支出的比例为 31.7%；2006 年全国县级财政支出增加到 15346.02 亿元，增长了 7.1 倍，占全国财政总支出的比例提高到 37.9%（见图 5—1）。

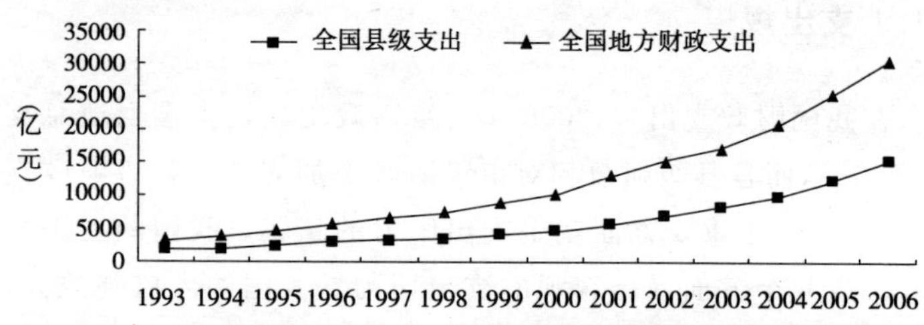

图 5—1　1993—2006 年全国地方、县级财政支出规模

随着地方财政支出在全国财政支出比重的扩大，处于支出末端的县级财政支出占地方财政支出的比重也随着发生了变化。1994 年以来我国县级财政支出占地方财政支出的比重基本维持在 45% 左右，2001 年以来这一比重有上升的趋势，2002 年为 45.7%，2003 年为 47.6%，2004 年为 47.9%，2005 年为 48.7%，2006 年为 50.4%（见图 5—2）。这表明，县级财政支出在地方财政支出中的责任越来越大，县级政府在经济发展中起着越来越重要的作用。

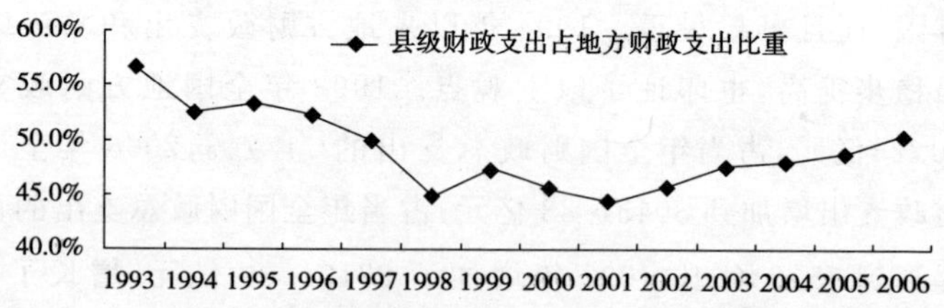

图 5—2　1993—2006 年全国县级财政支出占地方财政支出比重

5.1.2 财政自给能力

各级政府为本级支出筹措收入的能力称为财政自给能力。各级政府负责征收的收入与其本级支出的比值，称为财政自给能力系数，即：

财政自给能力系数＝本级负责征收的收入/本级公共支出

财政自给能力是个大于零的正数。如果系数恰好等于1，说明该层级政府刚好具有财政自给能力，虽然没有能力向其他政府层级提供转移支付，但也不需要其他政府层级提供转移支付，也不需要举债。如果系数大于1，说明该级政府具有充分的财政自给能力，除了满足本级支出需要外，还有能力向其他级别的政府提供转移支付。如果系数小于1，说明该级政府的财政自给能力不足，需要其他级别的政府向其提供转移支付，或者需要通过举借债务满足支出需求。在中国，由于地方政府无权举债，系数小于1意味着需要接受来自其他层级政府提供的转移支付。

各层级政府的财政自给能力可能是大不相同的，这种差异主要来源于三个因素。首先是政府间支出责任的分配。在不考虑其他因素的情况下，支出责任较重的政府层级，财政自给能力相对较弱。在中国，县级政府的支出责任很重，正是导致县级政府财政不能自给的一个重要原因。第二个因素是政府间课税权的分配模式。课税权包括税收立法权、征收管理权和收入归属权。与课税权较少的政府层级相比，拥有较多课税权的政府层级具有较强的财政自给能力。1994 年实施分税制以后，中央政府集中较多的收入归属权，以及 2000 年开始实行的农村税费改革导致县级财政收入。影响财政自给能力的第三个因素是各辖区的经济发展水平。经济越发达、税源越丰足的辖区，财政自给能力越强。

1994 年分税制以来，地方和县级财政自给能力系数基本维持在 0.60 左右，2002 年以来县级财政自给能力系数小于地方财政自给能力系数，其主要原因是我国自 2000 年开始实行农村税费改革和 2005 年免除农业税以后，以农业收入为主的县级财政预算内收入大幅度下降；同时，乡镇政府的大量事务转移给了县级政府，县级财政同时受到来自上级和下级政府的“挤压”，财政压力进一步扩大。2003 年县级财政自给能力系数为 0.52，地方财政自给能力系数为 0.57；2004 年县级财政自给能力系数为 0.50，地方财政自给能力系数为 0.58；2005 年县级财政自给能力系数为 0.52，地方财政自给能力系数为 0.60；2006 年县级财政自给能力系数为 0.52，地方财政自给能力系数为 0.60（见图 5—3）。这说明，2006 年县级财政支出中大约 48％来自上级的转移支付，而地方财政支出的 40％来自于中央的转移支付。相比较而言，县级财政的自给能力更差，县级财政支出主要依靠转移支付。

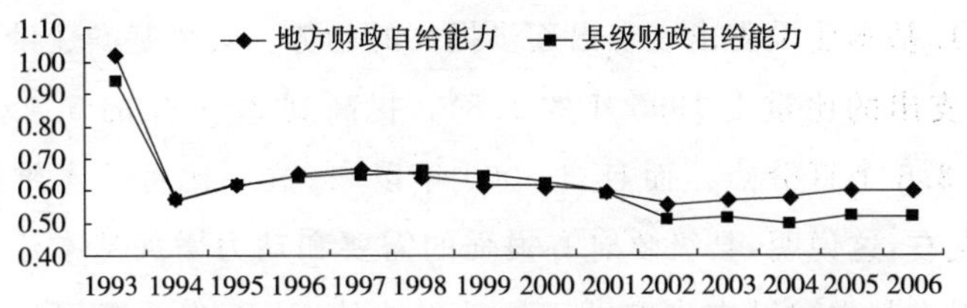

图 5—3　1993—2006 年地方和县级财政自给能力情况

5.1.3 财政支出结构

实行分税制改革以后，1996—2006 年的 10 年间，县级财政支出结构发生了一些显著变化（见表 5—2）。具体有以下几个方面。

表 5—2　1996—2006 年县级财政结构变化表

单位：%

年份	基本建设支出	支农、农林水气支出	文教支出	教育支出	科学支出	医疗卫生支出	社会保障补助支出	行政管理费	公检法支出	其他各项支出
1996	1.8	9.0	29.0					15.4	6.5	38.3
1997	2.1	8.8	27.9					14.5	6.4	40.4
1998	2.2	8.6		24.2			0.8	13.7	6.1	44.2
1999	3.2	7.8		24.1			1.8	13.5	6.4	43.2
2000	3.2	7.8		24.4			2.2	13.7	6.5	42.2
2001	4.6	7.3		24.8			2.4	13.7	6.4	40.9
2002	4.9	7.1		25.0			3.0	13.7	6.1	40.2
2003	5.0	7.7		23.8	0.2	4.5	3.0	13.4	6.1	36.3
2004	4.8	8.9		23.0	0.2	4.2	3.2	13.2	6.2	36.4
2005	5.8	8.4		21.5	0.2	4.2	3.1	13.0	6.1	37.8
2006	5.4	8.1		20.9	0.2	4.7	3.1	12.5	5.8	39.4

数据来源：根据财政部国库司、预算司编《1996—2006 年全国地市县财政统计资料》整理。

1. 基本建设支出表现出逐步提高的趋势。县级基本建设支出占总支出的比重由 1996 年的 1.8%，提高到 2006 年的 5.4%，提高了 3.6 个百分点。而且自 2000 年以来，这一比重基本维持在 5%左右，这说明，县级政府有很强的需要和动力增加基本建设支出，因为基本建设支出有助于拉动当地的 GDP，也为吸引投资提供良好的基础环境。

2. 支援农村生产支出和农林水气等用于农业、农村的支出表现出先下降再上升的特点。县级支农和农林水气支出占县级财政总支出的比重从 1996 年的 9.0%，下降到 2002 年的 7.1%，然后逐步提高，到 2006 年达到 8.1%。这可能是由于 2000 年开始的农村税费改革，县级财政收入下降，导致对农业支出的下降，而随着经济的增长，支农和农林水气支出又开始增加。这也说明，当财政收入不足时首先减少的是对农业农村的投入，县级政府对农业的重视力度不够。

3. 教育支出表现出下降的趋势。教育支出占财政支出的比重从 1998 年的 24.2%，提高到 2002 年的 25.0%，这主要是由于农村义务教育管理体制由乡镇为主改为以县为主，使得教育投入的职责上移，教育支出出现向县级财政集中的趋势。但是教育支出占财政支出的比重随后就逐步下降，到 2006 年下降到 20.9%。其中具体原因，我们不得而知。县级教育支出主要用于义务教育和高中教育，这属于基础教育，关系到国家的长远发展，对于教育支出下降的趋势，应该引起足够的重视。

4.行政管理费和公检法支出表现出下降趋势。行政管理费占财政支出的比重从1996年的15.4%,下降到2006年的12.5%,下降了2.9个百分点。这印证了县级机构改革的有效性。公检法支出占财政支出的比重从1996年的6.5%,下降到2006年的5.8%,下降了0.7个百分点,下降幅度不大。而综合行政管理费和公检法支出两项支出,其占财政支出的比重基本维持在20%左右,仅次于教育支出的比重。

5.社会保障补助支出呈现增长的趋势。社会保障补助支出占财政支出的比重从1998年的0.8%,提高到2006年的3.1%,增加了2.3个百分点,近几年基本维持在3.1%的水平,未来随着农村社会保险制度的建立,社会保障补助支出会出现较大的增长。

6.医疗卫生支出有增加的趋势。自2003年中国爆发SARS疫情以来,各级政府加大了对基础医疗卫生的投入力度,尤其重视农村三级医疗卫生体系的建设。2003年医疗卫生支出占财政支出的比重为4.5%,2006年这一比重为4.7%,随着中国新型农村合作医疗制度的实施,加大对农村医疗的投入力度,相信医疗卫生支出会出现较大的增长。

5.2 县级财政支出的区域分析

我国县级财政支出的区域差异明显。如图5—4所示,自

1993 年以来东中西部地区的人均财政支出差异明显,西部地区人均财政支出高于中部地区,东部地区与中西部地区的差异有进一步拉大的趋势。通过东中西部地区间的县级财政能力比较来看(见图 5—5),区域差异更加明显。近几年,东部地区县级财政自给能力系数基本维持在 0.65 以上,而中西部地区的县级财政自给能力系数都在 0.40 以下,差距明显。

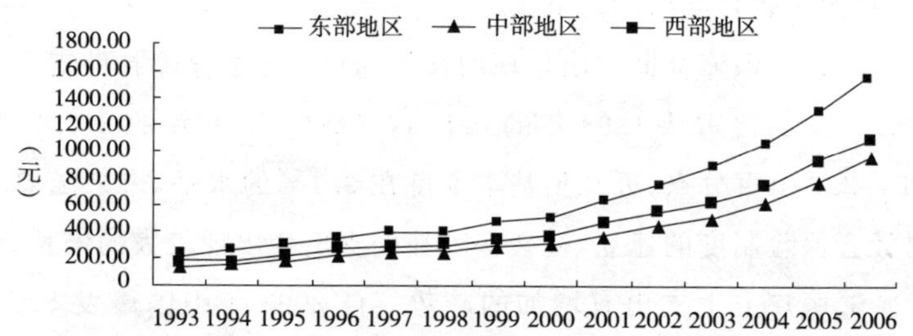

图 5—4　1993—2006 年东、中、西部地区县级人均财政支出情况

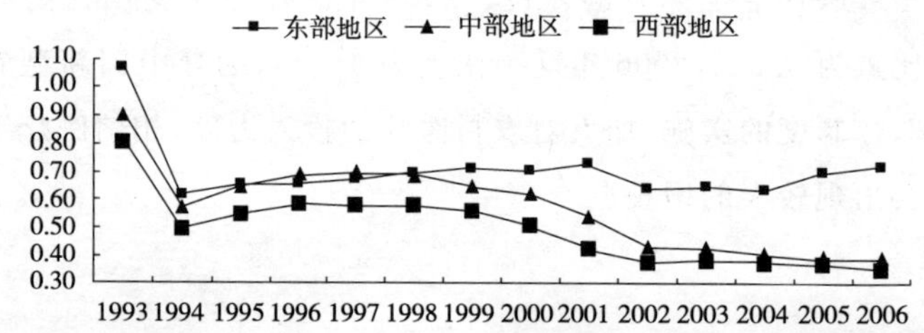

图 5—5　1993—2006 年东、中、西部地区县级财政自给能力情况

为了更好地分析县级财政支出的区域差异,我们选取了山东省、江苏省、浙江省、山西省、湖南省、四川省、黑龙江省总共 7 个省作为样本进行比较。选取此7个省作为样本主要出于以下几方面的考虑:第一,山东省、江苏省、浙江省地处东部沿海地区,代表东部发达的省份。山东省是工农业大省,GDP总量位居全国第二,同时山东省内地区间差异较大,既有东部沿海的发达地区也有鲁西南的贫困地区。江苏省经济发达,其高新技术企业发展迅速是主要特点。浙江省的主要特点是民营企业发展迅速。第二,山西省、湖南省地处中部地区,代表了中国中部地区比较发达的地区。山西省位于中国的北部而湖南省位于中国的南部地区,同时,山西省是中国的能源大省,而湖南省工农业比较发达。第三,四川省地处中国的西部地区,是中国农产品的供应大省,其县区行政区划最多,其代表了西部地区。第四,黑龙江省地处中国的东北部,是东北老工业基地之一,其农林业发达,是中国东北部省份的典型代表。总之,这7个省覆盖了中国的东中西和东北地区,兼顾经济发达与欠发达以及不发达地区,能比较好地反映中国现阶段地区间的经济社会发展情况。

5.2.1 县级财政支出区域差异明显

1994年分税制改革以来,各省的县级财政支出绝对规模(见图5—6)均呈现逐步提高的趋势,但各省之间的差别较大,2006年山西、黑龙江、江苏、浙江、山东、湖南、四川的县级财政支出规模分别为465.02亿元、404.26亿元、1142.27亿元、945.47亿元、

1114.91亿元、579.02 亿元和 844.95 亿元，江苏省县级财政支出是黑龙江省县级财政支出的 2.83 倍，是山西省县级财政支出的 2.46 倍，是湖南省县级财政支出的 1.97 倍，是四川省县级财政支出的 1.35 倍。江苏、浙江这两个发达省份，1994 年的县级财政支出规模分别为 79.88 亿元和 68.90 亿元，2006 年分别增加到 1142.27 亿元和 945.47 亿元，分别增长了 14.3 倍和 13.7 倍；而黑龙江省和四川省的县级财政支出规模从 1993 年到 2006 年分别增长了8.15倍和 6.80 倍。

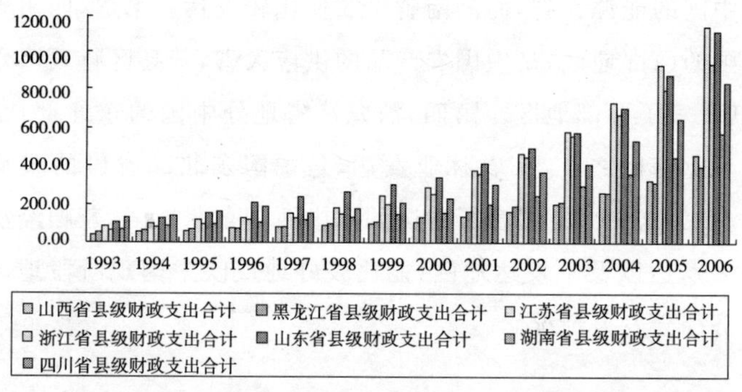

图 5—6　1993—2006 年中国 7 省县级财政支出情况

从这 7 个省的县级人均财政支出的情况（见表 5—3）也可以看出，发达地区和不发达地区之间的差距。2006 年浙江省的县级人均财政支出达到 2042 元，而湖南、四川两省的县级人均财政支出还不到 1000 元。发达地区的县级人均财政支出是不发达地区的两倍还多。可见，地区经济发展的差异是造成发达地区与不发达地区的财政支出差距比较大的一个比较重要的原因。

表5—3　1993—2006年中国7省县级人均财政支出情况

单位:元

年份	1993	1994	1995	1996	1997	1998	1999	2000	2001	2002	2003	2004	2005	2006
山西省	142	167	200	237	254	276	300	329	422	504	605	787	984	1392
黑龙江	178	205	223	250	273	323	353	335	423	510	570	700	852	1066
江苏省	138	167	195	232	266	309	354	421	542	658	822	1021	1297	1561
浙江省	184	228	271	318	353	405	492	625	875	1008	1254	1480	1765	2042
山东省	124	146	178	230	263	307	340	382	465	548	638	770	965	1201
湖南省	108	128	152	176	186	201	225	239	299	391	447	546	680	851
四川省	113	126	139	169	187	207	239	279	357	441	489	631	752	969

数据来源:根据财政部国库司、预算司编《1996—2006年全国地市县财政统计资料》和2005年、2006年《全国分县市人口统计资料》数据计算所得。

5.2.2 县级财政自给能力的区域差异

通过各地区财政自给能力的差异(见图5—7),我们可以更清楚地了解发达地区与不发达地区在财政支出方面的差异。总体来看,1994—1999年间7省的县级财政自给能力波动幅度不大;自2000年以来江苏、浙江和山东这3个发达省份与其他4个欠发达省份的县级财政自给能力差距开始拉大,尤其是浙江和江苏的县级财政自给能力系数逐步提高,而湖南和四川的县级财政自给能力系数逐步下降。1994年江苏和浙江的县级财政自给能力系数分别为0.67和0.63,2006年分别提高到0.97和

0.93，大大高于0.52的全国县级自给能力系数；也就是说江苏和浙江的县级政府基本不需要上级的转移支付，自有财政收入就可以基本满足当地的财政支出需要；而湖南省和四川省1994年县级财政自给能力系数分别为0.66和0.58，2006年分别下降到0.40和0.31，明显低于全国县级自给能力系数。也就是说，2006年湖南和四川的县级财政支出的60%和69%来自上级政府的转移支付，财政自给能力比较差，与江苏省和浙江省等发达省份的差距很大，这也说明了地区经济发展差异造成了财政自给能力的差异，发达地区的财政自给能力要明显高于欠发达地区的财政自给能力。

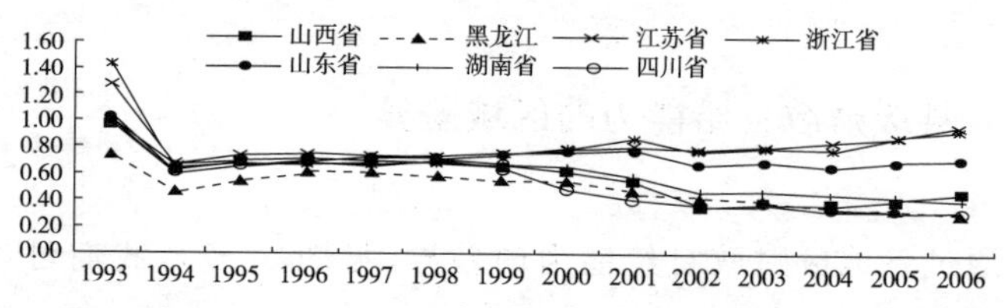

图5—7　1993—2006年中国7省县级财政自给能力情况

5.2.3 县级财政支出结构的区域差异

通过对这7个省财政支出结构（见表5—4）和人均财政支出结构（见表5—5）的比较分析，我们发现：

1. 基本建设支出区域差异明显。尽管2006年四川省县级基本建设支出占总支出的比重高达 7.36%，但是其县级人均基本建设支出仅为 71 元，只是浙江省县级人均基本建设支出的 60%；而山西省无论是县级基本建设支出的比重还是人均基本建设支出的绝对数额，在这 7 个省中都是最低的。基本建设支出可以对当地的经济起到拉动效应，基本建设支出的多少是造成发达与不发达地区之间差距扩大的重要原因。所以，越是不发达地区越应该加大基础建设支出，以逐步缩小与发达地区的差距。

表 5—4　2006 年中国 7 省县级财政支出结构比较

单位：%

支出项目	山西省	黑龙江县	江苏省	浙江省	山东省	湖南省	四川省
基本建设支出	1.01	4.42	5.58	5.88	2.62	4.45	7.36
农林水气支出	8.73	8.80	7.30	7.74	7.47	8.35	10.56
教育支出	18.93	22.51	17.74	20.32	19.64	18.86	18.08
科学支出	0.12	0.11	0.12	0.47	0.18	0.12	0.14
医疗卫生支出	4.59	4.66	4.68	5.17	4.10	4.28	4.66
社会保障补助支出	3.42	3.78	4.29	2.25	2.56	5.52	3.99
行政管理费	12.15	12.06	12.44	11.84	12.15	12.81	12.93
公检法司支出	4.73	5.57	6.74	7.82	4.49	5.05	5.26
其他各项支出	46.33	38.10	41.11	38.52	46.78	40.55	37.03
合计	100	100	100	100	100	100	100

数据来源：根据财政部国库司、预算司编《全国地市县财政统计资料》计算所得。

2. 发达地区对农业和农村的投入比重相对较少。江苏省、山东省、浙江省的县级农林水气支出占财政支出的比重基本在 7.50%左右，而山西省、黑龙江省、湖南省和四川省的县级农林水气支出占财政支出的比重为 8.50%左右，要高于前三个省的比重。但是浙江省等发达省份的县级人均财政支出的绝对数额比较大，所以，尽管其农林水气支出的比重比较低，但是其人均农林水气支出的绝对数额仍然较高。

3. 教育支出在经济发达县区和不发达县区的比重都比较高，基本占财政支出的18%左右，但是经济发达地区的人均教育支出明显高于经济不发达地区，2006年浙江省和江苏省的人均教育支出分别为415元和277元，明显高于四川省和湖南省的175元和161元的人均教育支出。这说明，教育支出在县级财政支出的比重较高，但是人均教育支出的区域差异较大。

4. 医疗卫生支出占县级财政支出的比重的区域差异不明显，除了浙江省的医疗卫生支出占县级财政支出的比重为5.17%以外，其余6个省的医疗卫生支出的比重基本在4.60%左右，但是浙江省和江苏省的人均医疗卫生支出分别为106元和73元，明显高于其他欠发达地区的人均医疗卫生支出。

5. 行政管理费、公检法司支出占县级财政支出的比重在各省之间的差异不明显，基本维持在12%和5%左右的水平，但是人均县级行政管理费和人均公检法司支出的区域差异明显。

6. 社会保障支出和科学支出的比重都比较低，而且区域差异不大，但是人均社会保障支出和科学支出的区域差异明显，发达地区的人均社会保障支出和科学支出的数额要高于不发达地区的数额。

总之,经济发展水平决定了不同县财政支出结构的不同,尤其是人均财政支出结构的区域差异更加明显。

表5—5 2006年中国7省县级人均财政支出结构比较

单位:元

支出项目	山西省	黑龙江县	江苏省	浙江省	山东省	湖南省	四川省
基本建设支出	14	47	87	120	31	38	71
农林水气支出	122	94	114	158	90	71	102
教育支出	264	240	277	415	236	161	175
科学支出	2	1	2	10	2	1	1
医疗卫生支出	64	50	73	106	49	36	45
社会保障补助支出	48	40	67	46	31	47	39
行政管理费	169	129	194	242	146	109	125
公检法司支出	66	59	105	160	54	43	51
其他各项支出	645	406	642	787	562	345	359
合计	1392	1066	1561	2042	1201	851	969

数据来源:根据财政部国库司、预算司编《2006年全国地市县财政统计资料》和公安部治安管理局编《2006年全国分县市人口统计资料》数据计算所得。

5.3 县级财政支出波动性的实证分析

为了更加深入地分析县级财政支出,我们对县级财政支出的波动性进行实证分析,目的是更加清晰地认识到究竟哪些因素加剧了县级财政支出的波动,哪些因素起到了稳定县级财政支出的作用,以期能从中得到启示,更加合理地安排财政支出,实现更大的经济和社会效益。

5.3.1 数据、变量和方法

White(1983)首先提出税收收入的稳定性与财政风险的概念是相似的,所以把财政的不稳定性定义为税收收入的潜在波动性,并且提出用税收收入的单位标准差作为衡量财政稳定性的指标。但是这种方法仅适应于某一个地区的时间序列数据,对于面板数据而言,无法进行衡量。Pollock 和 Suyderhoud(1986)用围绕财政支出趋势线上下波动的幅度来作为财政稳定性指标;Hou(2005)进一步发展了 Pollock 和 Suyderhoud 的测量方法,采用实际财政支出的对数值与财政支出拟合值的对数值的差与财政支出拟合值的对数值的比率来衡量财政稳定性。本节借鉴 Hou(2005)的方法,采用实际财政支出的对数值与财政支出趋势值的对数值的差与财政支出趋势值的对数值的比率来衡量财政支出的波动性。

本节的数据来源于中国财政部预算司和国库司编写的1993—2006 年各年《全国地市县财政统计资料》[1],以及中华人民共和国统计局编写的 1994—2007 年各年《中国统计年鉴》。本部分之所以着重研究县一级财政支出波动性主要出于两个方面的

[1] 2002 年以前是财政部预算司编写。

考虑，一方面，县级数据量要比省级和市级的数据量（即观测值 N）更大，进行实证分析的可靠性也就更大；另一方面，中国地区差异很大，省内各个县区之间的差别也很大，所以采用县一级的数据更能反映各个县区、各个省之间的差别。

我们利用 1993—2006 年中国 31 个省的 2860 个县区（其中：2004 个县，856 个区）的财政面板数据，对其数据进行指数化处理，以消除价格影响的因素：本节把县认定为以农业人口为主的地区，相应对其数据进行指数化处理时是以本省农村居民消费价格指数进行的；而把区认定为以城市人口为主的地区，相应对其数据进行指数化处理时是以本省城市居民消费价格指数进行的。同时，本节采用一些变量的对数值作为自变量，以消除数据的时间序列特性，进而运用固定效应模型和 Prais-Winsten 模型对影响县（区）财政支出波动性的问题进行实证分析，而且，本节还探讨县财政支出波动性与影响区财政支出波动性影响因素之间的差别。

1. 因变量

本节采用固定效应模型来计算各地实际财政支出的拟合值，为了消除财政支出的时间序列属性，用其自然对数值作为回归的因变量，回归方程为（5—1）：

$$\ln(Exp_{i,t}^{*})=\alpha_i+\beta_i T_t \qquad (5—1)$$

其中：$Exp_{i,t}$表示地区在 t 年时的实际财政支出；$Exp_{i,t}^{*}$表示地

区在 t 年时财政支出的趋势值（拟合值）；α_i 表示地区的常量；β_i 表示 i 地区的线性趋势系数；T_t 表示 t 年时的年度值。

然后，用每年的实际支出的自然对数值〔$\ln(Exp)$〕减去拟合值的自然对数值〔$\ln(Exp^*)$〕除以拟合值的自然对数值〔$\ln(Exp^*)$〕得出一个比率，即：因变量“财政支出稳定性指标（$ExpGap$）”，如等式（5—2）：

财政支出波动性指标（$ExpGap$）=

（实际财政支出对数值－财政支出趋势值对数值）/财政支出趋势值对数值

$$=[\ln(Exp^*)-\ln(Exp^*)]/\ln(Exp^*) \qquad (5—2)$$

财政支出波动性指标（$ExpGap$）是围绕财政支出的趋势值上下波动的，当财政支出的实际值高于趋势值时（即 $Exp>Exp^*$），财政支出波动性指标（$ExpGap$）为正，财政支出处于上升阶段；当财政支出的实际值低于趋势值时（即 $Exp<Exp^*$），财政支出稳定性指标（$ExpGap$）为负，财政支出处于下降阶段。

2. 自变量

为了剔除价格波动因素，同时为了区别农村地区与城市地区的价格差异，对所用的具有实际值的自变量都进行指数化处理。首先，把 1993 年确定为基期，计算得出各省以后各年的消费物价指数、农村居民消费价格指数和城市居民消费价格指数。然后，对于各县(县级市)的数值,用其当年的实际值除以本省当年的农村居民消费价格指数;对于区的数值,用其当年的实际值除以本省当年城市居民消费价格指数。最后,对各个具有实际数值的变量取自然对数,以剔除变量的时间变化趋势。我们试图尽量多地增加自变量,以更好地设定模型,但是基于可用的数据,模型中的自变量以及控制变量有限。同时,影响财政支出波动的因素是多方面的,这可能对实证结果有一定影响。另外,模型中仅仅考虑了技术因素,并没有对制度因素进行模型化,这也是一个不足之处,希望以后能对这一问题进行更加全面和深入的研究。自变量主要分为实际变量和虚拟变量两类。

(1)实际变量

实际变量包括基本建设支出(*Exp_constr*)、农林水气支出(*Exp_aww*)、文教科卫支出(*Exp_cesh*)、行政管理费(*Exp_adm*)、公检法司支出(*Exp_jud*)、其他各项支出(*Exp_other*)、转移支付总额(*Transfer*)、财政供养人口比率(*Popsup_ratio*)和农业人口比率(*Rur_urb_ratio*)9个变量。前6个变量与财政支出都是正相关关系。在宏观经济高涨时期,如果财政支出增多,社会总需求继续扩张,从而推动宏观经济更加高涨,造成通货膨胀压力;所以政府在考虑稳定宏观经济时,应该减少转移支付,以抑制社会总需求的增加,进而起到稳定经济的作用。在宏观经济收缩期,政府通过增加转移支付，扩大财政支出，可以增加社会总需求，使宏观经济逐渐恢复。总之，财政转移支付应该进行逆向操作，起到稳定经济的作用。由于近十几年来，我国政府间关系发生了深刻变化，转移支付的形式也随之出现了日新月异的情况，所以，基于实际数据和分析的方便两方面的考虑，本节采用 1993 年以来的各种转移支付的总和，即转移支付总额〔1〕来进行分析。

基本建设支出采用的是各地一般预算收入平衡表中收支部分的数据。县级政府出于政绩和追求 GDP 的考虑，可以通过扩大基本建设支出来达到目的，所以采用基本建设支出作为一个自变量，可以充分了解各地因为基本建设支出的变动对财政支出波动的影响。

农林水气支出和文教科卫支出都采用的是各地一般预算收入平衡表中收支部分的数据。考虑数据的连贯性和可用性，我们把 1993—2006 年所有涉及农林水气和文教科卫的支出分别进行了加总。

行政管理费、公检法司支出和其他各项支出采用的是各地一

〔1〕 转移支付总额＝消费税和增值税税收返还＋税收返还补助＋所得税基数返还＋出口退税基数返还＋原体制定额补助＋定额补助＋原体制补助＋专项补助＋一般性转移支付补助＋转移支付补助＋过渡期转移支付＋民族地区转移支付补助＋调整工资转移支付补助＋农村税费改革转移支付补助〈中小学教师转移支付补助〉＋取消农业特产税降低农业税率转移支付补助＋缓解县乡财政困难转移支付补助＋增发国债补助＋增加工资补助＋艰苦边远地区津贴补助＋结算补助＋农业税灾歉减免及企事业单位预算划转补助＋调整收入任务增加或减少补助＋其他补助＋省补助计划单列市。

般预算收入平衡表中收支部分的数据，行政管理费和公检法司两项支出占财政支出的20%左右，而其他各项支出在县级财政支出中的比重更是高达40%左右。这三个变量可以反映县级财政在日常支出和其他支出方面对财政支出波动性的影响。

财政供养人口比率是当地财政供养人口小计与总人口数的比率。农业人口比率是当地农业人口数与总人口数的比率。之所以采用财政供养人口这个变量，是因为用于财政供养人口方面的支出在财政支出方面有举足轻重的作用，尤其是县一级政府用于财政供养人口方面的支出比其他层级更大，所以采用财政供养人口比率作为一个自变量可以反映财政供养人口比率的变动对当地财政收入稳定的效应。采用农业人口比率可以反映一个地区由于农业人口比率的变动引起财政支出波动的程度。同时，这两个变量与其他自变量之间没有线性关系，有助于控制模型中的自相关问题。

(2)虚拟变量

虚拟变量包括：区县虚拟变量（*County_bin*）、财政收入亿元县虚拟变量（*County_bill*）、财政收入补贴县虚拟变量（*County_sub*）、财政收入赤字县虚拟变量（*County_def*）、山区县虚拟变量（*County_mountain*）、丘陵县（*County_wold*）虚拟变量、平原县虚拟变量（*County_plain*）和民族县虚拟变量（*County_minority*）。其中，区县虚拟变量是为了比较区县之间的差异，如果该地区是县（包括县级市），此虚拟变量为1，如果该地区是区，那么此虚拟变量为0。财政收入亿元县、补贴县和赤字县三个虚拟变量为了比较三种县之间的差别，如果该县是财政收入亿元县、补贴县或者赤字县，其相应的虚拟变量值为 1，否则为 0。山区县、丘陵县、平原县和民族县三个虚拟变量是为了控制自变量之间的自相关问题，同时也比较一下四种县之间的差别，如果该县是山区县、丘陵县、平原县或者民族县，其相应的虚拟变量值为 1，否则为 0。

另外，在固定效应模型和 Prais-Winsten 模型中都使用了年份的虚拟变量，以补遗漏变量之缺，并捕捉每年宏观经济中的普遍因素。

3. **实证方法**

本节首先探讨县(区)财政支出波动性的静态效应，就是分析各变量对当年财政支出波动性的作用。由于预算编制和执行过程中存在时间间隔，各变量产生了滞后效应，我们进而采用动态模型进行回归，来分析各变量对县(区)财政支出中动态波动性的影响。

(1)静态模型

本节首先用 13 年的 31 个省(自治区、直辖市)的 2860 个县区的面板数据，采用固定效应(此固定效应固定的是县区和年份)模型进行回归，回归方程为(5—3)，但是 DW 统计量〔DW Statistic (original)〕不显著，进而采用 Prais-Winsten 模型[1]估计来修正一阶自相关，以确定两者的结果(见表 5—6)是否存在明显的不同，

〔1〕 Prais-Winsten 模型中固定了年份，由于在这个模型中无法固定县区，所以本节在此模型中固定省份以使结果尽量与固定效应模型的结果具有可比性。

从而更好地分析转移支付对县区财政支出稳定性的效应。

$$ExpGap_{i,t}=\alpha_i+r_t+\beta_2\mathrm{Ln}(Exp\_constr)+\beta_3\mathrm{Ln}(Transfer)+\beta_4\mathrm{Ln}(Exp\_aww)+\beta_5(\mathrm{Ln}(Exp\_cesh)+\beta_6(\mathrm{Ln}(Exp\_adm)+\beta_7\mathrm{Ln}(Exp\_jud)+\beta_8\mathrm{Ln}(Exp\_other)+\beta_9 Popsup\_ratio+\beta_{10}Rur\_urb\_ratio+\varepsilon_{i,t} \quad (5—3)$$

其中：

α_i：固定县区的效应，以控制样本横截面之间的变动；

r_t：固定年份的效应，以控制样本中因时间变动产生的宏观效应；

β_1：县区虚拟变量的系数，即县或区对财政支出波动性的影响系数；

β_2：当年基本建设支出对财政支出波动的影响系数；

β_3：当年转移支付总额对财政支出波动的影响系数；

β_4：当年农林水气支出对财政支出波动的影响系数；

β_5：当年文教科卫支出对财政支出波动的影响系数；

β_6：当年行政管理费支出对财政支出波动的影响系数；

β_7：当年公检法司支出对财政支出波动的影响系数；

β_8：当年其他各项支出对财政支出波动的影响系数；

β_9：财政供养人口比率对财政支出波动的影响系数；

β_{10}：农业人口比率对财政支出波动的影响系数；

$\varepsilon_{i,t}$：是误差项。

表 5—6　县(区)财政支出波动因素的静态回归结果

因变量	财政支出波动性指标(ExpGap)					
财政支出所处阶段	总体情况	上升阶段 ExpGap>0	下降阶段 ExpGap<0	总体情况	上升阶段 ExpGap>0	下降阶段 ExpGap<0
回归模型	固定效应	固定效应	固定效应	Prais-Winsten 回归	Prais-Winsten 回归	Prais-Winsten 回归
Ln(Exp_constr)	0.00329***	0.00269***	0.00324***	0.00273***	0.00232***	0.00279***
	(24.19)	(16.26)	(19.52)	(34.01)	(21.55)	(27.27)
Ln(Transfer)	0.0110***	0.0101***	0.0108***	0.00777***	0.00788***	0.00992***
	(13.82)	(9.859)	(8.957)	(11.39)	(8.773)	(11.02)
Ln(Exp_aww)	0.00347***	0.00209***	0.00659***	0.00382***	0.00162***	0.00560***
	(5.763)	(2.887)	(10.32)	(12.42)	(4.199)	(14.49)
Ln(Exp_cesh)	0.0286***	0.0283***	0.0245***	0.0329***	0.0286***	0.0261***
	(23.75)	(18.58)	(16.86)	(45.93)	(28.23)	(31.96)
Ln(Exp_adm)	0.0171***	0.0144***	0.0216***	0.0191***	0.0166***	0.0182***
	(15.37)	(10.82)	(14.95)	(27.84)	(20.45)	(16.73)
Ln(Exp_jud)	0.00242***	0.00310***	0.00898***	0.0113***	0.0101***	0.0105***
	(3.047)	(3.334)	(10.24)	(20.69)	(14.19)	(14.37)
Ln(Exp_other)	0.0311***	0.0325***	0.0239***	0.0295***	0.0343***	0.0249***
	(34.52)	(30.07)	(20.94)	(34.97)	(36.66)	(25.85)
Popsup_ratio	0.0419*	0.0563*	−0.015	−0.0534***	−0.0522*	−0.0587***
	(1.759)	(1.763)	(−0.635)	(−3.171)	(−1.907)	(−2.613)
Rur_urb_ratio	0.00451***	0.00248	0.00260*	−0.00169	−0.00336**	−0.0016
	(2.775)	(1.49)	(1.808)	(−1.358)	(−2.054)	(−1.106)
County_bin	0.0103***	0.00475	0.00544	−0.0157***	−0.0140***	−0.0142***
	(2.92)	(1.183)	(1.465)	(−13.71)	(−9.676)	(−11.70)
Constant	−0.622***	−0.568***	−0.656***	−0.653***	−0.601***	−0.625***
	(−56.87)	(−36.83)	(−57.46)	(−149.6)	(−75.12)	(−95.01)
Observations	21837	12263	9574	21837	12263	9574
Prob>F	0.0000	0.0000	0.0000	0.0000	0.0000	0.0000
R^2	0.742	0.751	0.793	0.825	0.787	0.85
Adjusted R^2	0.742	0.751	0.793	0.825	0.786	0.85
DW Statistic (original)				0.372	0.294	0.438
DW Statistic (transformed)				1.992***	1.89***	1.833***

注：1. 括号里的是各个回归系数的 t 统计量。2. 上标 ***、**、* 分别表示 1%、5%、10% 的显著水平。3. 固定效应模型是固定县区和年份，Prais-Winsten 模型是固定年份。4. 此表中，运用 Prais-Winsten 模型进行回归时，$\rho=[(1-\frac{1}{2}DW)\times N^2+K^2]/(N^2-K^2)$。5. 在此表中没有报告年份虚拟变量的系数。

为了单独分析样本中2004个县的具体情况，我们剔除全国856个区的数据，仅采用各个县（包括县级市）的面板数据进行回归，并且增加财政收入亿元县、财政收入补贴县和财政收入赤字县以及山区县、丘陵县、平原县和民族县7个虚拟变量。同样，首先采用固定效应模型进行回归，但是DW统计量〔DW Statistic(original)〕仍然不显著（见表5—7），所以采用Prais-Winsten模型估计来消除一阶自相关的问题，回归方程为（5—4）。

$$
\begin{aligned}
ExpGap_{i,t} = {} & \alpha_i + r_t\beta_1 County\_bill + \beta_2 County\_sub + \beta_3 County\_def \\
& + \beta_4 County\_mountain + \beta_5 County\_wold + \beta_6 County\_plain \\
& + \beta_7 County\_minority + \beta_8 \mathrm{Ln}(Exp\_constr) + \beta_9 \mathrm{Ln}(Transfer) \\
& + \beta_{10} \mathrm{Ln}(Exp\_aww) + \beta_{11} \mathrm{Ln}(Exp\_cesh) + \beta_{12} \mathrm{Ln}(Exp\_adm) \\
& + \beta_{13} \mathrm{Ln}(Exp\_jud) + \beta_{14} \mathrm{Ln}(Exp\_other) + \beta_{15} Popsup\_ratio \\
& + \beta_{16} Rur\_urb\_ratio + \varepsilon_{i,t} \qquad (5—4)
\end{aligned}
$$

表5—7 县财政支出波动因素的静态回归结果

因变量	财政支出波动性指标(ExpGap)					
财政支出所处阶段	总体情况	上升阶段 ExpGap>0	下降阶段 ExpGap<0	总体情况	上升阶段 ExpGap>0	下降阶段 ExpGap<0
回归模型	固定效应	固定效应	固定效应	Prais-Winsten 回归	Prais-Winsten 回归	Prais-Winsten 回归
Ln(Exp_constr)	0.00324 ***	0.00265 ***	0.00316 ***	0.00260 ***	0.00221 ***	0.00264 ***
	(23.25)	(15.77)	(19.13)	(31.14)	(18.77)	(27.22)
Ln(Transfer)	0.0105 ***	0.00924 ***	0.0110 ***	0.00738 ***	0.00722 ***	0.0121 ***
	(10.9)	(7.201)	(8.913)	(8.864)	(6.496)	(14.15)
Ln(Exp_aww)	0.00638 ***	0.00570 ***	0.00913 ***	0.00753 ***	0.00595 ***	0.00858 ***

	(11.39)	(8.989)	(13.93)	(20.32)	(11.92)	(19.09)
Ln(Exp_cesh)	0.0316 ***	0.0284 ***	0.0257 ***	0.0339 ***	0.0315 ***	0.0259 ***
	(24.26)	(19.21)	(18.78)	(46.39)	(30.96)	(33.82)
Ln(Exp_adm)	0.0169 ***	0.0118 ***	0.0229 ***	0.0186 ***	0.0156 ***	0.0186 ***
	(14.2)	(9.009)	(19.65)	(31.06)	(20.4)	(24.43)
Ln(Exp_jud)	0.000161	0.00190 **	0.0101 ***	0.0109 ***	0.00900 ***	0.0124 ***
	(0.175)	(2.091)	(11.29)	(19.63)	(12.58)	(20.2)
Ln(Exp_other)	0.0292 ***	0.0288 ***	0.0230 ***	0.0262 ***	0.0316 ***	0.0225 ***
	(31)	(27.51)	(18.43)	(29.01)	(31.45)	(22.54)
Popsup_ratio	0.0793 **	0.0989 **	0.00178	−0.0215 *	0.00586	−0.0293 **
	(2.306)	(2.423)	(0.0684)	(−1.821)	−0.253	(−2.381)
Rur_urb_ratio	0.00680 *	0.00677 **	0.00267 *	−0.0016	−0.0138 ***	−0.001
	(1.934)	(2.109)	(1.845)	(−0.904)	(−6.187)	(−0.735)
County_bill	0.0006	0.00565 ***	−0.000471	0.00487 ***	0.00444 ***	0.00266 ***
	(1.108)	(10.73)	(−0.478)	(12.81)	(10.8)	(5.248)
Couty_sub	−0.00405 ***	−0.00370 ***	0.00181 **	−0.00400 ***	−0.00338 ***	−0.00239 ***
	(−7.222)	(−5.641)	(2.398)	(−11.51)	(−8.009)	(−5.644)
County_def	−0.00246 ***	−0.000795	−0.00258 ***	−0.00196 ***	−0.000604	−0.00218 ***
	(−4.214)	(−1.082)	(−4.027)	(−6.602)	(−1.403)	(−6.375)
County_mountain				−0.00264 **	−0.00230 *	−0.00175 **
				(−2.460)	(−1.757)	(−2.187)
County_wold				0.00125	0.000829	0.00255 ***
				(1.12)	(0.63)	(2.895)
County_plain				0.000739	0.00266 *	0.000612
				(0.614)	(1.828)	(0.71)
County_minority				−0.00452 ***	−0.00123	−0.00410 ***
				(−5.228)	(−1.088)	(−6.535)
Constant	−0.627 ***	−0.537 ***	−0.686 ***	−0.664 ***	−0.619 ***	−0.662 ***
	(−47.61)	(−31.55)	(−60.99)	(−120.6)	(−67.12)	(−98.30)
Observations	16987	9582	7405	16987	9582	7405
Prob>F	0.0000	0.0000	0.0000	0.0000	0.0000	0.0000
R^2	0.76	0.774	0.833	0.847	0.812	0.885
Adjusted R^2	0.76	0.774	0.832	0.847	0.811	0.885
DW Statistic (original)				0.449	0.386	0.566
DW Statistic (transformed)				2.059 ***	1.955 ***	1.913 ***

注：1.括号里的是各个回归系数的t统计量。2.上标***、**、*分别表示1%、5%、10%的显著水平。3.固定效应模型是固定县区和年份，Prais-Winsten模型是固定年份。4.此表中，运用Prais-Winsten模型进行回归时，$\rho=[(1-\frac{1}{2}DW)\times N^2+K^2]/(N^2-K^2)$。5.在此表中没有报告年份虚拟变量的系数。

(2)动态模型

另外,由于预算编制与执行之间存在时间差,造成各项支出的滞后效应,所以,我们采用一期滞后模型来考察各变量对县(区)财政支出波动性的动态效应,相应的回归模型(5—3)和模型(5—4)变为模型(5—5)和模型(5—6)。在此过程中遇到了与静态模型分析中同样的问题,当用固定效应模型进行回归时,DW 统计量不显著,进而采用 Prais-Winsten 模型来消除一阶自相关的问题,回归结果如表 5—8 和表 5—9 所示。

$$ExpGap_{i,t}=\alpha_i+r_t\beta_1 County\_bin+\beta_2 \mathrm{Ln}(Exp\_constr_{i,t-1})+\beta_3 \mathrm{Ln}(Transfer_{i,t-1})$$
$$+\beta_4 \mathrm{Ln}(Exp\_aww_{i,t-1})+\beta_5 \mathrm{Ln}(Exp\_cesh_{i,t-1})+\beta_6 \mathrm{Ln}(Exp\_adm_{i,t-1})$$
$$+\beta_7 \mathrm{Ln}(Exp\_jud_{i,t-1})+\beta_8 \mathrm{Ln}(Exp\_other_{i,t-1})+\beta_9 Popsup\_ratio_{i,t-1}$$
$$+\beta_{10} Rur\_urb\_ration_{i,t-1}+\varepsilon_{i,t} \quad (5—5)$$

表 5—8　县(区)财政支出波动因素的动态回归结果

因变量	财政支出波动性指标(ExpGap)					
财政支出所处阶段	总体情况	上升阶段 ExpGap>0	下降阶段 ExpGap<0	总体情况	上升阶段 ExpGap>0	下降阶段 ExpGap<0
回归模型	固定效应	固定效应	固定效应	Prais-Winsten 回归	Prais-Winsten 回归	Prais-Winsten 回归
Ln(Exp_constrt−1)	0.00225 ***	0.00183 ***	0.00182 ***	0.000554 ***	0.000137	0.000591 ***
	(14.38)	(10.48)	(8.348)	(4.626)	(1.008)	(3.896)
Ln(Transfert−1)	0.00758 ***	0.00455 ***	0.00887 ***	0.00249 ***	−0.000502	0.00493 ***
	(9.748)	(4.829)	(6.963)	(3.815)	(−0.693)	(5.001)
Ln(Exp_awwt−1)	0.00046	0.000497	0.00162 **	−0.00125 ***	−0.00123 **	0.000428

	(0.703)	(0.591)	(2.107)	(−2.945)	(−2.386)	(0.767)
$Ln(Exp\_cesh_{t-1})$	0.0165 ***	0.0190 ***	0.0112 ***	0.0371 ***	0.0167 ***	0.0306 ***
	(11.03)	(11.13)	(5.286)	(33.07)	(10.37)	(23.79)
$Ln(Exp\_adm_{t-1})$	0.0161 ***	0.0137 ***	0.0177 ***	0.0158 ***	0.00817 ***	0.0119 ***
	(11.73)	(8.527)	(9.798)	(15.24)	(7.461)	(7.575)
$Ln(Exp\_jud_{t-1})$	−0.000222	0.00126	0.00476 ***	0.0150 ***	0.00777 ***	0.0118 ***
	(−0.243)	(1.23)	(3.736)	(18)	(8.134)	(10.09)
$Ln(Exp\_other_{t-1})$	0.0227 ***	0.0234 ***	0.0135 ***	0.0183 ***	0.00991 ***	0.0153 ***
	(23.37)	(20.02)	(11.56)	(20.88)	(10.64)	(14.41)
$Popsup\_ratio_{t-1}$	0.0500 *	0.0402	0.0117	−0.0764 ***	−0.0376	−0.0881 ***
	(1.71)	(1.199)	(0.388)	(−3.260)	(−1.292)	(−3.054)
$Rur\_urb\_ratio_{t-1}$	0.00389 **	−0.000966	0.00426 **	−0.00466 **	−0.00604 ***	−0.00167
	(2.137)	(−0.488)	(2.009)	(−2.379)	(−2.809)	(−0.833)
County_bin	0.0111 **	0.00518	0.00596 **	−0.00825 ***	−0.00770 **	−0.00411 ***
	(2.104)	(0.87)	(2.097)	(−5.055)	(−2.132)	(−2.713)
Constant	−0.540 ***	−0.499 ***	−0.505 ***	−0.564 ***	−0.201 ***	−0.611 ***
	(−34.98)	(−23.64)	(−25.09)	(−81.13)	(−13.35)	(−54.02)
Observations	18963	10553	8410	18963	10553	8410
Prob>F	0.0000	0.0000	0.0000	0.0000	0.0000	0.0000
R^2	0.48	0.51	0.526	0.591	0.333	0.653
Adjusted R^2	0.479	0.509	0.525	0.59	0.331	0.652
DW Statistic (original)				0.756	0.568	0.941
DW Statistic (transformed)				2.129 ***	1.971 ***	1.946 ***

注：1. 括号里的是各个回归系数的 t 统计量。2. 上标 *** 、** 、*** 分别表示 1%、5%、10% 的显著水平。3. 固定效应模型是固定县区和年份，Prais-Winsten 模型是固定年份。4. 此表中，运用 Prais-Winsten 模型进行回归时，$\rho=[(1-\frac{1}{2}DW)\times N^2+K^2]/(N^2-K^2)$。5. 在此表中没有报告年份虚拟变量的系数。

$$ExpGap_{i,t}=\alpha_i+r_t\beta_1 County\_bill+\beta_2 County\_sub+\beta_3 County\_def$$

$$+\beta_4 County\_mountain+\beta_5 County\_wold+\beta_6 County\_plain$$

$$+\beta_7 County\_minority+\beta_8 \mathrm{Ln}(Exp\_constr_{i,t-1})+\beta_9 \mathrm{Ln}(Transfer_{i,t-1})$$

$$+\beta_{10}\mathrm{Ln}(Exp\_aww_{i,t-1})+\beta_{11}\mathrm{Ln}(Exp\_cesh_{i,t-1})+\beta_{12}\mathrm{Ln}(Exp\_adm_{i,t-1})$$

$$+\beta_{13}\,\mathrm{Ln}(Exp\_jud_{i,t-1})+\beta_{14}\,\mathrm{Ln}(Exp\_other_{i,t-1})+\beta_{15}\,Popsup\_ratio_{i,t-1}$$

$$+\beta_{16}\,Rur\_urb\_ratio_{i,t-1}+\varepsilon_{i,t} \qquad (5—6)$$

表 5—9　县财政支出波动因素的动态回归结果

因变量	财政支出波动性指标(ExpGap)					
财政支出所处阶段	总体情况	上升阶段 ExpGap>0	下降阶段 ExpGap<0	总体情况	上升阶段 ExpGap>0	下降阶段 ExpGap<0
回归模型	固定效应	固定效应	固定效应	Prais-Winsten 回归	Prais-Winsten 回归	Prais-Winsten 回归
Ln(Exp_constrt)	0.00324 ***	0.00265 ***	0.00316 ***	0.00260 ***	0.00221 ***	0.00264 ***
	(23.25)	(15.77)	(19.13)	(31.14)	(18.77)	(27.22)
Ln(Transfer)	0.0105 ***	0.00924 ***	0.0110 ***	0.00738 ***	0.00722 ***	0.0121 ***
	(10.9)	(7.201)	(8.913)	(8.864)	(6.496)	(14.15)
Ln(Exp_aww)	0.00638 ***	0.00570 ***	0.00913 ***	0.00753 ***	0.00595 ***	0.00858 ***
	(11.39)	(8.989)	(13.93)	(20.32)	(11.92)	(19.09)
Ln(Exp_cesh)	0.0316 ***	0.0284 ***	0.0257 ***	0.0339 ***	0.0315 ***	0.0259 ***
	(24.26)	(19.21)	(18.78)	(46.39)	(30.96)	(33.82)
Ln(Exp_adm)	0.0169 ***	0.0118 ***	0.0229 ***	0.0186 ***	0.0156 ***	0.0186 ***
	(14.2)	(9.009)	(19.65)	(31.06)	(20.4)	(24.43)
Ln(Exp_jud)	0.000161	0.00190 **	0.0101 ***	0.0109 ***	0.00900 ***	0.0124 ***
	(0.175)	(2.091)	(11.29)	(19.63)	(12.58)	(20.2)
Ln(Exp_other)	0.0292 ***	0.0288 ***	0.0230 ***	0.0262 ***	0.0316 ***	0.0225 ***
	(31)	(27.51)	(18.43)	(29.01)	(31.45)	(22.54)
Popsup_ratio	0.0793 **	0.0989 **	0.00178	−0.0215 *	0.00586	−0.0293 **
	(2.306)	(2.423)	(0.0684)	(−1.821)	−0.253	(−2.381)
Rur_urb_ratio	0.00680 *	0.00677 **	0.00267 *	−0.0016	−0.0138 ***	−0.001(1.934)
	(2.109)	(1.845)	(−0.904)	(−6.187)	(−0.735)	
County_bill	0.0006	0.00565 ***	−0.000471	0.00487 ***	0.00444 ***	0.00266 ***
	(1.108)	(10.73)	(−0.478)	(12.81)	(10.8)	(5.248)
Couty_sub	−0.00405 ***	−0.00370 ***	0.00181 **	−0.00400 ***	−0.00338 ***	−0.00239 ***
	(−7.222)	(−5.641)	(2.398)	(−11.51)	(−8.009)	(−5.644)
County_def	−0.00246 ***	−0.000795	−0.00258 ***	−0.00196 ***	−0.000604	−0.00218 ***
	(−4.214)	(−1.082)	(−4.027)	(−6.602)	(−1.403)	(−6.375)
County_mountain				−0.00264 **	−0.00230 *	−0.00175 **
				(−2.460)	(−1.757)	(−2.187)
County_wold				0.00125	0.000829	0.00255 ***
				(1.12)	(0.63)	(2.895)

County_plain				0.000739	0.00266*	0.000612
				(0.614)	(1.828)	(0.71)
County_minority				−0.00452***	−0.00123	−0.00410***
				(−5.228)	(−1.088)	(−6.535)
Constant	−0.627***	−0.537***	−0.686***	−0.664***	−0.619***	−0.662***
	(−47.61)	(−31.55)	(−60.99)	(−120.6)	(−67.12)	(−98.30)
Observations	16987	9582	7405	16987	9582	7405
Prob>F	0.0000	0.0000	0.0000	0.0000	0.0000	0.0000
R2	0.76	0.774	0.833	0.847	0.812	0.885
Adjusted R2	0.76	0.774	0.832	0.847	0.811	0.885
DW Statistic (original)				0.449	0.386	0.566
DW Statistic (transformed)				2.059***	1.955***	1.913***

注:1. 括号里的是各个回归系数的 t 统计量。2. 上标 ***、**、* 分别表示 1%、5%、10% 的显著水平。3. 固定效应模型是固定县区和年份,Prais-Winsten 模型是固定年份。4. 此表中,运用 Prais-Winsten 模型进行回归时,$\rho=[(1-\frac{1}{2}DW)\times N^2+K^2]/(N^2-K^2)$。5. 在此表中没有报告年份虚拟变量的系数。

5.3.2 实证结果分析和讨论

1. 基本建设支出

(1)在静态回归结果中,基本建设支出对县(区)财政支出波动性影响系数为正,在统计上显著,说明当年的基本建设支出有拉动县(区)财政支出超过其趋势值或者在趋势值之上继续上升的作用。对县(区)财政支出波动性的总体情况而言,无论在固定效应模型中,还是在固定年份的 Prais-Winsten 模型中,基本建设支出的系数都为正,而且基本建设支出对县(区)财政支出波动性的系数,要比基本建设支出对县财政支出波动性的系数小,表明当年基本建设支出对县(区)当年的财政支出有正向拉动效应,而且对县财政支出的拉动效应要比对区财政支出的效应更加明显。

在把财政支出分为经济上升阶段和下降阶段后分别回归的结果仍然显著。当财政支出处于下降阶段时，基本建设支出的系数都为正，表明当财政支出低于其趋势值时，基本建设支出有缩小财政支出与其趋势值之间差距的效应。在固定效应模型中，基本建设支出对县(区)财政支出波动性的系数为 0.00324，而对县财政支出波动性的系数为 0.00316；而在 Prais-Winsten 模型中，相应的系数分别为 0.00279 和 0.00264，这表明在财政支出下降阶段，基本建设支出每增加 1 个百分点，基本建设支出对县财政支出的拉动效应相对要比对县(区)财政支出的拉动效应小 0.045—0.052 个百分点，也就是说基本建设支出对县级财政支出的拉动效应更加不明显。

当财政支出处于上升阶段时，无论是在固定效应模型还是在 Prais-Winsten 模型中，基本建设支出的系数仍然为正，而且显著，表明即使在财政支出处于上升阶段，即财政支出高于其趋势值时，基本建设支出仍然继续推动财政支出上升，而且基本建设支出对县(区)财政支出的推动作用更加明显。

另外，无论是在固定效应模型还是在 Prais-Winsten 模型中，当财政支出处于下降阶段时，基本建设的系数是上升阶段系数的 1.2 倍，说明在财政支出处于下降阶段(财政支出低于趋势值)时，基本建设支出对县(区)财政支出的拉动效应更加明显。

(2)在动态回归结果中，总体情况中基本建设支出的系数都为正，并在统计上显著，表明上年基本建设支出对当年财政支出仍然有拉动效应。财政支出处于上升阶段时，在固定效应模型中，上年基本建设支出的系数为正，而且统计上显著，表明上年基本建设支出有拉动财政支出继续上升的效应。但是在 Prais-Winsten 模型中，上年基本建设支出的系数在统计上不显著，所以我们不能验证这一结论。财政支出处于下降阶段时，无论在固定效应模型中还是在 Prais-Winsten 模型中，上年基本建设支出的系数都是正值，并在统计上显著，说明上年基本建设支出对县（区）财政支出有明显的拉动作用，起到了抑制财政支出进一步下降的作用。

2. 转移支付

(1)在静态回归结果中，转移支付对县（区）财政支出波动性影响系数为正，并在统计上显著，说明当年的转移支付有拉动县（区）财政支出超过其趋势值或者在趋势值之上继续上升的作用。对县（区）财政支出波动性的总体情况而言，无论在固定效应模型中，还是在固定年份的 Prais-Winsten 模型中，转移支付的系数都为正，而且转移支付对县（区）财政支出波动性的系数，要比转移支付对县财政支出波动性的系数大，表明当年的转移支付对县（区）当年的财政支出有正向的拉动效应，而且对区财政支出的拉动效应要比对县财政支出的拉动效应更加明显。

把财政支出分为上升阶段和下降阶段后分别回归的结果仍然显著。财政支出处于下降阶段时，转移支付的系数为正，表明当财政支出低于其趋势值时，转移支付有缩小财政支出与其趋势值之间差距的效应。在固定效应模型中，转移支付对县（区）财政支出波动性的系数为 0.0108，对县财政支出波动性的系数为 0.0110；在 Prais-Winsten 模型中，相应的系数分别为 0.00992 和 0.0121，表明在财政支出下降阶段，转移支付每增加 1 个百分点，转移支付对县财政支出的拉动效应相对要比对县(区)财政支出的拉动效应小 0.02—0.218 个百分点，也就是说转移支付对区财政支出的拉动效应更加明显。

当财政支出处于上升阶段时，无论是在固定效应模型还是在 Prais-Winsten 模型中，转移支付的系数仍然为正，而且显著，表明即使在财政支出处于上升阶段，即财政支出高于其趋势值时，转移支付仍然推动财政支出上升，而且转移支付对区财政支出的推动作用更加明显。另外，无论是在固定效应模型还是在 Prais-Winsten 模型中，当财政支出处于下降阶段时，转移支付的系数是上升阶段时的系数的 1.07—1.68 倍，说明在财政支出处于下降阶段，也就是财政支出低于趋势值时，转移支付对县(区)财政支出的拉动效应更加明显。

(2)在动态回归结果中，总体情况中转移支付的系数都为正，并在统计上显著，表明上年的转移支付对当年的财政支出仍然有拉动效应。财政支出处于上升阶段时，在固定效应模型中，上年转移支付的系数为正，并在统计上显著，表明上年转移支付有拉动财政支出继续上升的效应。但是在 Prais-Winsten 模型中，上年转移支付的系数在统计上不显著，所以我们不能验证这一结论。财政支出处于下降阶段时，无论在固定效应模型中还是在 Prais-Winsten 模型中，上年转移支付的系数都是正值，并且在统计上显著，说明上年转移支付对县区财政支出有明显的拉动，起到了抑制财政支出进一步下降的作用。

3. 农林水气支出

(1)在静态回归结果中，农林水气支出对县(区)财政支出波动性影响系数都是正的，并且在统计上显著，说明当年的农林水气支出有拉动县(区)财政支出超过其趋势值或者在趋势值之上有继续上升的作用。

对县(区)财政支出波动性的总体情况而言，无论在固定效应模型中，还是在固定年份的 Prais-Winsten 模型中，农林水气支出的系数都为正，而且农林水气支出对县财政支出波动性的系数，要比农林水气支出对县(区)财政支出波动性的系数大，表明当年的农林水气支出对县(区)当年的财政支出有正的拉动效应，对各个县财政支出的拉动效应要比对区财政支出的拉动效应更加明显。

在把财政支出分为上升阶段和下降阶段后分别回归的结果仍然显著。财政支出处于下降阶段时，农林水气支出的系数都为正，表明当财政支出低于其趋势值时，农林水气支出有缩小其财政支出与其趋势值之间差的效应。在固定效应模型中，农林水气支出对县(区)财政支出波动性的系数为 0.00659，对县财政支出波动性的系数为 0.00913；在 Prais-Winsten 模型中，相应的系数分别为 0.00560 和 0.00858，表明在财政支出下降阶段，农林水气支出每增加1个百分点，农林水气支出对县财政支出的拉动效应相对要比对区财政支出的拉动效应大0.254—0.298个百分点，也就是说农林水气支出对县财政支出的拉动效应更加明显。

财政支出处于上升阶段时，无论是在固定效应模型还是在Prais-Winsten模型中，农林水气支出的系数仍然为正，并且是显著的，表明即使在财政支出处于上升阶段，即财政支出高于其趋势值时，农林水气支出仍然继续推动财政支出上升，而且农林水气支出对县财政支出的推动作用更加明显。

另外，无论是在固定效应模型还是在Prais-Winsten模型中，当财政支出处于下降阶段时转移支付的系数是上升阶段时系数的1.44—3.46倍，说明在财政支出处于下降阶段也就是当财政支出在低于趋势值的水平时，农林水气支出对县(区)财政支出的拉动效应更加明显。

(2)在动态回归结果中，当财政支出处于下降阶段时，无论是固定效应还是Prais-Winsten模型中，农林水气支出对县财政支出波动性的系数为正，并在统计上显著，表明上年的农林水气支出对当年的财政支出有向上的拉动效应。在其他情况下，由于系数的不显著性，我们不能得出确切的结论。

4. 文教科卫支出

(1)在静态回归结果中，文教科卫支出对县(区)财政支出波动性影响系数都是正的，并且在统计上显著，说明当年的文教科卫支出有拉动县(区)财政支出超过其趋势值或者在趋势值之上继续上升的作用。

对县(区)财政支出波动性的总体情况而言,无论在固定效应模型中,还是在固定年份的 Prais-Winsten 模型中,文教科卫支出的系数都为正,而且文教科卫支出对县财政支出波动性的系数,要比文教科卫支出对县(区)财政支出波动性的系数大,表明当年的文教科卫支出对县(区)当年的财政支出有正的拉动效应,而且对各个县财政支出的拉动效应要比对区财政支出的拉动效应更加明显。

在把财政支出分为上升阶段和下降阶段后分别回归的结果仍然显著。财政支出处于下降阶段时,文教科卫支出的系数都为正,表明当财政支出低于其趋势值时,文教科卫支出有缩小其财政支出与其趋势值之间差的效应。在固定效应模型中,文教科卫支出对县(区)财政支出波动性的系数为 0.0245,而对县财政支出波动性的系数为 0.0257;在 Prais-Winsten 模型中,相应的系数分别为 0.0261 和 0.0259,表明在财政支出下降阶段,文教科卫支出每增加 1 个百分点,县(区)财政支出就要增加大约 2.6 个百分点。

财政支出处于上升阶段时,无论是在固定效应模型还是在 Prais-Winsten 模型中,文教科卫支出的系数仍然为正并显著,表明即使在财政支出处于上升阶段,即财政支出高于其趋势值时,文教科卫支出仍然继续推动财政支出上升,而且文教科卫支出对县财政支出的拉动效应要比对区财政支出的拉动效应更加明显。

另外,无论是在固定效应模型还是在 Prais-Winsten 模型中,当财政支出处于上升阶段时文教科卫支出的系数要比当财政支出处于下降阶段时的系数大，说明在财政支出处于上升阶段也就是当财政支出在高于趋势值的水平时，文教科卫支出对县(区)财政支出的拉动效应更加明显。

(2)在动态回归结果中，总体情况中文教科卫支出的系数都为正，并且在统计上显著，表明上年的文教科卫支出对当年的财政支出仍然有向上的拉动效应。

财政支出处于上升阶段时，无论在固定效应模型中还是在Prais-Winsten 模型中，上年文教科卫支出的系数为正，并在统计上显著，表明即使在财政支出处于上升阶段，即财政支出高于其趋势值时，上年的文教科卫支出仍然继续推动财政支出上升，上年的文教科卫支出对县财政支出的拉动效应要比对区财政支出的拉动效应更加明显。

财政支出处于下降阶段时，无论在固定效应模型中还是在Prais-Winsten 模型中，上年文教科卫支出的系数都是正值，并且在统计上显著，表明即使在财政支出处于下降阶段，即财政支出低于其趋势值时，上年的文教科卫支出拉动财政支出上升，上年的文教科卫支出对区财政支出的拉动效应要比对县财政支出的拉动效应更加明显。

5. 行政管理费支出

(1)在静态回归结果中，行政管理费支出对县(区)财政支出波动性影响系数都是正的，并且在统计上显著，说明当年的行政管理费支出有拉动县(区)财政支出超过其趋势值或者在趋势值之上继续上升的作用。

对县(区)财政支出波动性的总体情况而言,无论在固定效应模型中,还是在固定年份的 Prais-Winsten 模型中,行政管理费支出的系数都为正,行政管理费支出对县财政支出波动性的系数,要比行政管理费支出对县(区)财政支出波动性的系数小,表明当年的行政管理费支出对县(区)当年的财政支出有正的拉动效应,而且对各个区财政支出的拉动效应要比对县财政支出的拉动效应更加明显。

在把财政支出分为上升阶段和下降阶段后分别回归的结果仍然显著。当财政支出处于下降阶段时,行政管理费支出的系数都为正,表明当财政支出低于其趋势值时,行政管理费支出有缩小其财政支出与其趋势值之间差距的效应。在固定效应模型中,行政管理费支出对县(区)财政支出波动性的系数为 0.0216,而对县财政支出波动性的系数为 0.0229;而在 Prais-Winsten 模型中,相应的系数分别为 0.0182 和 0.0186,表明在财政支出下降阶段,行政管理费支出每增加 1 个百分点,县(区)财政支出就要增加1.8—2.3个百分点,而且行政管理费支出对县财政支出的拉动作用比对区财政支出的拉动作用更加明显。

财政支出处于上升阶段时,无论是在固定效应模型还是在 Prais-Winsten 模型中,行政管理费支出的系数仍然为正,而且是显著的,这表明即使在财政支出处于上升阶段,即财政支出高于其趋势值时,行政管理费支出仍然继续推动财政支出上升。

另外,无论是在固定效应模型还是在 Prais-Winsten 模型中,当财政支出处于下降阶段时行政管理费支出的系数要比上升阶段时的系数大,说明在财政支出处于下降阶段也就是当财政支出在低于趋势值的水平时,行政管理费支出对县(区)财政支出的拉动效应更加明显。

(2)在动态回归结果中,总体情况中行政管理费支出的系数都为正,并且在统计上显著,表明上年的行政管理费支出对当年的财政支出仍然有向上的拉动效应。

财政支出处于上升阶段时,无论在固定效应模型中还是在 Prais-Winsten 模型中,上年行政管理费支出的系数为正,而且在统计上显著,这表明即使在财政支出处于上升阶段,即财政支出高于其趋势值时,上年的行政管理费支出仍然继续推动财政支出上升,上年的行政管理费支出对区财政支出的拉动效应要比对县财政支出的拉动效应更加明显。

财政支出处于下降阶段时,无论在固定效应模型中还是在 Prais-Winsten 模型中,上年行政管理费支出的系数都是正值,并且在统计上显著,表明即使在财政支出处于下降阶段,即财政支出低于其趋势值时,上年的行政管理费支出拉动财政支出上升。

另外,无论是在固定效应模型还是在 Prais-Winsten 模型中,当财政支出处于下降阶段时行政管理费支出的系数要比当财政支出处于上升阶段时的系数大,说明在财政支出处于下降阶段也就是当财政支出在低于趋势值的水平时，行政管理费支出对县（区）财政支出的拉动效应更加明显。

6. 公检法司支出

（1）在静态回归结果中，公检法司支出对县（区）财政支出波动性影响系数都是正的，并且在统计上显著，说明当年的公检法司支出有拉动县（区）财政支出超过其趋势值或者在趋势值之上继续上升的作用。

对县（区）财政支出波动性的总体情况而言，无论在固定效应模型中，还是在固定年份的 Prais-Winsten 模型中，公检法司支出的系数都为正，而且公检法司支出对县财政支出波动性的系数，要比公检法司支出对县（区）财政支出波动性的系数小，表明当年的公检法司支出对县（区）当年的财政支出有正的拉动效应，而且对各个区财政支出的拉动效应要比对县财政支出的拉动效应更加明显。

在把财政支出分为上升阶段和下降阶段后分别回归的结果仍然显著。财政支出处于下降阶段时，公检法司支出的系数都为正，表明当财政支出低于其趋势值时，公检法司支出有缩小其财政支出与其趋势值之间差的效应。在固定效应模型中，公检法司支出对县（区）财政支出波动性的系数为 0.00898，而对县财政支出波动性的系数为 0.0101；而在 Prais-Winsten 模型中，相应的系数分别为 0.0105 和 0.0124，这表明在财政支出下降阶段，公检法司支出每增加 1 个百分点，县（区）财政支出就要增加大约 0.9—1.2 个百分点，而且公检法司支出对县财政支出的拉动作用比对区财政支出的拉动作用更加明显。

财政支出处于上升阶段时，无论是在固定效应模型还是在 Prais-Winsten 模型中，公检法司支出的系数仍然为正，而且是显著的，这表明即使在财政支出处于上升阶段，即财政支出高于其趋势值时，公检法司支出仍然继续推动财政支出上升，而且公检法司支出对区财政支出的拉动作用比对县财政支出的拉动作用更加明显。

另外，无论是在固定效应模型还是在 Prais-Winsten 模型中，当财政支出处于下降阶段时公检法司支出的系数要比当财政支出处于上升阶段时的系数大，说明在财政支出处于下降阶段也就是当财政支出在低于趋势值的水平时，公检法司支出对县（区）财政支出的拉动效应更加明显。

(2)在动态回归结果中，总体情况中公检法司支出的系数都为正，并且在统计上显著，表明上年的公检法司支出对当年的财政支出仍然有向上的拉动效应。

财政支出处于上升阶段时，无论在固定效应模型中还是在 Prais-Winsten 模型中，上年公检法司支出的系数为正，而且在统计上显著，表明即使在财政支出处于上升阶段，即财政支出高于其趋势值时，上年的公检法司支出仍然继续推动财政支出上升。

财政支出处于下降阶段时，无论在固定效应模型中还是在 Prais-Winsten 模型中，上年公检法司支出的系数都是正值，并且在统计上显著，表明即使在财政支出处于下降阶段，即财政支出低于其趋势值时，上年的公检法司支出拉动财政支出上升。

另外，无论是在固定效应模型还是在 Prais-Winsten 模型中，财政支出处于下降阶段时公检法司支出的系数要比上升阶段时的系数大，说明在财政支出处于下降阶段也就是当财政支出在低于趋势值的水平时，公检法司支出对县(区)财政支出的拉动效应更加明显。

7. 其他各项支出

(1)在静态回归结果中，其他各项支出对县(区)财政支出波动性影响系数都是正的，并且在统计上显著，说明当年的其他各项支出有拉动县(区)财政支出超过其趋势值或者在趋势值之上继续上升的作用。

对县(区)财政支出波动性的总体情况而言，无论在固定效应模型中，还是在固定年份的 Prais-Winsten 模型中，其他各项支出的系数都为正，而且其他各项支出对县财政支出波动性的系数，要比其他各项支出对县(区)财政支出波动性的系数小，这表明当年的其他各项支出对县(区)当年的财政支出有正的拉动效应，而且对各个区财政支出的拉动效应要比对县财政支出的拉动效应更加明显。

在把财政支出分为上升阶段和下降阶段后分别回归的结果仍然显著。财政支出处于下降阶段时，其他各项支出的系数都为正，表明当财政支出低于其趋势值时，其他各项支出有缩小其财政支出与其趋势值之间差的效应。在固定效应模型中,其他各项支出对县(区)财政支出波动性的系数为0.0239,而对县财政支出波动性的系数为0.0230;而在Prais-Winsten模型中,相应的系数分别为0.0249和0.0225,表明在财政支出下降阶段,其他各项支出每增加1个百分点,县(区)财政支出就要增加大约2.3个百分点,而且其他各项支出对区财政支出的拉动作用比对县财政支出的拉动作用更加明显。

财政支出处于上升阶段时,无论是在固定效应模型还是在Prais-Winsten模型中,其他各项支出的系数仍然为正并显著,表明即使在财政支出处于上升阶段,即财政支出高于其趋势值时,其他各项支出仍然继续推动财政支出上升,而且其他各项支出对区财政支出的拉动作用比对县财政支出的拉动作用更加明显。

另外,无论是在固定效应模型还是在Prais-Winsten模型中,当财政支出处于上升阶段时其他各项支出的系数要比下降阶段时的系数大,说明在财政支出处于上升阶段也就是当财政支出在高于趋势值的水平时,其他各项支出对县(区)财政支出的拉动效应更加明显。

(2)在动态回归结果中,总体情况中其他各项支出的系数都为正,并且在统计上显著,表明上年的其他各项支出对当年的财政支出仍然有向上的拉动效应。

财政支出处于上升阶段时,无论在固定效应模型中还是在Prais-Winsten模型中,上年其他各项支出的系数为正,而且在统计上显著，表明即使在财政支出处于上升阶段，即财政支出高于其趋势值时，上年的其他各项支出仍然继续推动财政支出上升。而且上年的其他各项支出对区财政支出的拉动作用比对县财政支出的拉动作用更加明显。

财政支出处于下降阶段时，无论在固定效应模型中还是在Prais-Winsten模型中，上年其他各项支出的系数都是正值，并且在统计上显著，表明即使在财政支出处于下降阶段，即财政支出低于其趋势值时，上年的其他各项支出拉动财政支出上升。而且上年的其他各项支出对区财政支出的拉动作用比对县财政支出的拉动作用更加明显。

8. 财政供养人口比率

(1)在静态回归结果中，对财政支出波动性的总体情况而言，在固定效应模型中，财政供养人口比率对县(区)财政支出波动性的系数为0.0419，而对县财政支出波动性的系数为0.0793；在Prais-Winsten模型中，相应的系数分别为－0.0534和－0.0255，在统计上显著，我们不能确定财政供养人口比率的确切效应。

另外，当财政支出处于不同阶段时，固定效应模型与Prais-Winsten模型中回归结果是不一致的，所以我们不能确定财政供养人口比率在财政支出处于不同阶段时对财政支出波动性的确切效应。

(2)在动态回归结果中，对财政支出波动性的总体情况而言，在固定效应模型中，上年财政供养人口比率对县(区)财政支出波动性的系数为0.0500，而对县财政支出波动性的系数为0.0936；而在Prais-Winsten模型中，相应的系数分别为－0.0764和－0.0769，在统计上显著，我们不能确定财政供养人口比率的确切效应。

另外，当财政支出处于不同阶段时，固定效应模型与Prais-Winsten模型中回归结果是不一致的，所以我们不能确定上年财政供养人口比率在财政支出处于不同阶段时对财政支出波动性的确切效应。

9. 农业人口比率

(1)在静态回归结果中，对财政支出波动性的总体情况而言，在固定效应模型中，农业人口比率对县(区)财政支出波动性的系数为0.0451，而对县财政支出波动性的系数为0.00680，在统计上显著；在Prais-Winsten模型中，相应的系数分别为－0.00169和－0.0016，在统计上是不显著的，我们不能确定农业人口比率的确切效应。

另外，当财政支出处于不同阶段时，固定效应模型与Prais-Winsten模型中回归结果是不一致的或者是不显著的，所以我们不能确定农业人口比率在财政支出处于不同阶段时对财政支出波动性的确切效应。

(2)在动态回归结果中，对财政支出波动性的总体情况而言，在固定效应模型中，上年农业人口比率对县(区)财政支出波动性的系数为0.00389，而对县财政支出波动性的系数为0.00570(统计上显著)；而在 Prais-Winsten 模型中，相应的系数分别为 −0.00466(统计上是显著的)和−0.00398(统计上是不显著的)，所以，上年农业人口比率对县(区)财政支出有向上的拉动作用。

另外，当财政支出处于不同阶段时，固定效应模型与 Prais-Winsten 模型中回归结果是不一致的或者是不显著的，所以我们不能确定上年农业人口比率在财政支出处于不同阶段时对财政支出波动性的确切效应。

10. 其他控制变量的效应

(1)县区虚拟变量

县区虚拟变量在固定效应模型与 Prais-Winsten 模型中的回归结果是不一致的或者是不显著的，所以我们不能确定县区虚拟变量的具体效应。

(2)财政收入亿元县、财政收入补贴县和财政收入赤字县三个虚拟变量

静态回归结果中，在用固定效应模型回归的总体情况下，财政收入补贴县和财政收入赤字县两个虚拟变量的系数分别是 −0.00405、−0.00246，并在统计上显著，表明在静态情况下，财政收入补贴县的财政支出比财政收入赤字县的财政支出偏离其趋势值的幅度更大，也就是说财政收入补贴县的财政支出比财政收入赤字县的财政支出的波动性更强。财政支出处于不同阶段时，通过比较财政收入亿元县、补贴县和赤字县三个虚拟变量显著时的系数，可以得出财政支出处于上升阶段，财政收入亿元县要比补贴

县的财政支出波动性更强。财政支出处于下降阶段时,我们不能得出确切的结论。

动态回归结果中,Prais-Winsten回归模型在财政支出处于总体情况下的回归系数都是显著的,表明在动态情况下,财政收入补贴县要比赤字县的财政支出的波动性更强。财政支出处于上升阶段时,无论固定效应模型还是Prais-Winsten模型的回归系数都表明,财政收入亿元县的财政支出要比补贴县的波动性强。财政支出处于下降阶段时,我们不能得出确切的结论。

(3)山区县、丘陵县、平原县和民族县四个虚拟变量

静态回归结果中,在用Prais-Winsten模型回归的总体情况下,山区县和民族县两个虚拟变量的系数分别是－0.00264、－0.00452,并且在统计上显著,表明在静态情况下,民族县的财政支出比山区县的财政支出偏离其趋势值的幅度更大,民族县的财政支出比山区县的财政支出的波动性更强。财政支出处于不同阶段时,通过比较山区县、丘陵县、平原县和民族县四个虚拟变量显著时的系数,可以得出当财政支出处于上升阶段,平原县的财政支出要比山区县的财政支出波动性强。财政支出处于下降阶段时,民族县的财政支出要比山区县的财政支出波动性强,山区县的财政支出要比丘陵县的财政支出波动性强。

动态回归结果中,比较Prais-Winsten回归模型在财政支出处于总体情况下显著的回归系数,表明在动态情况下,丘陵县的财政支出要比山区县的财政支出波动性强,山区县的财政支出要比民

族县的财政支出波动性强。当财政支出处于上升阶段时，山区县的财政支出要比民族县的波动性强。财政支出处于下降阶段时，民族县的财政支出的波动性最强，山区县次之，平原县再次之，丘陵县的波动性最差。

5.3.3 结论和启示

上述实证分析表明基本建设支出、农林水气支出、文教科卫支出、行政管理费、公检法司支出、其他各项支出、转移支付、财政供养人口比率和农业人口比率对县(区)财政支出的波动性有显著的影响。我们可以初步得出以下几点结论：

1. 从整体上看，基本建设支出、文教科卫支出、行政管理费和其他各项支出无论在静态上还是在动态上对县(区)的财政支出有明显的拉动作用；也就是推动县(区)的财政支出超出拟合值。当财政支出处于上升阶段时，基本建设支出、文教科卫支出、行政管理费和其他各项支出无论在静态上还是在动态上对县(区)的财政支出有明显的拉动作用，就是推动县(区)的财政支出在趋势之上继续向上波动。当财政支出处于下降阶段时，基本建设支出、文教科卫支出、行政管理费和其他各项支出无论在静态上还是在动态上，对县(区)的财政支出有明显的拉动作用，就是拉动财政支出向上波动，起到抑制继续下降的作用。

这些表明基本建设支出、文教科卫支出、行政管理费和其他各项支出在财政支出处于下降阶段时，实现了逆向操作，起到了稳定作用。但是当财政支出处于上升阶段时，却使之继续高涨，不利于稳定区域经济。所以当经济处于繁荣阶段时应当严格规范财政支出，以起到稳定的作用。农林水气支出、公检法司支出对县（区）财政支出波动性的影响不能确定。

2. 从整体上看，转移支付无论在静态上还是在动态上，对县（区）的财政支出有明显的拉动作用，而且在静态条件下，转移支付对区财政支出的拉动效应比对县财政支出的拉动效应更加明显。在动态条件下，上年转移支付对县财政支出的拉动效应比对区财政支出的拉动效应更加明显。这一结果表明，1994 年以来的转移支付制度确实在拉动当地财政支出方面发挥了积极的作用，并且在制度上体现了较好的连续性。

在财政支出处于下降阶段时，转移支付无论在静态上还是在动态上对各个县降低财政支出的波动性要比对降低区财政支出的波动性更加显著。在财政支出处于上升阶段时，转移支付在静态上加剧了县区财政支出的波动性，而且区财政支出的波动性要比县财政支出的波动性更加显著。转移支付在财政支出下降阶段的拉动作用要大于财政支出处于上升阶段的作用。

另外，我们不能确定在财政支出处于上升阶段时，转移支付在动态上对县（区）财政支出波动性的影响。

3. 静态回归结果中，财政收入补贴县的财政支出比财政收入赤字县的财政支出的波动性更强。当财政支出处于上升阶段时，财政收入亿元县要比补贴县的财政支出波动性更强。而当财政支出处于下降阶段时，我们不能得出确切的结论。

在动态情况下，财政补贴县要比赤字县的财政支出的波动性更强。当财政支出处于上升阶段时，财政收入亿元县的财政支出要比补贴县的波动性强。当财政支出处于下降阶段时，我们不能得出确切的结论。

4.在静态情况下民族县的财政支出比山区县的财政支出的波动性更强。当财政支出处于上升阶段时，平原县的财政支出要比山区县的财政支出波动性强。而当财政支出处于下降阶段时，民族县的财政支出要比山区县的财政支出波动性强，山区县的财政支出要比丘陵县的财政支出波动性强。

在动态情况下，丘陵县的财政支出要比山区县的财政支出波动性强，山区县的财政支出要比民族县的财政支出波动性强。当财政支出处于上升阶段时，山区县的财政支出要比民族县的波动性强。当财政支出处于下降阶段时，民族县的财政支出的波动性最强，山区县次之，平原县再次之，丘陵县的波动性最差。

综合以上研究结论，当财政支出处于下降阶段时各项支出和转移支付在缩小其波动性方面发挥了有效的作用，有助于稳定地方经济；但是当财政支出处于上升阶段时各项支出和转移支付可能加剧财政支出的波动性，所以有必要严格规范财政支出。

徐　涛

第6章　县级政府预算管理

自秦代推行郡县制以来，中国一直以县级政权作为国家政权稳定、经济发展和社会进步的基本单元。正如孙中山先生所说："事之最切于民者，莫如一县以内之事。"而县级政府预算，作为基层财政管理中的核心内容，其管理状况直接影响到县级政权运转和当地经济社会发展，关系到基层社会稳定，处于"牵一发而动全身"之重要地位。同时，从公共财政运行的角度看，县级财政处于最低级次，是财政收入的最初端和财政支出的最末端。而作为县级财政的枢纽——政府预算又如同"魔镜"，先将所有关于收入、支出、转移支付、债务等财政运行中的问题聚焦，再将其逐一放大，集中体现出来。所以，没有完善合理的基层预算治理结构，无论怎样增加县级政府的财政收入，最终都无法摆脱县级财政困难。本章先从总体上描绘中国县级预算改革的演化路径，然后分析"省直管县"体制下县级预算管理面临的机遇和挑战，以及转移支付制度对县级预算决策过程的影响；最后提出县级预算改革的路径选择与制度安排。

6.1 县级预算改革路径

完善同市场经济相适应的公共预算体系，是经济市场化和财政公共化进程中的重要时代命题。作为中国公共预算体系的重要组成部分，县级预算就制度变迁的演化路径而言，与朝着“公开透明、完整统一、民主法治、科学高效”的目标逐次推进的大方向是完全一致的。从这个意义上讲，将县级预算改革的进程用“财政公共化”一词来加以描述，是符合历史逻辑和改革实践的。

我国的财政预算制度最初构建在计划经济基础之上，而后在经济转型和政府职能转换过程中，逐步推行了以市场化、公共化为指向的预算管理制度变革。中国县级预算走向公共化的演进过程具有独特的特征，而这些特征则构成了中国县级预算改革的现实约束条件和内生动力机制。

6.1.1 渐推渐进的动态过程

从制度变迁的策略选择来看，在计划经济向市场经济的转型路径上，与前苏联和东欧国家的激进模式不同，我国采取了一条利用已有组织资源推进市场化进程的“渐进演化”模式。这种改革策略的选择，避免了激进改革容易导致的社会剧烈动荡。经过 30 多年改革开放的实践检验，其效果要显得相对明显。

基于我国政治、经济和社会的特点以及各地方和部门日趋固化的利益格局，考虑制度变迁的收益与成本对比，我国县级预算公共化改革也同样选择了一条渐进式道路。其典型表现是，各项改革措施先在较小范围内进行试点，然后再将试点经验向全国推广。[1] 诸如"省直管县"、"乡财县管"等财政管理模式的改革，各地方先在本地选择一些县、乡作为试点，取得较好示范效应后，再逐渐向更大的地域范围推广。早在 1992 年，浙江就对 13 个经济发展较快的县市进行扩权，到 2002 年 8 月，浙江省委、省政府将试点县市扩大到 20 个县级行政区。其持续 10 多年的改革示范效应，带动了其他地区此项改革的进展。自 2002 年以来，先后有安徽、湖北、河南、山东、江苏、福建、湖南、河北等省份，陆续在财政体制等方面试行"省直管县"。

然而，依据制度变迁的路径依赖理论，初始制度选择所形成的锁定效应，会在相当程度上约束着新体制沿着原有路径惯性推进。沿着既定的路径，制度变迁可能进入良性循环的轨道，也可能锁定于既有的非效率路径之下。因此，为化解新旧体制转换过程中的"路径依赖"问题，有必要对公共预算诸环节进行系统化的流程再

---

〔1〕 马蔡琛，李璐. 中国预算管理公共化进程的典型特征与路径选择[J]. 广东社会科学，2009，6.

造。这不仅涉及预算编制与执行等技术层面，还触及立法机构和社会公众的预算决策权、知情权、参与权等民主政治层面的机制性问题。尤其是当前的市场化进程中，公共财政改革处于歧路彷徨之中，预算公共化改革纵深推进的难度进一步加大，或许难以"毕其功于一役"。因此，中国县级预算管理的公共化呈现为渐推渐进的动态演进过程。

6.1.2 传统政治哲学与现实国情的融合过程

任何经济社会体制的转型与重塑，都将受到来自本国历史传承、风俗习惯、独特国情等各方面因素的约束。对于预算公共化这一触及政治、经济、法律、管理等多领域的改革来说，也难以摆脱传统政治哲学和独特国情的烙印。

我国自古就有"皇权止于县"的传统，长期以来形成了高度中央集权和"官本位"的传统，加之在传统计划经济时代，各项权力过多掌控在政府手中。长期形成的"人治"传统和各种政务活动中印刻的浓烈"人情"因素，形成了长期内生化的历史积淀。即使在改革开放 30 多年后的今天，在县级预算管理中也仍然会以种种新的形式显露出来。

县级预算公共化改革要求公共经济活动按照"法治"原则运行，这些难免会与"官本位"传统发生激烈的碰撞。但是，这种碰撞与否定只是表明在社会平稳转型过程中，县级预算改革的公共化进程需要就这些中国传统政治哲学加以审慎考量，而不能呈现为对传统政治哲学的根本性颠覆。

从我国预算制度演进的发展历程来看，与发达市场经济国家预算制度历经数百年的变迁过程相比，即使从萌芽产生算起，现代预算在中国，也仅有大约100年的历史，真正意义上的预算改革更是只有十多年的时光。[1] 所以，中外政府预算在治理水平与技术手段上难免存在较大差距。而市场经济国家许多成熟且先进的预算管理技术，则是在其经济社会发展已进入相对稳定阶段、政府职能界定相对清晰的基础上成型的。这种相对稳定的经济发展构架，为其公共预算管理技术改进和制度优化，提供了较为平稳的运行平台。而我国仍处于经济运行的市场化转型时期，这一现实决定了我国政府职能的调整、预算管理的公共化改革，将是一个相对较长的动态发展演进过程。尤其是县级预算管理部门的人力、财力资源基础相对薄弱，更加制约了县级预算公共化改革向纵深推进的速度。

6.1.3 改革是“自上而下、自下而上”相结合

在20世纪90年代末期之前，我国预算公共化改革的初期，有

---

〔1〕 马蔡琛，李璐. 中国预算管理公共化进程的典型特征与路径选择[J]. 广东社会科学，2009，6.

关预算方面的制度改革与管理创新，大多是由中央政府直接主导的。也就是由中央政府提供制度供给，采取“自上而下”的强制性制度变迁方式。

这一方面是由于计划经济体制下中央政府的高度集权，使得预算管理也是高度集权化的。即使进入市场经济环境，预算改革也是沿着既有的路径运行。在各级政府中，中央政府占据着绝对主导地位，往往以命令颁布者的身份，强制地方各级政府和其他利益相关主体遵守。另一方面，在由计划经济向市场经济转轨过程中，各种矛盾与问题相继出现。所有这些问题难免集中反映到公共财政体系中来，由公共财政承担相应改革成本。加之改革初期一度施行的“放权让利”政策导向，致使减收增支因素过于强烈，财政赤字和国债规模急剧上升，财政日益陷入困境之中。鉴于巨大的财政压力，政府财政体系被迫调整自身活动范围和内容，逐渐退出竞争性和生产性领域，转向满足社会公共需要的民生领域，进而启动了以公共化为导向的公共支出管理变革。

随着市场经济体制的确立，以及公共财政框架的初步构建，单纯依靠“自上而下”的行政力量来推进政府预算改革，无疑是不够的。一方面，随着财政分权改革的推进，地方政府的利益主体意识逐渐复苏，以中央行政力量为主推进改革的实施效果逐步下降。另一方面，随着经济社会转型的日益深化，中央政府自上而下改革的成本也在不断加大。同时，地方政府因事权下移、财权上移而形成的财政资金压力日显突出，地方政府逐渐认识到，不能消极等待上级政府提供预算管理制度创新的总体框架。因此，在比较制度创新的边际收益与边际成本后，部分地方政府开始率先启动了“如何吃好财政蛋糕”的预算管理改革。[1] 在改革取得成效之后，自下而上被中央政府加以认可，然后再由中央政府自上而下将改革经验推广至全国。

我国政府在“十一五”规划中，就曾提出“理顺省级以下财政管理体制，有条件的地方可实行省级直接对县的管理体制”。2009 年 7 月，财政部发布的《关于推进省直接管理县财政改革的意见》中指出：改革的总体目标是，2012 年年底前，力争全国除民族自治地区外，全面推进省直接管理县财政改革。这实际上就是中央政府对一些地方政府进行相关改革的积极回应和肯定。而且，中央政府更主动作为，采取了各项措施，如取消农业税、增加转移支付、增加义务教育支出等，以减轻县级财政的负担。而在浙江温岭等地推行的“参与式预算”，便是地方政府发展基层民主、寻求预算公共化改革新途径的有益探索。

6.1.4 改革是实体和程序分别推进的非均衡过程

从法学角度看，政府预算是具有法律权威的，它能够直接规

〔1〕 马蔡琛.中国预算管理制度变迁的经济学分析[J].税务与经济，2002,2.

范、约束与控制政府活动的范围和方向，将其纳入法治化的轨道。在预算基本法的原则框架下，政府预算分别循着预算实体法和预算程序法两个维度加以展开。[1] 预算实体法主要规定预算资金筹集、分配的方式，预算拨款的方式和负责机构等。而预算程序法则主要规定预算草案提出后的审议环节、各有关机构的审批权限和要求、预算管理机构的职责及其与执法机关的关系；预算审查监督机构的会议活动；控制赤字、削减赤字，全面管理行政机构预算活动的要求等方面。可见实体法强调结果，而程序法强调过程（即为达成这一结果而采用的程序与方式）。因此，政府预算公共化过程中的法治建设，也分别循着实体公共化和程序公共化两条线索加以展开。

然而，长期以来受"重实体轻程序"的现实影响，加之各级政府部门过分强调短期经济发展的现实政绩，而忽视长远发展的规则与程序，在政府预算实体公共化和程序公共化的关系问题上，理论界与实务部门往往更倾向于强调实体层面的预算资金筹集与配置效率等技术路线问题，而对程序层面上"道路规则"的合规性认识不足。这也是造成当前政府预算公共化改革成效不甚明显、推进屡遇障碍的深层原因。

其实，就处于社会转型期预算公共化改革的长远发展而言，建立一个规范政府分配活动秩序的程序正义层面上的"道路规

---

〔1〕 马蔡琛.政府预算管理理论研究及其新进展[J].社会科学，2004，5.

则”体系，[1]远较单纯注重结果的“实体”政绩重要得多。[2] 其原因在于，一旦确立了一种公平且各方均认可的预算决策、审批、执行、监督等程序的“道路规则”，制定了立法机构（人大）和社会公众能够真正当家理财的预算决策程序，即使良好的程序仍旧可能会形成未必满意的预算结果，但作为广为参与的公共选择过程，这种或许欠佳的结果，因其规则的公平，还是可以在相当程度上为社会公众所接受的。浙江温岭、新河等地的“参与式预算”改革，将政府预算信息向社会公众公开，使公众充分了解政府预算的事实根据、形成过程、基本目标、预期成本和效益等等情况，充分考虑并积极采纳公众提出的意见和建议，在很大程度上提高了基层政府预算决策过程的公平、公正，使得预算决策更加趋于理性，并且提高了基层政府预算决策的质量。

6.1.5 以“边角改革”推动“核心改革”

在中国财政体制改革的初期，为与经济体制改革的渐进性相

---

〔1〕“道路规则”原本是指用于确保交通秩序的制度体系，后来美国学者詹姆斯·布坎南借用“道路规则”一词，形容影响政府公共决策方式和行为的根本制度。正如布坎南所指出的，“一场游戏有它的规则限定，而一场较佳的游戏只产生于改变规则。”“在其最一般的含义上，政治的一个功能，就是建立‘道路规则’，这个‘道路规则’使具有不同利益的个人和团体能够追求极为不同的目标，而不至于出现公开的冲突”。本节在此使用“道路规则”一词，用来形容政府公共治理结构的根本制度。进一步论述可以参阅：James M. Buchanan，*Constitutional Economics*，Palgrave，Macmillan and Co. 1987。

〔2〕马蔡琛. 变革世界中的政府预算管理——一种利益相关方视角的考察[M]. 北京：中国社会科学出版社，2010：16.

适应，为减少改革的成本和阻力，财政改革集中在先解决那些难度相对较小或急需调整的制度和事项上，沿着“先收入改革、后支出改革”的路径展开。这种从先易后难的角度出发、率先启动“边角改革”，逐步深化到“核心改革”的策略，是符合中国财政改革的历史趋势与逻辑结构的。

政府预算的公共化改革，因偏重于政府支出方面的安排与管理，属于整个公共财政构架中深层次的核心问题。由于其更多涉及政府内部公共管理和政治民主化、法治化的进程，涉及包括立法机构、财政预算部门、资金使用部门、利益集团和社会公众等各预算参与者之间的利益调整或重构，而成为整个财政改革的核心议题。

政府预算公共化改革要求政府依法规范使用资金，要求预算资金配置的决策、审批、使用过程公开透明，它使得预算决策和运作程序更加民主、公开、科学。这些难免会触动相关部门固化已久的既得利益，改变既有的资金配给“暗箱操作”格局，也将挑战政府部门拥有的非规范化的预算资金自由裁量权。可见，预算公共化改革作为牵涉社会各阶层与利益集团的动态博弈过程，直接且全面地牵掣多方的既得利益。

尽管如此，政府预算的公共化改革体现了市场经济走向成熟的内在要求，其发展趋势是不容逆转的。目前关键的问题是，如何选择可行的改革策略，使得改革的成本尽可能降低，将引发的利益格局振荡降至各方面可以接受的较低水平。市场经济体制改革的“渐进式”演变和公共财政改革的“先易后难”策略，已经勾画了一条相对清晰的预算改革路径。政府预算公共化改革可先从县级财政这一最为基层的预算改革试点开始，从技术层面较为简单的措施入手，以“边角改革”逐渐延伸向涉及利益格局调整等“核心改革”领域，以“边角改革”推动“核心改革”，从而最终完成从县级开始的中国预算公共化改革的历史进程。

6.2 省直管县与县级预算管理

“省直管县”是近年来中国行政体制改革和财政体制改革中的热点问题之一。2009 年 2 月，中央 1 号文件明确提出：“要推进省直接管理县(市)财政体制改革，稳步推进扩权强县改革试点，鼓励有条件的省份率先减少行政层次，依法探索省直接管理县(市)的体制稳步推进。”2009 年 7 月财政部提出的改革总体目标是，2012 年年底前，力争全国除民族自治地区外，全面推进省直接管理县财政改革，近期首先将粮食、油料、棉花、生猪生产大县全部纳入改革范围。

统计显示，到目前，正在实行财政省直管县改革试验的约占全国省市的 2/3。这一改革是国家“十一五”规划的目标之一，随着“十二五”规划的开局，省直接管理县(市)的体制改革开始提速。

6.2.1 "省直管县"的基本含义

任何行政组织都要分成若干管理层次，每一层次具有一定的管理幅度或半径。层次和幅度之间存在反向相关关系，层次级数越多，则每个层次的管理幅度越小；反之，层次级数少，则管理幅度就大。一个国家的行政区划（也包括财政管理层级设置）同样需要分成若干层次。一般而言，层级越多，上下阻隔越远，政令不易贯彻，下情不易上达，中央政府也就越难进行有效管理。因此，从中央集权的角度来看，要求尽量少的层次设置，但受到管理幅度的限制，层级也不能随意减少。中国历代行政区划沿革的核心就是政区层次级数的变化，这一变化集中地体现了中央集权与地方分权之间，此消彼长的演变过程。[1] 从这个意义上讲，财政"省直管县"也是中国未来行政区划改革的一个前奏，其对于包括预算管理在内的整体政府治理结构，必将产生极为深远的影响。

所谓"省直管县"有两层含义：一是省直接管理县财政，就是在政府间收支划分、转移支付、资金往来、预决算、年终结算等方面，省财政与市、县财政直接联系，开展相关业务。即"省直管县"将改

---

〔1〕 周振鹤.体国经野之道——中国行政区划沿革[M].上海：上海书店出版社，2009：34.

变“省—市—县”的三级体制，跳过市一级，转变为“省—市、县”的二级体制，建立省和县的直接财政关系；二是在政府管理体制上实行“省直管县”，不仅在财政体制，在人事权、审批权等各方面的管理权都由省直接跟县打交道，市与县平级。[1]

从目前来看，我国“省直管县”分为四种类型：[2]一是以浙江、湖北、安徽、吉林等省为代表的全面管理型，即从财政体制的制定、转移支付和专款的分配、财政结算、收入报解、资金调度、债务管理等各个方面，全部实行省对县直接财政管理；二是以北京、天津、上海、重庆直辖市以及海南省为代表的行政管理型，这些地区的行政管理层级没有地级市这一中间环节，财政体制自然是省直管县；三是以山西、辽宁、河南等省为代表的补助资金管理型，主要是对转移支付、专款分配以及资金调度等涉及省对县补助资金分配等方面，实行省直接管理；四是山东、广西实行的省市共管型，省级财政在分配转移支付等补助资金时，直接核定到县，但在分配和资金调度时仍以省对市、市对县的方式办理。同时，省级财政加强对县级监管。

结合以往财政改革的经验和教训，这种财政管理体制上的重大调整，将对县级预算管理模式产生重大影响。

1. 收支划分。在进一步理顺省与市、县支出责任的基础上，确定市、县财政各自的支出范围，市、县不得要求对方分担应属自

---

〔1〕 张斌接受《中国新闻周刊》采访，http://www.crifs.org.cn 2009年3月20日。

〔2〕 邓聿文.“省直管县”改革的分权价值[N].北京青年报，2009—08—31.

身事权范围内的支出责任。按照规范的办法，合理划分省与市、县的收入范围。

2. **转移支付**。转移支付、税收返还、所得税返还等由省直接核定并补助到市、县；专项拨款补助，由各市、县直接向省级财政等有关部门申请，由省级财政部门直接下达市、县。市级财政可通过省级财政继续对县给予转移支付。

3. **财政预决算**。市、县统一按照省级财政部门有关要求，各自编制本级财政收支预算和年终决算。市级财政部门要按规定汇总市本级、所属各区及有关县预算，并报市人大常委会备案。

4. **资金往来**。建立省与市、县之间的财政资金直接往来关系，取消市与县之间日常的资金往来关系。省级财政直接确定各市、县的资金留解比例。各市、县金库按规定直接向省级金库报解财政库款。

5. **财政结算**。年终各类结算事项一律由省级财政与各市、县财政直接办理，市、县之间如有结算事项，必须通过省级财政办理。各市、县举借国际金融组织贷款、外国政府贷款、国债转贷资金等，直接向省级财政部门申请转贷及承诺偿还，未能按规定偿还的由省财政直接对市、县进行扣款。

6.2.2 省直管县对县级预算管理的影响

“省直管县”作为健全中央和地方财力与事权相匹配体制的重

要组成部分,无疑将对县级政府的预算管理模式产生重要影响。目前,不少地方财政厅(局)长存在着这样的疑问"有的省光县就有100多个,再加上10多个地市,一百四五十个地方要管,一次全体会议就得四五百人参加,厅里怎么办?"〔1〕

在政府治理的纵向权能配置中,将财力和责任下放给具有比较优势的县级政府是正确的。从财政省直管县到行政省直管县的"试错式"改革尝试,或许构成了改革开放以来中国地方政府预算管理改革最为重要的外部冲击。这对于县级预算管理运行机制将产生何种具体影响,需要深入分析。〔2〕

1. 省级财政的直接管理半径增加,县级预算管理的自主性可能会增强

"省直管县"的模式最早是从浙江省开展的,浙江省从1992年就出台政策措施,开展"扩权强县"改革。〔3〕"扩权强县"的浙江版本,无疑对于行政改革起到了"先试先强"的示范作用。然而,早在2004年笔者在浙江省调研的时候就发现,浙江实行"省直管县"模式的一个重要先决条件是,其是内地(不包括台湾省、海南省和直

〔1〕《新理财》编辑部."省直管县咋管"[J].新理财(政府理财),2009,8.

〔2〕马蔡琛,李璐."省管县"体制下的县级政府预算管理研究[J].经济纵横,2010,8.

〔3〕1982年中共中央发出51号文件,提出实行市领导县体制。这以后,浙江虽在名义上实行市领导县的体制,但除宁波市以外,其他市的县(市)财政和党政一把手直接由省管理,县在事实上"远市"而"亲省"。因此,浙江在事实上没有实施中央文件要求,而是实行了省直接领导县,即省管县的体制。浙江省1992年、1997年、2002年、2006年4次出台政策措施,开展"强县扩权"改革,试图通过体制改革增强县域经济的活力。

辖市)省份中地域面积最小的一个省份。这是浙江省能够顺利推行“省直管县”的重要外部条件。[1]

行政区域的幅员和人口数量是确定行政区划的两个重要依据,《礼记·王制》中所说,“凡居民,量地以制邑,度地以居民”。[2]其实,包括政府治理结构在内的组织内部管辖宽度,是有一定规律可循的。管理过程学派的代表法约尔就认为,上级指挥下属的人数或部门,一般不超过6个,但基层干部直接指挥的人数可以多些。根据美国管理学会调查141家管理良好的公司,大公司的管辖宽度多在8—9人,中等规模的公司多在6—7人。美国通用电气(GE)公司,在韦尔奇任期内平均每个管理者负责7个方面的工作(管辖宽度)。

我国现有32个省级行政单位,加上香港、澳门两个特别行政区一共34个。最多的如四川省下辖181个县,河北省下辖172个县,很多大省所辖的县级政府都有100个左右。在原有的“市管县”模式下,通过省管理大约10个左右的地级市,通过地级市再管理10个左右的县,是大体符合管理学中最优管辖宽度条件的。仍以浙江为例,现今浙江省境内,唐代就已设置10个半州(大体相当于现在的地级市),其中10个州的幅员历时千余年毫无变化,已成

---

〔1〕 其实,海南省早在建省初期就在全国率先实行省直管县的体制,也同样与其省辖地区的面积大小有着直接的关系。

〔2〕 周振鹤.体国经野之道——中国行政区划沿革[M].上海:上海书店出版社,2009:34.

定式。[1]

“省直管县”模式的推广，无疑将进一步导致省级财政管辖半径的增大，省级财政在很多问题上，很可能会面临着“管不过来”的窘境。特别是在中西部的部分省份，交通不便、信息不畅，由省直接管理县，无疑会面临许多现实的困难和问题。这样省级管理机构不得不向县级政府下放大量权力。这在相当程度上，可以进一步拓展县级政府预算管理的自主性空间。

同时，在省直管县后，县级财力衰竭的状况，通过减少管理层级的方式，也将适当有所缓解。因为它抓住了转移支付资金链环节越多，就越容易导致转移支付资金渗漏这一重要问题，在某种程度上避免了市一级对县一级资金的截流、挤占或克扣。因此，至少在“省直管县”改革推行的短期内，县级政府预算管理的自主性将可能有所增强，这为进一步发挥县级预算管理的积极性和主动性、暂时缓解县级政府财政困难，创造了外部条件。

在此需要特别说明的是，本章的分析，以暂不考虑将目前的省级行政区划加以拆分为前提。尽管适当增加省级行政区划的数量，通过“分省”的方式，减小目前省级政府的管辖半径，也是当前时有提及的一项改革动议。但这涉及更为复杂的改革议题，所可能产生的各种影响和社会振荡，已然超越本章的考察范围，在此亦

---

〔1〕 周振鹤.体国经野之道——中国行政区划沿革[M].上海：上海书店出版社，2009：56.

暂存而不论。

2. 通过组织扁平化的改革，有助于减少县级预算管理中的委托—代理环节，减少预算决策信息传递过程中的耗损和扭曲

基于组织扁平化的“省直管县”财政改革，是减少信息扭曲成本等非生产性交易成本的重要举措。正如费雪(2002)所指出的，最优公共产品理论必须与行政管理理论结合起来，过多的政府层级会带来高昂的管理决策成本和信息扭曲成本。[1]

根据委托—代理理论，当权利可以沿着组织阶梯上下移动时，每一位个体(除了在最末水平上的之外)往往既是委托人同时又是代理人。在原有的财政管理层级架构中，从基层的县乡财政到中央财政，由于行政组织的层级过多，而导致预算决策过程中的信息耗损和扭曲十分严重。假设，在政府预算决策过程中，每个环节在贯彻执行中央财政预算政策时都打个八折，中央财政预算政策贯彻到基层的时候，就只剩下40%左右了，其余60%都被折扣掉了。因此，通过“省直管县”的组织扁平化改革，将有助于缩短县级预算管理中的委托—代理链条，减少预算决策信息传递过程中的耗损和扭曲。

3. 县域之间的差异将表现得更加显著，县级预算管理模式的拓展空间和多样性将有所增强

中国县域经济发展的非均衡性，是一种长期制度演化的结果，

---

〔1〕 阎坤. 中国县乡财政体制研究[M]. 北京：经济科学出版社，2006：120.

在短期内难以得到根本性的扭转。从世界范围看，区域发展不均衡也是一个普遍性问题，各国缩小地区差距大都需要相对漫长的历史过程。即使美国这样的发达国家，其南部的崛起也经历了从二战后到 20 世纪 70 年代中后期，大约 30 年时间才大体完成。[1] 这种区域经济发展的非均衡现象，在实行“省直管县”改革后的短期内，仍将十分显著。甚至由于减少了市一级范围内的统筹均衡和协调，在短期内会更加严重。

从我国农村财政支出来看，在东、中、西部之间存在着较为明显的差距，并呈现梯度性的递减态势。[2] 2004 年，我国东、中、西部各地区农村公共财政支出的比重为 0.51∶0.24∶0.25，东部地区的农村公共财政支出规模，超过了中部和西部地区的总和。就支出结构而言，差距最大的是农、林、水利、气象等事业费支出，东、中、西部之比为 0.55∶0.21∶0.24；其次为农业支出，东、中、西部之比为 0.45∶0.27∶0.28，抚恤和社会福利救济费支出，东、中、西部之比为 0.44∶0.31∶0.25。[3] 根据国务院发展研究中心 2006 年对全国 17 个省、57 个县、166 个乡镇、2749 个村庄的典型调研数据显示，东、中、西部集体支出差距明显。西部地区集体支

〔1〕 王崇兴.制度变迁与美国南部的崛起[M].杭州：浙江人民出版社，2002：2－4.

〔2〕 孟景伟.中国农村公共产品的供给与筹资机制研究[D].成都：西南财经大学，2009：69.

〔3〕 胡豹，黄莉莉.新型农村公共财政体系构建的理论与实证[M].杭州：浙江大学出版社，2007：15.

出在5万元和10万元以下的村庄分别占78.1%和87.9%,中部地区这两个支出区间的比例分别为51.1%和74.2%,而东部地区却只占到17.8%和25.4%。东部地区有61%的村庄支出在20万元以上,而中部地区和西部地区的村庄分别只有11.7%和5.6%。东部地区有3成村庄支出超过50万,中部地区和西部地区只有不到1%和3%,差距非常明显。[1] 在典型农村公共产品的供给上,供给主体之间的财力差异水平所导致的农村公共产品供给差异,也同样十分显著(参见表6—1)。

表6—1 分地区典型农村公共产品比较表

	东部地区	中部地区	西部地区
"五保户"集中供养率(%)	55.30	31.16	32.33
行政村卫生室覆盖率(%)	83.93	80.45	73.78
实行新型合作医疗的村(%)	92.58	65.75	58.29
新型合作医疗农户参加率(%)	71.67	51.74	33.70

资料来源:李剑阁:中国新农村建设调查[M],第35—41页,上海:上海远东出版社,2007。

从人均地方财政收入来看,东、中、西部地区差距也非常大。2003年东部地区的人均地方财政收入分别是中部地区和西部地区的2.76倍和2.65倍;而从各省级政府来看,差距更大。人均地方政府财政收入排第一的上海市是最低的西藏自治区的17倍。仅就辽宁一个省而言,地区间发展也极为不平衡。1995—2005

〔1〕 李剑阁.中国新农村建设调查[M].上海:上海远东出版社,2007:21.

年，全省44个县一般预算收入年均增长为10%左右，低于全省平均水平2.5个百分点。县与县之间收入差距较大，近年来，一般预算收入最高的瓦房店市、海城市等，比最低的西丰县、彰武县的收入要高出10多倍，朝阳市所属5个县的总收入不到5亿元，还不如一个县级市海城市多。另外，一般预算收入结构不合理，非税收入比重偏大，难以形成政府可支配财力。[1]

在实施“省直管县”财政改革后，由于各县域之间公共产品和服务水平，在市级层面上的均等化调剂，在相当程度上将有所减少，各县域之间的差异性和多样性表现得会更加显著。这将会进一步导致县级预算管理模式选型上的多元化趋势增强，县级预算在诸多“管理真空”领域，将获得更多的自主决策空间，从而因地制宜地选择“如何吃好蛋糕”的预算改革方式和路径。

6.3 转移支付与县级预算管理

从现实情况来看，中国县级财政预算对于转移支付的依赖性是比较高的。随着“省直管县”改革的不断提速，县级财政预算的一般性转移支付资金比重趋于上升，这对于县级预算决策过程将产生较为深远的影响。

---

〔1〕 苏冬一，姚建.完善县乡财政管理体制推进辽宁农村综合改革[J].财政与金融，2006，12.

6.3.1 中国县级政府转移支付资金的来源与类型

1994年,为了适应市场经济发展的需要,我国推行了分税制财政体制改革,重新划分了中央与地方的税收收入,分设了国税和地税两套税务机关。通过分税制改革,大大提高了中央财政收入,摆脱了分税制前中央向地方借钱的窘境。然而,在分税制设计中,按照“下管一级”的行政惯例,由上级政府来确定下级政府体制,划分下级政府的财权,由此造成财权层层向上集中、事权逐级向下转移。随着中央财政收入大幅上升的同时,很多地方政府,尤其是县乡政府开始出现财政困难。为了减少改革阻力,作为过渡办法,中央决定原来的补助和一些结算事项等继续按原体制运转,地方财政支出中的一部分还由中央财政安排税收返还以支持,由此形成了中央对地方实行转移支付的雏形。

1995年,中央财政开始正式建立转移支付制度。但是,由于中央财政财力紧张、数据资料不齐全等原因的制约,财政转移支付制度只能采取渐次推进的形式,首先实行了“过渡期转移支付办法”,待条件成熟后,再逐步向规范的转移支付制度过渡。[1] 同

〔1〕 高培勇.中国财税体制改革30年研究——奔向公共化的中国财税改革[M].北京:经济管理出版社,2008:107.

时，我国省级政府参照中央对地方政府的转移支付办法，制定了省对下级政府的转移支付办法。

据相关资料统计，县级财政对转移支付资金的依存度达到38%左右。[1] 目前县级政府转移支付资金主要以原体制补助和税收返还、增加工资补助、结算补助、专项补助为主，规范化的均等化转移支付（即一般性转移支付）只起辅助作用，因而具有明显的过渡性特征。而这些转移支付资金来自不同级别的上级政府，包括中央、省和市三级。

1. 县级政府来源于中央政府的转移支付

中央政府对县级政府的转移支付分为两种情况：一是中央直接对县的转移支付；二是中央通过省对县的转移支付。

可以说，县级政府转移支付中的大部分都是来源于中央财政的。分税制改革后，县级财政困难一直成为中央财政重点关注的问题之一。中央每年在一般性转移支付中安排款项，对县级政府进行补助。[2] 如2009年，中央财政安排550亿元一般性转移支付，支持逐步建立县级基本财力保障机制，切实巩固缓解县乡财政困难成果。中央对县的专项转移支付则比较繁杂，金额大小不一，如基本养老保险、兴边富民工程、革命老区等经济社会事业发展项

〔1〕 马昊.我国县级财政转移支付制度存在的问题、原因及对策研究[J].商场现代化，2010，3：93－95.

〔2〕 http://www.mof.gov.cn/preview/mof/zhengwuxinxi/diaochayanjiu/200905/t20090512_141388.html。

目等。

2002 年开始的农村税费改革，使得县级财政收入大幅缩水，县级财政的许多隐性收入随着农村税费改革而不复存在，而其承担的公共服务成本却在不断上升，县级财政潜在风险加大。针对此种情况，中央财政出台了《农村税费改革中央对地方转移支付暂行办法》，地方净减收部分由中央财政给予适当补助，这项转移支付由中央核算到县，也全部补助给县。

2005 年以前，我国大约有 30％的县财政处于困境，中央财政对部分贫困县、市进行了“三奖一补”转移支付。[1] 2005 年至 2007 年，中央财政共安排奖补资金 720 亿元，财政困难县乡已从 791 个减少到了 27 个，困扰多年的县乡财政困难得到根本性缓解。[2]

中央财政对县级财政的转移支付，除了直接对县以外，大部分是通过省级财政对县进行转移支付。通常情况下，中央财政将对县的转移支付资金拨付给省级政府，并要求省级政府确保对县的转移支付资金专款专用。同时，中央财政往往要求省级政府给予一定的配套措施，如《农村税费改革中央对地方转移支付暂行办法》中就规定了“除中央财政转移支付外，试点地区省级财政和有

〔1〕 所谓“三奖一补”，是指对财政困难的县政府增加本级税收收入和对省市级政府增加对财政困难县财力性转移支付的给予奖励；对县乡政府精简机构和人员给予奖励；对产粮大县按照粮食商品量、粮食产量、粮食播种面积等因素和各自权重计算给予奖励；对以前缓解县乡财政困难工作做得好的地区给予补助的政策。

〔2〕 http://www.eeo.com.cn/eeo/jjgcb/2007/08/20/80337.shtml。

条件的市、县财政，都要加大对改革试点的支持力度，通过调整支出结构，减少各种不必要的开支，千方百计安排足够资金支持农村税费改革”。

但是，在中央财政将转移支付资金拨付给省级财政后，个别省级财政往往根据自身的需要，先满足本级支出，然后再下拨给县，这种截留中央转移支付资金的情况，在财政困难的省份更属多见。加上省以下分税制体制建设的严重滞后，转移支付制度本身缺乏透明度、规范性，以及稳定性的增长机制。上级政府对下级政府的各种专项补助，类似“老板发红包”的行为模式，不可预见因素多，透明度比较低。这种由于制度的不稳定性，造成转移支付项目与数额的不确定性，极大地影响了县级预算收入确定性预期的形成、测算和预算安排的独立性。

2. 县级政府来源于省级政府的转移支付

进入21世纪以前，我国大部分地区实行的是“省管市，市管县”体制，在这样的体制下，县级政府的转移支付都必须经过市级财政。短时间来看，“市管县”体制虽然对建设中心城市，发挥了一定促进作用，但从长远看，却未必利于县域经济的发展和县级职能的完善。如市级财政克扣上级政府对县级的转移支付，挪用、占用发展县域经济的资金，导致城市不但没有拉动县域经济，反而加剧了资源流失，甚至出现“市压县”、“市卡县”的现象。于是，在发展县域经济，缓解基层财政矛盾的要求下，各地根据自身的情况，明确县级职能定位和强化县级财政功能为目标，相继推行“省直管县”改革。

省级财政对县的转移支付，是参照中央对地方转移支付的一般思路建立起来的，同样包括税收返还、一般性转移支付和专项转移支付。

以湖南省 2003 年省对县的转移支付为例，从大类结构上看，2003 年税收返还、专项转移支付分别达到了 25.81%和 60.71%，而公共服务均等化转移支付的比重只有 12.88%。[1] 从数据中可见，湖南省对县级政府转移支付中，税收返还和专项补助的比重过大，而一般性转移支付的比重过小，转移支付结构的不合理，不利于各县之间公共服务的均等化。不仅湖南省如此，我国大部分省份对县转移支付，都或多或少存在类似问题。

一般性转移支付是县级政府弥补财政缺口、实现地区间公共服务均等化的重要资金来源。在目前县级财政普遍困难的条件下，一般性转移支付资金过小，必然给县级财政在提供公共服务方面带来不利的影响。而专项转移支付资金的比重，相对占到省对下转移支付的一半以上。专项转移支付在完成上级政府特定政策目标方面，发挥了积极作用，但因很多专项转移支付往往要求县级政府给予一定的配套资金，这就挤占了县级财政提供其他公共服务的资金，甚至在一定程度上加剧了县级财政的困难。

另外，由于各省只是参照中央对地方的转移支付制度，建立省

---

〔1〕 马昊.我国县级财政转移支付制度存在的问题、原因及对策研究[J].商场现代化，2010，3：93－95.

对县的财政直管，而各省在具体执行政策时又方法各异，不尽相同，造成了诸多问题。首先是测算过程的客观化程度不足。有的地方直接使用决算数作为县级标准收入，有的财政供养人口测算标准依据实际在编人口简单调整，有的转移支付系数确定方法单一，未能充分反映地区间的财政困难程度和支出成本差异。其次是计算方法千差万别。既有"因素法"、"基数增长法"，又有"定额补助法"、"来源地返还法"等，各种计算方法政策导向不同，政策之间也缺乏相互协调。此外，对某些测算项目的口径缺乏统一的认识。以各地在一般性转移支付测算过程中，对罚没收入和行政事业收费的处理为例，河北省将其全部计入县标准收入，而山西省只承认 50%，河南省则全部不计入。

3. 县级财政来源于市级政府的转移支付

如前所述，我国正在推进从"省管市、市管县"到"省管县"体制的改革。以前市所辖的县，将有可能大部分划归省直管。而现在县来源于市的转移支付，主要是指直辖市所管的县以及仍未纳入省直管的县。除直辖市所辖的县获得的转移支付资金比较多之外，其他的县获得的市级转移支付资金相对较少。原因在于市级政府还处于经济要素的吸附集聚阶段，没有向县级辐射扩散的能力。

市财政对于县的转移支付类别与前述中央、省对县的转移支付大体相同。而每个市对县的转移支付制度的具体项目却不完全相同。如特定补助包括：农民养老保险、农村合作医疗就业专项资金发放培训券等。在目前市对县的转移支付中也存在着转移支付制度不完善、管理不透明、缺乏法律保护与支撑等问题。

6.3.2 转移支付对县级预算决策过程的影响

1. 预算管理中存在的问题,加剧了县级财政对转移支付的依赖

尽管近年来财政精细化管理已然成为中国公共财政建设的重要发展方向,但在县级预算中,这种精细化管理的趋势并不明显。就绝大多数县级预算而言,其管理模式与手段总体上较为粗放,县级财政的部门预算改革总体上进展不甚理想。主要体现在以下几个方面:

(1)预算编制粗放。大多数县级预算编制较为粗放,缺乏严谨、科学的方法。一是预算编制不细,透明度不够。大多数县级财政预算的编制形式一直采用功能预算,仅列出收支大类,财政资源配置不能显示具体的使用部门和单位;二是财政预算编制方法主要还是采取基数加增长的办法,往往在没有对经济形势和来年新增支出因素进行科学预测和分析的情况下,随意确定收支增幅,甚至编制"不真实"的预算。

(2)预算执行随意。县级预算的编制往往在每年第四季度才开始,距离第二年的预算年度开始,仅有几个月的时间。由于预算编制时间过短、编制不细,使得年初预算形同虚设,年中不得不频繁追加、调整预算。而且不少县级预算调整追加未按照法定程序批准,仅凭县长"批条子",预算执行随意性大。加上一些专项补助的不确定性，为提供上级指定项目的配套资金，不得不在年终对预算进行频繁的调整和变动。在调研中发现，多数县还不同程度地存在挤占、挪用和改变专项资金用途的现象。

(3)预算管理有待规范。许多县级财政为了完成上级政府布置的收入任务，在编制预算时，采用多种应对手段，各种非规范的情形层出不穷，甚至以虚列收入的方式，来平衡持续扩张的支出预算等，导致县级预算管理秩序相对混乱。例如，财政空转就是基础财政预算管理中一种“公开的秘密”，也就是将“列收列支的款项”在财政专户上转一圈后马上支出去，使得已经入库的款项重新办一次入库手续，财政收入可以同数额增加；再如“买税”，将外地税源拉来变成本地的，再采取办法将少收的部分做成支出加以冲抵(这种做法的一种堂而皇之的叫法是“地区间税收竞争”)；还如“垫税”，通过向企业、个人借款等各种方式进行借贷，以完成税收任务。

尽管近年来县级预算管理部门实行“收支两条线”改革，但是还有一些基金、收费等预算外收入项目和部分政府职能部门私设、摊派的制度外收入等，没有完全纳入预算。在我们调研某县财政收入的情况中发现，非税收入所占比例高达 60%多。而且这些预算之外的收入管理，也是极不规范的。

造成县级预算管理粗放的原因是多方面的，除了自身管理不科学、不严谨之外，现行财政管理体制造成的县级预算收入难以准确预测，是加剧县级预算管理无序性的客观因素。

首先，从发达市场经济国家的预算管理实践来看，其较低层级政府的财政预算管理也是相对粗放的。仅就预算收入的预测而言,尽管正规预测方法的效果,要好于简单的经验预测,〔1〕但是较高层级的政府往往可以应用较为科学的预测方法,而较低层级政府的预算收入预测则未必如此。〔2〕例如,在美国,除了较大规模的政府之外,地方政府中的财政预测,往往也是非常不正规的,一般只是在预算或财政办公室中进行。〔3〕在某种程度上,这种预算管理规范化程度,随着政府层级降低而减弱的趋势,也是符合市场经济一般性趋势的。

然而,中国县级预算收入之所以难以准确预测,在现行财政体制下,还有其独特的原因。一则,由于财权上移、事权下移,使得县级政府作为财政层级上的最低层级,缺乏自己的主体税种,加之近年税费改革、农业税取消,更加难以保证县级政府有稳定、可靠且可预期的收入来源;二则,省以下分税制体制建设严重滞后,转移支付制度本身缺乏透明性、规范性,以及稳定性的增长机制。这种由于制度的不稳定,造成的转移支付项目与数额的不确定性,极大地影响了县级预算收入确定性预期的形成、测算和预算安排的独立性。

其次,县级政府部门的垂直管理和财力缺乏,制约了县级财政

---

〔1〕 Stephen K. McNees, An Assessment of 'Official' Economic Forecast, New England Economics Review (July/August1995):13 - 23.

〔2〕 马蔡琛.市场经济国家的预算超收形成机理及其对中国的启示[J].财政研究,2008,11:72 - 74.

〔3〕〔美〕约翰・米克塞尔.公共财政管理:分析与应用(第六版)[M].北京:中国人民大学出版社,2005:520.

预算管理水平的提升。就县级政府层面的部门预算改革而言，由于近年来工商、地税、药监、质监等“强势”政府职能部门，在行政管理体制上，先后纳入省以下垂直管理的治理框架之中。而这些垂直管理部门在扩权政策中定位模糊，各自都有自上而下的一套行政体制和管理方式，既要服务于“块块”，也要服从于“条条”。县级财政预算提供公共服务的完整性被严重肢解，县级政府面对渐呈“残破”的县属政府职能部门，在基本处于“吃饭财政”和“有责无权”的窘境下，其推进部门预算改革的动力和财力，均明显不足。

我们调研的一个县政府共有工作部门25个，而该县的垂直管理部门已有12个，基本上达到了县政府工作部门的一半，而且还有一些半垂直部门，即“双管部门”。垂直管理部门越来越多，使得县级政府自主发展的空间越来越小。据辽宁省财政科学研究所课题组在全省范围内选择的13个县120个乡镇（好中差各三分之一）的无记名问卷调查中，56.3%的被调查者认为垂直管理的模式“弊大于利”，而认为“利大于弊”的为36.6%。[1]

因此，在纵向政府治理结构中，部门预算改革的深化，在县级财政层面上遇到了相当大的阻力。具有讽刺意味的是，也恰恰是由于那些具有执法权和收费权的部门，上划为省级垂直管理，加之农村税费改革后，基层政府的收费项目大大减少，在县级政府层面

---

〔1〕 辽宁省财政科学研究所课题组.后农业税时代县乡财政经济运行情况的调查——基于辽宁财政科研观察点问卷分析[J].地方财政研究，2008，4.

上的国库集中收付制度改革和国库单一账户体系的建设，相对而言较为顺利。也往往成为我们在基层财政部门调研的所谓“亮点”之一。

预算管理中诸多问题的存在，使得收入来源不稳定的县级财政更加捉襟见肘，自然对财政转移支付资金的依赖性逐渐加强。而在现实中，不同类型、不同下达时间的转移支付必然对县级预算决策过程产生很大的影响。

2. 一般性转移支付对县级预算决策过程的影响

一般性转移支付是转移支付资金中最具有均等化能力的一类资金，上级政府不对这类转移支付资金规定具体的用途，下级政府可以根据当地经济发展的需要，或者用于基础设施建设投资，或者为当地居民提供必要的公共服务等。所以，在年初进行预算编制时，县级政府根据上一年一般性转移支付的执行数或上级政府对其下达的预计数，在进行预算决策时倾向于增加本年预算支出，至于增加在哪些支出方面，则由每个县的具体情况不同而异。

然而，由于县级预算编制不规范、不及时，上级政府对县级政府的预算批复较晚，导致实际执行数与预算数不一致，尤其是当实际执行预算时，实际执行数超过了预计数，超过部分的资金是未报人大审批的，这样会导致这部分转移支付资金游离于人大的监督之外。〔1〕

〔1〕 熊玮.规范财政转移支付预算管理的思考[J].华商，2008，6.

另外，上级政府对于县级政府下达一般性转移支付的时点不同，对于县级政府进行预算决策的影响也不同。若是在年初下达的，那么县级政府会根据该转移支付资金额安排相应的支出计划，并将该计划编入预算内。而若是在年中或年末下达，则会使县级政府追加当年支出，或者结转下年，有可能会增大下一预算年度的预算支出额。

3. 专项转移支付对县级预算决策过程的影响

专项转移支付是指上级政府规定了具体用途的转移支付，下级政府须根据上级政府指定的用途来使用该项资金。而专项转移支付又分为有配套的专项转移支付和无配套的专项转移支付。其中有配套的专项转移支付是指在上级政府下达该项资金时，要求下级政府给予一定的配套资金，以更好地完成该项服务；无配套的专项转移支付是指上级政府下达该项资金时，并未要求下级政府提供配套资金。

当上级政府向县级政府下达有配套的专项转移支付时，无疑会使县级政府增加用于该指定项目的预算支出，而且由于需要配套资金，县级政府还需要在原来的预算中特别拨出一部分，用于专项转移支付指定的项目。假定政府当年的预算总量是固定的，那么，当上级政府下拨配套的专项转移支付时，就会产生"收入效应"与"替代效应"。

上级政府对县级政府下拨无配套的专项转移支付时，下级政府将该资金应用于上级政府指定的项目，体现在县级政府预算中则为增加指定项目的预算支出。所以，无配套的专项转移支付对于县级政府来说，只有“收入效应”。

由于县级预算管理中存在预算执行随意性大，预算监管不力等漏洞，县级政府普遍存在挤占、挪用专项转移支付资金等现象。而且部分专项转移支付项目设置交叉重复，多个部门对同一项专项转移支付有分配权，使得下级可以对多个部门同时申请同一项专项转移支付。以四川省为例，参加省级农业资金分配的部门就有省农业厅、省畜牧局等 8 个部门，这些部门均有权安排项目，下级争取资金就向多个部门申请，[1]而且上级政府拨付后也难以跟踪监督，专项转移支付资金是否使用到位不得而知。正是由于这样的漏洞存在，导致“跑部钱进”、“跑厅钱进”的现象愈演愈烈。而在预算执行随意、监管不力的情况下，专项转移支付的收入效应，也许就不再是针对指定的项目，而是移为他用了。

4. 转移支付资金获得方式对县级预算决策过程的影响

县级政府转移支付资金的获得，部分是由上级政府主动拨付的，如中央政府每年都对县级政府拨付一般性转移支付资金，但是由于上级政府与县级政府间的信息是不对称的，上级政府并不很清楚县级政府在哪些方面仍缺乏资金，所以县级政府转移支付资金中的相当部分，是由县级财政部门主动向上级政府申请得来的。不同获得方式的转移支付资金，对县级政府预算决策过程的影响也不同。

---

〔1〕 郭志强，邓朝金. 规范财政转移支付预算管理[J]. 中国财政，2007，4.

由上级政府主动拨付的转移支付资金对县级政府来说，有可能是“雪中送炭”，也可能是“锦上添花”，但都无疑增加了县级政府的资金，会使得县级政府增加其预算支出；由县级财政部门向上级申请来的转移支付资金，对于大部分县级政府来说都是“雪中送炭”。因为县级政府与上级政府间是信息不对称的，只有县级政府最了解当地缺乏的公共产品与服务，而申请所得的转移支付资金也会应用于该项公共服务中，增加的预算支出也是针对某项具体的预算项目的。

然而，由于目前县级预算管理中的漏洞，使得专项资金挪用现象较为严重，而又没有很好的监督和惩戒措施，这样县级政府“要钱”的积极性越来越高。而“会哭的孩子有奶吃”，每个县级政府都会“哭穷”，最“会哭”的县很可能得到更多的转移支付。在这样的情况下，加强对县级政府的预算管理与监督，就显得尤为重要了。

6.4 县级预算改革的路径选择与制度安排

6.4.1 县级预算管理的基本框架应采用“城乡双元式”的治理结构

就中国县级财政预算管理的发展而言，恰好处于“自上而下”

和“自下而上”预算改革的交汇节点之上。中国城乡二元结构的特征，在县级政府层面上表现得尤为显著，在我国的五级政府预算管理级次中，中央、省（自治区、直辖市）、设区的市（自治州）这三级预算涵盖的范围既包括城市也包括农村，但其本级预算在某种程度上更具有城市财政管理的特征（施行“省直管县”后，主要体现为省级财政预算具有相对典型的城市财政管理特点）；县（自治县、旗）、乡（民族乡、镇）这两级预算涵盖的范围主要是广大农村（施行“省直管县”后，主要体现为县级财政预算更具农村财政管理的特点）。

所谓“城乡双元式”预算管理模式的具体含义是：从我国城乡二元经济结构的特点和城乡民主管理具体模式的差异出发，县以下级次（包括县级）的政府预算管理采用直接民主制的形式，由全体民众循着“一致同意”的宗旨与目标，采取“参与式预算”等具体民主决策方式，决定本级政府预算的规模与结构；县以上级次的政府预算（主要是指其本级预算）管理则采用间接民主制的方式，由全体民众选举的代表，以公共偏好为决策依据，最终确定政府预算的规模与结构。

中国政府预算管理之所以需要选择这种“城乡双元式”的发展道路，大体有以下三个方面的原因：[1]第一，现阶段我国城乡之间

〔1〕 马蔡琛，李璐．“省管县”体制下的县级政府预算管理研究[J]．经济纵横，2010，8．

在生产力水平、就业结构、收入水平和消费方式等诸多方面差异很大，加之农村人口占总人口的四分之三，具有典型的发展中国家城乡二元经济结构的特征。现实的具体国情决定了在城乡间的政府预算管理模式上也应有所差别。“城乡双元”式的预算管理模式，或许更符合我国的现实国情。第二，在我国现行选举制度下，县级及县以下人民代表大会代表是经直接选举产生的，具有直接民主制的许多基本特征。[1] 立法监督机构形成机制的直接民主特征，也使得在更加广泛的民意基础上审议和讨论政府预算问题，具有相应的组织基础。第三，预算管理直接民主制从基层政权的逐步推广，也体现了建设民主政治的现实要求。其实，早在抗日战争时期，在延安抗日民主根据地，就曾推行了以普选、直选、平等、自由为原则的“三三制”抗日民主政权组织形式。[2] 在当时农民识字程度还很低的条件下，开创性地采用了“投豆子”来加以计票的选举方式。一些西方学者也就此给予了高度评价，认为这是比英、美国家都要先进的民主，是真正的普选。改革开放以来，以民主选

---

〔1〕 县乡是我国基层行政区划，管辖范围较小，选民相互之间容易了解，人民群众对县、乡两级国家机关及其工作情况也都容易掌握，具备实行直接选举制的基本条件。1953 年我国在乡一级实行直接选举，1979 年扩大到县一级。今后，随着政治、经济、文化的逐步发展，我国直接选举的范围将会逐步扩大，并最终替代多层次的间接选举。有关中国直接选举制度的理论与实践问题，进一步论述可以参阅马耕夫、邹通祥等:《中国选举制度的理论与实践》第 5 章(甘肃人民出版社 1997 年版)的相关内容。

〔2〕 艾义中. 抗日民主根据地民主政治建设的历史经验回顾[J]. 经济社会体制比较，1998，4.

举、民主决策、民主管理和民主监督为基本内容的农村基层民主政治建设全面推进，尤其是农村基层组织所开展的乡镇政务公开实践，使得广大农民真正成为本辖区公共事务的决策者，进一步锻炼与培养了农民民主理财与民主管理的思想意识和参与能力。这为在农村基层政权组织中，引入政府预算管理的直接民主决策机制提供了必要的组织准备。

因此，在中国政府预算管理的“城乡双元”模式下，就乡村政府预算管理而言，可以从基层预算开始，尝试引入参与式预算等直接民主决策的实践。随着经验的积累和农民民主决策能力及预算管理水平的提高，在时机成熟的时候，再在县级政府预算管理中逐步推广直接民主决策机制。

6.4.2 实现统一预算规则下的预算管理多样化，推进“自下而上”的参与式预算改革和“自上而下”的部门预算改革的有机整合

如本章前文所述，由于种种原因的制约，在县级预算管理层面上，进一步深化部门预算改革，即使能够取得某些成效，也至多是形式层面上的。县级政府既缺乏部门预算改革所必需的财力基础和人力资源管理基础，又缺乏相对完整的地方政府公共部门序列。因此，从预算管理的多样性出发，推进“自下而上”的参与式预算改革和“自上而下”的部门预算改革的有机整合，不仅有利于预算改

革的深化,也有利于有效提升财政预算管理的透明度和公开化水平,从而切实推进中国基层民主政治的建设。

从国内各地参与式预算的具体实践来看,并无相对统一且固定的模式。但改革中让尽可能多的公民参与其中,则体现为其共性的特点。[1] 从这个意义上讲,在完善参与式预算改革的过程中,如下"三部曲"的路径选择,应该是较具可操作性的:

第一步,普及预算知识。现代预算产生至今已有几百年的历史,已经形成了一套非常复杂的技术系统。长期以来,中国的政府预算管理也一直因为老百姓看不懂而遭到诟病。其实,看不懂预算不是老百姓的错,也不是政府的错,而是现代预算发展到今天,它就是"外行看不懂"的,这是很正常的现象。因为现代预算系统很复杂,涉及诸多技术性问题,就像我们不会惊讶于普通的、没有相关专业背景的人读不懂关于天体物理、拓扑学的专业著作一样。不过,从另一种意义上来说,作为政府部门也同样有一个职责或使命,就是将这些束之殿堂高阁的预算文献加以通俗地解读,把专业的预算术语转化成浅显的表述,让老百姓读得懂,让人大代表具备审议的能力。

由于专业知识的欠缺,公民参与中的"不作为"和"非规范性作为",都是制约预算参与效果的极大障碍。预算参与的成功,需要民众具备预算知识来保障。在我国,尤其是县级人大代表的预算

〔1〕 马蔡琛,李红梅.社会性别预算中的公民参与[J].学术论坛,2010,12.

管理水平，与满足真正参与预算的要求仍旧存在较大的差距。因此，需要全面普及推广公共预算的基本知识，提升立法监督机构的预算管理权威。因此，同时还要大力倡导推动出版各类通俗易懂、简明扼要的政府预算解读指南等普及性预算读物。

第二步，建立隶属于地方人大系统的预算咨询专家智囊机构。地方人大代表对政府预算问题有一些了解，也还是不大可能拿出大量的时间去钻研每一年的财政预算。因此，设立由资深预算专家组成的预算咨询智囊机构，对于提高立法监督机构的预算治理水平具有重要的意义。这一做法在发达市场经济国家也不乏成功的先例。例如，美国国会就设有专业性的相关研究机构，包括国会预算局（Congressional Budget Office）、国会研究局（Congressional Research Service），以及国会图书馆（Library of Congress）等专业机构。当议员需要了解预算法案的时候，可以从专家库中聘请专家进行系统阐释。设立专业化的预算咨询机构，可以提高预算审查监督水平和政府治理水平，对于参与式预算改革的深化是相当重要的。

第三步，延长人大代表参与预算审议的时间。县级人大财经委员会或预算工作委员会在参与预算初步审查的时候，至多是人代会召开前的一两个月，参与时间过短。某些时候人大代表看不懂预算，事实上并不是预算高深莫测，而是没有足够的时间去研究和发现问题。预算其实就是解决怎样花钱、谁花钱、花多少以及效果如何的问题，这些和家庭理财在基本理念上，是非常相似的。如果人大代表能够有充分的时间和具有使命感的动机去研究政府预算，还是能够看明白一些基本性问题的。

因此，可以结合公共预算支出的主要类型和方向，逐步推行建立人大代表预算审议兴趣小组，就社会广泛关注的重点预算支出项目，引入参与式预算管理的方式，通过民主恳谈等多种方式，推进预算审议过程中的精细化管理。

6.4.3 将土地财政、地方政府债务等纳入县级预算管理的监控视野，构建并完善全口径预算管理体系

早在 2003 年通过的《关于完善社会主义市场经济体制若干问题的决定》中就曾明确要求，“实行全口径预算管理”。《国务院关于 2005 年深化经济体制改革的意见》中进一步指出，“改革和完善非税收收入收缴管理制度，逐步实行全口径预算管理”。回顾近年来国家审计所揭示的问题，可以发现游离于预算管理之外的政府性资金规模，仍旧是不容忽视的，综合预算的改革目标并未完全实现。

目前，游离于预算管理外的政府性资金已成为各部门和单位自身利益的重要组成部分，全口径预算管理改革试图将这部分固化利益“改道引流”，纳入部门预算编制、审批、执行、监督等规范化轨道之中，利益冲突就成为必然。启动于 20 世纪 90 年代中后期的“税费改革”，在经历了 10 多个寒暑后，仍旧乏善可陈，就是一个

很好的例证。

因此,结合县级财政预算管理改革的特点,当前急需将作为“第二财政”的土地出让金收入和各种类型的地方政府性债务,纳入预算管理的监控视野之中,构建全口径预算管理体系。

在此需要加以说明的是,“纳入预算管理”不等同于“纳入预算”。所谓“纳入预算管理”是中国预算改革尚不规范的特殊时期的一种独特现象。“纳入预算”是在政府预算收支表中列出该项目,接受人大和社会监督;而“纳入预算管理”仅是将这笔资金纳入财政专门账户的监控视野,即“收支两条线”,但政府预算报告和决算报表并不详细显示其来源与具体用途。也就是说,“纳入预算管理”只是“钱”进入财政部门视野,但并没有真正纳入预算管理系统之中。这同过去各预算单位“自行开户、自行决定收支”相比,的确是一个很大的进步,但距离最终真正“纳入预算”,还有一个相对漫长的过程。这种“偷换概念”式的所谓“纳入预算管理”,也变相阻碍了中国预算改革规范化的发展进程。

在县级预算管理层面上,由于其管理主体的权威性相对较低,抵制预算外资金纳入预算的部门既得利益,相对较弱。加之农村税费改革后,各种非税收入的规模和范围大大压缩,目前县级财政预算中,相对较为完整的预算外资金主要就是土地出让金和政府性债务资金。因此,以县级财政预算管理为突破口,将全部政府性资金真正纳入预算决策和预算审议之中,切实推进全口径预算管理体系的建设,其难度应该相对较小一些。

6.4.4 预算编制应建立“中期计划”框架,实现周期滚动控制

如前所述,由于县级财政主体税种的缺乏、转移支付制度的不规范和不稳定等诸多财政体制的不确定性,而导致的县级财政收入的不稳定及难以预测,客观上造成县级财政预算管理的粗放与自主权缺乏,并呈现出预算与决策分离的现象。而在县级预算管理中呈现出的种种弊病,诸如,徒有预算之名而由“县长拍板说了算”的预算决策,预算资金在执行中的随意增减,预算编制的粗糙等,都是县级预算管理部门为应对财政体制不确定性,而不得不“救急”解决当前财政困境的短视行为,科学发展所要求的财政中长远规划,在现实中变成一定程度上的“一纸空文”。

我们所提出的“中期计划”框架,是在结合县级政府发展战略规划的基础上,制定一个3—5年的县级政府财政计划,以此加强县级政府年度预算、中期计划与要实现的某种战略目标的整合,既可突出预算的计划导向,加强县级财政管理部门的宏观调控能力,又可将县级政府施政纲要与年度预算紧密联结起来,使得政府各部门更好地规划自己的支出,减少非理性的“年终突击花钱”行为。加强预算资金的使用导向,在基础教育、基本医疗卫生保健和农村公共基础设施等政府施政重点和优先领域,加大财政资金的投入,保证县域经济发展的优先方向。同时,在“中期计划”的总额控制

下增强预算的控制机能，防止额外预算需求，以增进预算过程的可预见性。

对于“中期计划”框架的搭建，我国政府预算编制是有着良好基础的。从 2003 年起，从中央到地方开始尝试编制 3 年滚动财政计划，取得了初步经验。可以在此基础上，改变现行的 3 年财政计划一次编制的做法，实行按年度预算逐年滚动编制。即中期财政计划每年编制一次，每次向前滚动一年，每年都要根据预算执行情况和经济发展及各方面情况变化的最新预测，对有关经济指标和财政收支指标进行调整、修改，从而避免计划与实际脱节，保证政府政策目标和预算执行的系统性、连续性、一致性。〔1〕在我国，县级政府作为基层行政单位，规模相对而言较小，因此，在建立“中期计划”框架，逐年实行周期滚动方面，较之高层级政府而言，有着较大的灵活性和相对优势，施行各项改革措施也相对容易。因此，在周密计划、精心筹措之下，在县级预算编制中搭建“中期计划”框架，逐步实现周期滚动控制，不失为一解决当前县级财政预算管理问题的良策。

有理由相信，随着“省直管县”改革的推进，省级政府管辖半径不断拓展，导致省级财政不得不向县级政府让渡更多的预算决策自主权，县级预算管理模式的多样性空间，将可能逐渐趋于增大。

〔1〕 马蔡琛，李璐. 再论中国公共预算改革的路径选择——基于 PPBE 和规划预算的考察[J]. 甘肃行政学院学报，2009，1.

在“城乡双元式”的预算治理结构框架之下，随着涵盖“土地财政”和“政府性债务资金”的全口径预算管理体系的构建与完善，参与式预算和部门预算管理模式的有机结合，以及预算编制“中期计划”框架的建立和周期滚动控制的逐步推进，中国县级政府预算治理结构的优化和完善，将不会是十分遥远的事情。

马蔡琛　李　璐　孟久儿

第7章　转移支付与县级教育服务

不管是单一制国家还是联邦制国家，政府一般设立三个层级：中央政府（central government）或联邦政府（federal government）行使国家最高的行政权力和职能，区域政府（regional government）在省、州、大区、（日本的）都道府县等行政区划内行使行政权力和职能，地方政府（local government）在县、市、区、学区、特区、町村等行政区划内行使行政权力和职能。

本章研究的中国县级政府就是地方政府的一种，主要是指县、县级市、地级市辖区等县级行政机关。从历史上看，县级政府是我国地方政府中最悠久的一种，其管辖区域和基本职能在两千多年来相对稳定，始终贯彻执行着中央政府和上级政府制定的政策，管理着本区域内的政治、经济、法律和社会事务，表现出持久的生命力和对不同时代的适应性。

在现代社会，地方政府仍然是一个国家行政体系中的重要组成部分，绝大部分的地方政府都承担了向本区域居民提供一种或若干种公共服务的职责。在发达国家，地方政府承担的公共服务职能随着第二次世界大战以来福利国家的出现而越来越多，教育、卫生、社会福利等公共开支不断增加；在发展中国家，工业化和城市化的发展也在基础设施、教育、卫生、市场监管等诸多方面对地方政府提出更多的要求，地方政府公共服务支出在整个政府支出中的比重不断上升；在转轨国家，公共服务同样经历了从计划经济体制向市场经济体制的剧变，地方政府也在进行大规模的公共服务部门改革。

对大多数国家来讲，公共服务所需经费是一巨大的公共财政支出，如何从有限的经济资源中筹措公共服务经费，转化为公共服务，并分配给公共服务的受益者？在这种背景下，地方政府如何充分、公平、有效地实现其公共服务职能，为地方公众提供相适应的公共产品和服务，是各个国家普遍关注的重要问题。

基础教育是基本公共服务中的一种，大部分的基础教育机构由政府负责建立、运营和资助，在当今各国的公共开支中占有相当大的比重。不同国家的基础教育制度具有不同的特点，地方政府（如美国）、区域政府（如德国、日本）或中央政府（如法国）都可能有承担基础教育职能。

在我国，基础教育（包括但不限于义务教育）主要由县级政府承担。县级政府不仅承担着直接管理义务教育的职能和责任，而且承担着教育经费的筹措、管理和支出工作。县级教育财政支出关系到基础教育公共服务是否为公众提供了足够的服务，是否公平地在受益人群中分配了教育服务资源，是否有效地将财政资源配置到教育系统。因此，县级教育财政支出关系到基础教育公共服务的规模、结构和管理，是中国基础教育财政研究的重要课题，有助于我们了解教育公共服务的财政运行状况，并朝着充足、公平与效率的方向改进。

如何在我国这个人口最多的发展中国家为每个适龄儿童提供充足、公平和效率的义务教育，如何为这样一个庞大的基础教育体系提供充足的资源，如何确保每所学校有序和高效地使用这些资源而最终确保每个儿童成功地学习，这是世界性的难题。

在提供教育方面，我国的县级政府一般对应于国外一些国家的学区(school district)。我国的县级政府目前是义务教育的直接管理者，也是幼儿教育、高中教育和职业教育的主要管理者。总的来看，县级政府对教育事业承担了除高等教育以外的大部分责任。因此，对于我国县级政府在基础教育中的功能有必要做深入的探讨。

7.1 基础教育财政制度[1]

7.1.1 变化中的基础教育财政制度

教育财政是政府、学者和公众关注的重点。由于经济增长和

---

〔1〕 卜紫洲.中国县级教育财政实证研究：充足、公平与效率[D].北京：清华大学，2011.

国际竞争越来越依赖知识和人才，世界各国对教育的产品——人才的需求日益增长。在法国、德国、美国、日本等发达国家，经过一两百年的发展，基础教育管理和财政体系已经成型，教育支出也保持在较高的水平，基本实现了人才培养和人力资本积累目标。

但是因为教育的支出需求很大，给政府和公众都带来了巨大的财政压力。多年来各国不断进行探索和改革，以求更大程度地实现充足、公平、效率的教育财政目标。尤其是在 2007—2008 年美国金融危机以来，国际财政和债务危机此起彼伏，许多国家的公共财政面临着削减开支的压力，教育支出也由于规模巨大成为政府试图削减的对象。

基础教育是基本公共服务的主要部分，也是财政需要优先保障的领域。基础教育一般指高等教育以前的教育，主要是对幼儿和青少年进行必要的教育，使他们成长为合格的公民和劳动者。基础教育既包括义务教育范围内的小学和初中教育，也包括可能还在义务教育范围之外的幼儿教育、高中教育以及特殊教育。

为了提供基础教育服务，首先需要将政府和私人提供的教育经费转化为公共服务的能力，即按照人员编制和教师资质的标准招聘教师和其他人员，按照学校建筑标准建立校舍和公共设施，按照教学标准购买课本和教学用具；然后还需要将公共服务能力转化为公共服务的产出，即按照教学大纲开展教学活动，增加学生的知识，提高学生的能力，最终产生高素质的受教育者和劳动力，增加社会的人力资本积累。

虽然大部分国家都建立了基础教育财政体系，然而各国教育支出和分配制度之间的差异却是巨大的。栗玉香(2008)等学者以中央政府对地方政府的行政领导和财政管理的紧密程度为标准进行划分,将基础教育财政体制分为分权型、集权型和结合型三种类型:美国是分权型基础教育财政制度的代表,这种制度有利于调动地方政府的积极性,保证教育支出效果具有适应性和灵活性;但是这种制度也可能导致某些时期一些地方负担过重,地区之间的公平难于保障。法国是集权型基础教育财政制度的代表,这种制度有利于全国统一规划、分配和使用教育资源,保证教育支出效果具有充足性和公平性;但是不利于调动各个地方的积极性,容易产生财政效率损失。英国是结合型基础教育财政制度的代表,这种制度将分权和集权的制度进行适当的结合,可以兼顾两者的优点,但同时也容易在各级政府之间产生博弈和推诿。

长期以来,改革一直是世界各国基础教育财政的共同主题,其中财政分权和转移支付则是基础教育财政制度改革的热点。自20世纪80年代以来,分权化改革在世界范围内逐渐兴起。分权的目标在于克服公共部门的低效率和官僚僵化,贴近服务对象的需求,通过增强公共部门的责任性来改善对公共服务的治理,更好地实现公共服务的充足、公平和效率。

根据文献研究和实地调研的情况,本章形成了第一个理论命题:各国的制度发展(财政分权和转移支付)表现为对充足、公平和效率的调整。本研究将采用比较制度分析,对法、德、美、日等西方主要的发达国家和中国的基础教育财政制度变迁进行分析。

7.1.2 教育财政制度的研究

1. 政府在基础教育中的职能研究

古典经济学认为政府应当部分或全部地承担教育经费。对教育是否应当称为公共经费这一问题的讨论可以溯源到古典经济学的威廉·配第(1963),他在1662年出版的《赋税论》中认为各种学校和大学"教授诵读、写作和算术等科所需的经费"应当算是一项公共经费。许多早期的经济学家论述了政府干预基础教育的必要性,其理由主要有三点:一是对未成年人的保护;二是为取得符合国家整体的利益;三是义务教育市场供给的不足(约翰·穆勒,1997;亚当·斯密,2001)。古典经济学家认为政府应当介入教育,并为教育提供一定数量的经费,以使少年儿童接受基本的教育,为社会的发展培养下一代的劳动者,以适应经济和社会的需要,有利于国家的发展。

公共产品理论从正外部性的角度解释了教育应当由政府提供。在公共产品理论产生和发展过程中,前面提到的古典经济学对教育益处的讨论可以部分地被解释为正外部性。由于教育的社会收益高于个人收益,纯粹的市场就难以避免地存在失灵现象,导致教育的投入和产出都不足,不利于达到帕累托最优,需要政府或其他非市场力量的干预。普拉丹(2002)认为基础教育的正外部性包括三个方面:一是基础教育可以引导人们成为良好的公民,例如减少犯罪行为的发生;二是教育可使家庭成员和社会受益,例如受过教育的母亲能够更多地利用公共卫生设施,她们的孩子具有较低的死亡率;三是教育使私人企业能够较少地承担培训费用,并减少合格员工的搜寻成本。

关于义务教育的产品属性问题,学界仍存在着不少争议,阿特金森和斯蒂格利茨(1994)认为教育从其性质上讲应当归为私人产品而不是公共产品,只是在考虑提供教育方式的效率情况之后,现代社会大多采取公共提供的方式,所以教育只是"公共供应的私人产品"。厉以宁(1995)从教育的供给者和教育经费的负担方式来确认教育的产品属性,认为我国现行的教育产品即教育服务有五种类型,其中义务教育是具有纯公共产品性质的教育服务。王善迈(1997)从教育由非营利的公共部门提供这一特点出发,认为教育产品属于公共产品或准公共产品,不属于私人产品,但是,教育的产品又存在竞争性、可分性,完全有可能通过市场来提供,教育的提供也并不是天然的具有垄断性质。

以 Schultz(1961)为代表的现代人力资本理论将教育看做一种重要的人力资本投资手段,对于经济增长具有重要的推动作用。劳动力和人力资本都是经济增长的重要要素,教育投资可以改善人口质量,提高劳动力的基本素质,改善人力资本积累。20 世纪 80 年代中期,内生增长理论的代表人物 Romer(1986)、Lucas(1988)将人力资本与知识看作是经济增长的要素,人通过接受教育可以提高人力资本的积累,改进技术性劳动,成为一个国家或地区实现长期发展的基石,此外还可以促进知识的进步,因此增加教育投资有利于经济增长。从实证研究来看,教育投资形成的人力资本收益率甚至高于一般投资形成的物质资本收益率，教育在现代社会已经成为经济增长的主要驱动力。Denison(1962)运用柯布-道格拉斯函数对美国1929—1957年的GDP增长率进行分析发现，在美国，GDP年均2.93%的增长率中，其中的0.59%无法用资本变动、劳动力变动、企业规模和投资变动来解释，应当归于知识的进步和应用，与教育密切相关，可以被认为是教育的作用，按照他的假定，增长率中的35%来自教育对经济的贡献。

2. 县级政府在教育公共服务中的职能研究

对于教育公共服务应该由哪一级政府来提供，学术界主要有分权和集权两种理论。分权以Tiebout(1956)的用脚投票理论为代表，主张居民在不同地区的自由流动可以促进地方政府之间的竞争，地方政府只有通过提供更好的公共服务才能吸引居民的支持。对教育公共服务也是一样，好的学区更能吸引家长和学生，获得更多的税源支出，因此学区之间就有动力进行竞争，并提高教育整体的服务水平。集权以Musgrave(1969)的财政联邦理论为代表，主张基础教育的外部性和中央政府的再分配功能，通过一般性的基础教育公共服务防止公共产品投资不足，保证社会效率和公平。

3. 基础教育财政与转移支付

转移支付是被多个国家普遍使用的财政制度安排，主要的应用领域就包括基础教育。转移支付主要解决政府财权与事权不统一的问题。

布朗和杰克逊(2000)指出转移支付制度应当服务于教育有两个理由：一是空间上的外部性，二是促进地区公平。首先，根据庇古学派的理论，补贴性的转移支付可以消除空间上的外部性，促使对教育的公共投资达到理想水平。其次，各地区的教育需求与财政基础可能不完全一致，这就存在财政收入和支出之间出现差异的可能性，转移支付制度就可以促进地区之内或地区之间的公平性。Susanna Loeb(2001)分析了州政府的转移支付的政策效果，对州政府和学区之间分工合作进行了探讨。Addonizio(1991)分析了转移支付可能形成"财政幻觉"，从而对基础教育财政支出产生影响。

4. 教育财政制度分析

财政分权是分权化改革最常见的一种形式。Cheema 和 Rondinelli(2007)将分权化改革分为政治分权、财政分权和行政分权三类，财政分权是给地方政府和公共服务部门更大的财政自主权(更大的收入或/和支出自主权)，表现为中央支配的支出份额下降，地方支出份额上升。

财政分权改革通常会强化转移支付制度。在财政分权的过程中，中央政府也许并不愿意扩大地方的税基或者对分税制度进行调整，而更愿意采用转移支付的方式补充财力。Oates(1969)指出，中央政府向地方政府提供转移支付出于三个方面的动机：一是在控制地方税收的前提下，中央政府通过转移支付增强地方政府公共服务和投资能力；二是在存在外部性的领域，地方政府提供的公共产品低于社会需求，中央通过补贴予以纠正；三是在各地财政收入差异的条件下，中央政府通过资源的再分配实现公共服务财力均等化。王善迈等(1994)研究了教育财政体制中转移支付的重要作用，指出教育转移支付存在一般性转移支付和专项转移支付两种形式。

世界各国存在多种多样的制度，在制度的规制之下进行着多种多样的经济社会活动，也在充足、公平和效率等方面产生了多种多样的效果，制度的重要性已经为学者们所关注。那么别国的制度可以被学习和仿效到本国吗？在博弈的视角下，North(1990)认为不仅正式的法律、产权、合同构成了规则，而且非正式的规范和习俗也构成了规则，这些规则共同构成了制度，并成为博弈的规则。如果本国的非正式规则不能与外来的正式规则相协调，那么别国的制度在我国可能完全丧失效果。因此，仅仅研究各种制度之间的异同和具体做法还不能给我们的改革带来可行的政策启示，还需要进一步研究制度中的非正式规则。

比较制度分析(comparative institutional analysis)是由青木昌彦(2001)等人创造和发展起来的，试图在一个统一的博弈论框架下，分析技术进步、环境变化、政治因素、法律条文、创新实验和文化遗产等方面对制度形成和变迁的作用，而不是简单停留在对制度进行随意的分类。青木昌彦假定在主观博弈模型(subjective game models)中，当参与人行动决策在各个时期相互一致(均衡化)时，他们的信念被证实并作为未来行动决策的指南而不断再生，因此制度被定义为参与人对于博弈实际进行方式的共有信念(shared beliefs)是内生的。博弈的均衡并不意味着单一和一成不变的均衡，博弈模型可能存在多重均衡解，均衡的选择、转化和锁定将高度依赖于模型的设定。制度变迁过程就是参与人协同修正其信念的过程，当主观博弈模型所导致的行动决策未能产生预期的结果，一种普遍的认知危机便会随之出现，并引发人们寻找新的主观模型，直到新均衡出现为止。

7.1.3 青木昌彦制度模型与基础教育财政制度

本章将青木昌彦的制度模型应用到基础教育财政制度上，对基础教育财政制度的形成进行分析。首先，指出在基础教育财政中，制度是关于充足、公平和效率的共有信念。第二，分析了基础教育财政制度的多样性源于共有信念的多样性，即不同国家对充足、公平和效率存在不同的理解和侧重。第三，分析了基础教育财政制度的变迁源于共有信念的变化，源于各国对充足、公平和效率的认识和追求的变化。

1. 关于充足、公平和效率的共有信念

在青木昌彦制度模型中，信念、策略、均衡和信息浓缩是比较制度分析博弈模型中的四个关键概念，经过制约、共同构建、证实和协调四个阶段实现了共有信念形成、维护和改变。

青木昌彦制度模型的信念是参与人对于以往博弈规则和其他参与人的博弈行为的主观认识。对于本章研究的基础教育财政制度，信念是作为参与人的一般公众对于基础教育服务提供方式和费用分担模式的认识，例如教育服务是由公立机构还是私立机构来提供，是全国统一还是各地分别设立学校、制定标准和维持运营，是政府财政还是私人负担教育费用，社会对于现有制度是否认同。参与人的信念制约着其博弈策略。

青木昌彦制度模型的策略是参与人在信念的制约之下形成的

自己的博弈行为规则。对于本章研究的基础教育财政制度、策略是参与人在对基础教育财政的信念之下形成的行为规则,可能普遍接受政府对教育财政进行计划和运营的现实,也可能由个人和团体提出制度、税收、支出等要求,还可能通过"用脚投票"的方式选择新的学校和教育方式。参与人各自的策略共同构建了博弈的均衡。

青木昌彦制度模型的均衡是所有参与人在各自的策略下共同博弈产生的结果。当参与人的信念与其策略一致时,这种状态就是纳什均衡,参与人对别人行为的信念是可维持的,偏离自己的策略是不合算的。对于本章研究的基础教育财政制度,均衡是所有参与人在各自的策略下共同作用而产生的结果,基础教育财政的收入和支出得以进行,参与人得到了相应的教育服务。博弈的均衡将通过证实的形式,加强或削弱参与人对于制度的信息浓缩。

青木昌彦制度模型的信息浓缩是博弈均衡信息和显著特征的总结和概要——每个参与人基于个人经验对博弈进行的方式形成了一个大致的认识,参与人不可能、也不需要了解别人行为决策规则的全部细节,但需要知道所有参与人在行为决策时可能采用的规则的一些显著特征(这被称为信息浓缩或概要表征)。唯有信息浓缩稳定下来,并能不断再生的时候,特定参与人自己的行为规则才能趋于稳定,成为有用的博弈指南。对于本章研究的基础教育财政制度,信息浓缩是参与人对于自己和其他人所承担的费用和享受的服务等信息进行浓缩,对与教育财政的充足、公平和效率进行总结。新的信息浓缩将协调参与人对于基础教育财政制度的信念,并影响以后的博弈。

青木昌彦制度模型的共有信念是参与人认同的博弈规则和博弈均衡，制度能够形成和维持的关键在于共有信念的协调和维持（见图7—1）。制度的稳定性源于共有信念对环境变化的适应性和多种制度之间的关联性。首先，参与人的共有信念系统是制度的基础，制度和参与人之间存在反馈和调整机制，制度能够与参与人的信念进行协调，修正博弈过程中的问题，实现制度的稳定性。其次，多种制度的关联形成了一整套的社会制度体系，各种制度之间存在着统一和协调，制度创新会受到其他相关制度的制约和抑制，使得制度的变化难以进行。

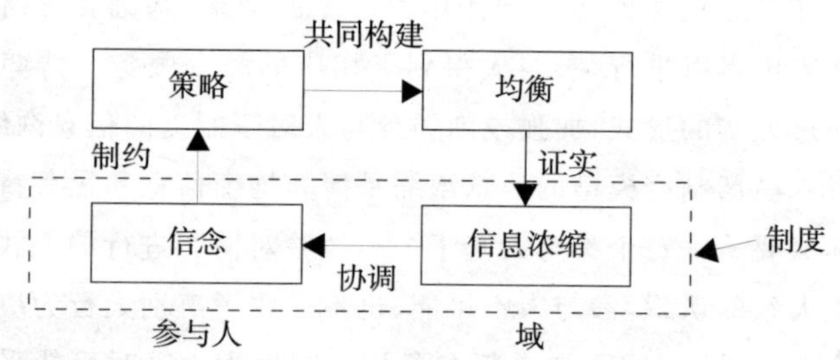

图7—1　青木昌彦模型中制度的自我维持机制

青木昌彦制度模型对于认知危机和新制度的形成都有所阐释，本章对这两方面进行了改进，重构了制度认知危机和新制度形成的两种机制，以图7—2和图7—3的形式进行了更为清晰的描述。

旧制度的危机关键在于共有信念的不能得到协调和维持。制度的形成和维持依赖于社会中参与人的博弈能够持续进行，但是制度的稳定性也是有限的，制约、共同构建、证实和协调的循环过程可能会偏离原有制度的路径。在信息浓缩产生越来越大的变异的时候，参与人的信念逐渐改变，参与人的策略也随之改变，博弈开始不断探索新的均衡。

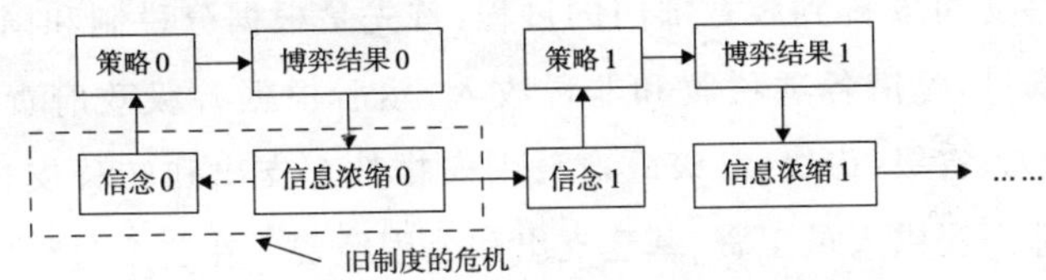

图7—2　制度认知危机的机制

在旧制度的认知危机发生之后，社会中的参与人不断进行信念、策略、均衡和信息浓缩的变化和调整，各种社会主张不断涌现并相互竞争，各种改革、试验不断进行，但是由于还没有形成稳定的共有信念，因此新制度也没有形成和确立。

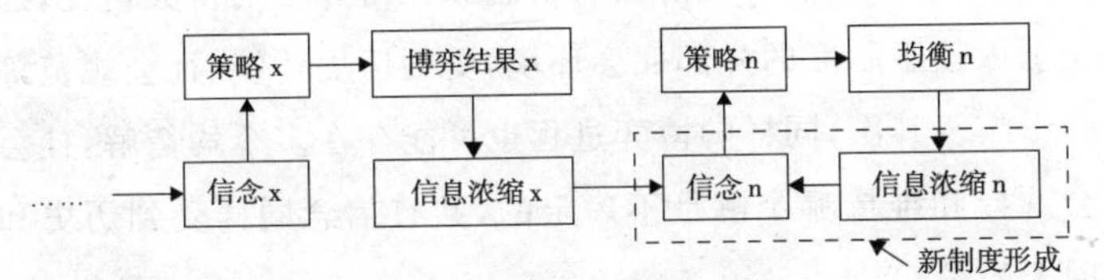

图7—3　新制度的形成机制

随着博弈过程的演进，新的稳定的均衡开始形成。参与人的信念和策略开始逐渐收敛，均衡的稳定性逐渐加强，被博弈均衡所证实的信息浓缩开始重新实现对参与人信念的有效协调，新的共有信念开始发挥作用，新的制度开始形成。

在基础教育财政制度中，共有信念系统是围绕充足、公平和效率三个目标展开的，是三者之间的一种平衡。基础教育的财政支出是财政管理的问题，是一个筹集政府财政收入并按照预算支出和转移支付安排到教育部门的过程，首先是根据分税制和国家预算的安排，筹措各项税收和非税收入；然后根据各级政府责任划分，中央、省级、市级、县级政府分别安排教育支出和转移支付，为教育部门提供人员工资、基建支出和公用经费。在这个过程中，所有的环节都需要问用多少、给谁用和怎么用三个问题，社会公众作为基础教育最终的负担者和受益人始终关系着自己的付出和收益，关心着制度的充足、公平和效益。

2. 基础教育财政制度的多样性

青木昌彦制度模型中，制度的多样性源于共有信念的多样性。首先，制度涉及到参与人的共有信念和在博弈中的得失情况，这些都完全依赖于制度的外部社会环境，受到历史传统、社会规范等因素的影响。其次，同样的博弈过程也可能存在多个均衡解，社会到底会选择和维持哪个解是不确定的，共有信念同样受到历史和社会因素的影响。

各国基础教育财政制度的共有信念在很大程度上受本国行政传统的影响。基础教育财政是政府财政体系的一部分，与政府的组成结构有很大的关系。在现代国家结构上，绝大部分国家采用单一制或者联邦制，拥有一个中央政府或者联邦政府，同时拥有大量的中央政府以下的政府机关或机构。一方面按照行政区划建立或选举各级地方政府，另一方面中央政府也可以直接向全国或部分地区派出工作机关负责某些方面（如税务、教育等）的工作。地方政府同时也存在着多个层级，一般又分为地方政府（local government），如市、镇、县、学区、特区等的政府；区域政府（regional government），如省、大区、州等的政府。

由于历史和政治经济条件，许多国家曾经建立过单级政府负责的基础教育行政——财政体制（见图 7—4）。单级政府负责，是指由单一层级的政府主要负责基础教育体系的行政管理、经费筹措和财政支出，其他层级的政府在法律职责和现实运行中不承担责任。单级负责的基础教育财政体系按负责的政府层级可以分为三种：中央政府负责、区域政府负责和地方政府负责。

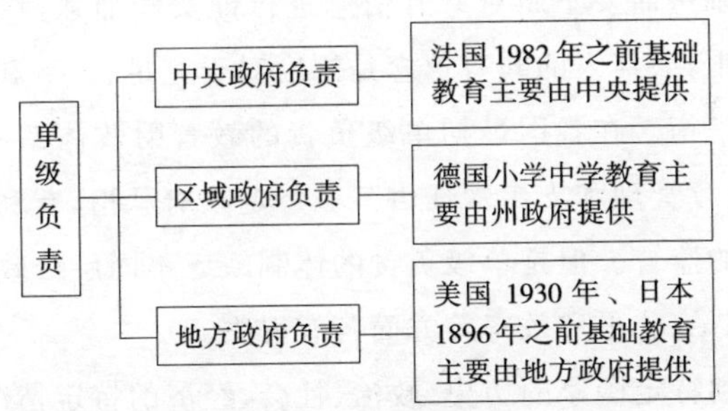

图 7—4　历史上曾经存在的单级负责教育财政体制

历史条件和路径依赖是单级负责的基础教育财政体制形成的必要条件。从法国、德国、美国及日本的发展历史来看，政治传统和行政体系在很大程度上影响了社会中参与人对基础教育财政制度的共有信念，促进了单级负责的基础教育财政体制的形成。基础教育作为重要的公共事务，必定成为政治势力争夺的战场，主导的政治派别必然给国家的基础教育财政体系打上自己的标记。

3. **基础教育财政制度的变化性**

青木昌彦制度模型中，制度的变化性源于社会发展和制度创新。虽然制度存在着稳定性的一面，但是随着经济社会的发展，制度的博弈均衡越来越脆弱，共有信念的认知危机越来越严重。制度变迁是从一种均衡到另一种均衡的移动过程，是参与人的共同信念发生系统性变化的结果。制度变迁是内外两个方面的因素积累到一定阶段的产物，外部因素包括技术创新、战争等因素环境变化，内部因素包括充足、公平和效率缺乏引发的质疑和变异。

制度维持需要不断对共有信念进行证实和加强，在基础教育财政制度中，参与人的共有信念是制度对于充足、公平和效率目标的实现和平衡。在各国最初单级负责的教育财政体系中，责任划分清晰，教育管理和支出责任由某一特定政府承担，有利于立法机构和公众的监督。但是单级负责的体制缺乏不同层级政府之间的配合，在充足、公平和效率等方面各有得失。

具体到特定国家的历史、政治、社会、经济的特定情况，可能会产生不同的平衡。三种单级负责的教育体制之间从理论上并不存在绝对的优势或者劣势，而只是在效率和公平两方面的平衡上有所差异。并且随着社会的发展，在特定的历史时期，同一个国家也可能在不同的模式之间变化。

地方主导的模式通常被认为是最有效率的一种模式，因为地方政府离纳税者最近，社区居民可以直接选举学区董事会或其他管理机构，并近距离地监督学校，提出自己的要求和意见。但是由于各个地区财富的差异性，财产税等主体教育税种在地区之间的差异很大，这种模式会导致地区之间教育的不公平。一些地区税基较小，地方财政资源有限，无法保障最低限度教育标准的支出。出于公平的考虑，由区域性政府（省、州、大区和都道府县等）或者中央政府对这些地区进行外部财政资源的补充是非常必要的。对于1930年之前的美国和1896年之前的日本，基础教育财政的公平问题已经引发原有制度的认知危机，区域性政府进行财政干预和资源投入成为制度变化的主要方向。

区域或中央层级政府负责基础教育，便于制定统一的教育目标和教学标准，统一筹集和配置教育资源，实现较大区域范围内的财政充足和横向公平。但是区域或中央政府主导的劣势在于两个方面：第一，区域或中央政府无法充分了解各个地区的需求差异，不利于实现纵向公平；第二，容易形成教育体系的科层化，不利于形成地区竞争的局面，无法利用用脚投票的机制纠正资源配置的扭曲和体系内效率的损失。对于20世纪七八十年代的法国和德国，基础教育财政的效率问题引发了原有制度的认知危机，削弱官僚体制、提高运行效率的呼声很高，分权化改革成为制度变迁的方向。

4. 作为共有信念系统的财政分权和转移支付

在现代大国中，继续采用单层负责的教育财政体制的情况已经不多见了，不同层级政府之间进行分工和配合是常态，并且分工配合的形式呈现出多样性。目前法国、德国、美国、日本等国的教育财政体系都是同时涉及地方、区域和中央三个层次，按学校分级分类负责（见表 7—1、7—2、7—3）。

表 7—1　各国教育公共支出*（2007 年）　（%）

	基础教育占总公共支出的比例	基础教育占GDP的比例	全部教育占总公共支出的比例	全部教育占GDP的比例
法国	7.1	3.7	10.7	5.6
德国	6.6	2.9	10.3	4.5
日本**	6.8	2.5	9.4	3.4
美国	9.9	3.7	14.1	5.3
中国***	14.3	2.8	16.3	3.3

注：*公共支出还包括了对居民生活成本的财政补助（如奖助学金和助学贷款）。

**日本将中学后的非高等教育归入高等教育一起统计。

*** 中国基础教育支出由《中国统计年鉴》计算而来。

数据来源：Education at a Glance2010：OECD Indicators，《中国教育经费统计年鉴》2008。

表 7—2　各国基础教育公共支出在公私教育机构之间分配（2007 年）

（%）

	公立机构接受的公共支出	私立机构接受的公共支出
法国	84.5	15.5
德国	80.3	19.7
日本	96.4	3.6
美国	99.8	0.2
中国	99.7	0.3

数据来源：Education at a Glance2010：OECD Indicators，《中国教育经费统计年鉴》2008。

表7—3 多级政府负担的基础教育公共支出(2007年)(%)

	初始基础教育公共支出（转移支付前）			最终基础教育公共支出（转移支付后）		
	中央	区域	地方	中央	区域	地方
法国	69.5	15.1	15.4	68.1	16.5	15.4
德国	10.1	72.3	17.6	8.5	68.7	22.8
日本	15.4	67.2	17.4	0.7	81.9	17.4
美国	9.0	40.3	50.7	0.4	1.0	98.6
中国	—	—	—	3.9	—	96.1

数据来源：OECD：Education at a Glance2010：OECD Indicators，《中国教育经费统计年鉴》2008。

转移支付是政府之间的财政资金转移行为，为了在实现税收效率的同时实现收入和支出的匹配，转移支付制度应运而生。转移支付在许多国家都有很广泛的应用，也有很多不同的种类。

如果转移支付只能用于特定的用途，就被称为专项转移支付；如果转移支付支出方不限定资金用途，则被称为一般性转移支付。如果有法律或法规确定转移支付支出方有义务进行特定数量和性质的转移支付；就被称为法定转移支付；如果转移支付支出方完全按照自己的政策需要对转移支付的分配相机抉择，则被称为自由转移支付；如果转移支付支出方对资金的使用效果设定了标准并进行考核，以决定下一期的转移支付数量，则这种转移支付就被称为限定效果转移支付；如果对资金使用效果是否达标不作限制，则是非限定效果转移支付；如果转移支付支出方对收入方有配套资金的要求，就被称为配套转移支付；否则则被称为非配套转移支付。按照转移支付支出项目的性质，又可以分为资本性转移支付和经常性转移支付。

总之，可以对转移支付的支出方和收入方进行法律法规和绩效考核上的限制，以实现特定的政策目标，而教育支出是转移支付的重点，这些种类的转移支付都有使用。

转移支付的规模与财政体制中各级政府收入（财权）和支出（事权）的设定有很大关系。在一个正常运转、效果良好的财政体系中，自有收入和支出的匹配程度越高，转移支付的需求越小；反之亦然。因此，转移支付是一种主导财权的政府向主导事权的政府进行财政资源再分配的过程。如果主导财权的政府和主导事权的政府是一级政府，则转移支付的规模就小；如果主导财权的政府和主导事权的政府不是一级政府，则需要大规模的转移支付以保障公共服务的正常提供（见表 7—4）。

表 7—4 各国基础教育支出的主导政府层级和转移支付规模（2007 年）

	初始支出	转移支付方向	转移支付规模*	最终支出
法国	中央主导	中央—区域	1.4%	中央主导
德国	区域主导	中央、区域—地方	5.2%	区域主导
日本	区域主导	中央—区域	14.7%	区域主导
美国	地方—区域主导	中央、区域—地方	47.9%	地方主导

注：* 转移支付占基础教育财政支出规模的比例。

数据来源：Education at a Glance2010：OECD Indicators。

7.1.4 法德美日国家和中国的基础教育财政制度的变迁

基础教育财政制度受各国历史上的政治条件、行政体制影响，形成了多种多样的共有信念系统，对充足、公平和效率等方面各有侧重。随着经济社会的发展，基础教育财政中财政支出压力大、资金效率低下、教育效率不高等问题越来越严重，促使各国在立法、司法、行政中对现有制度进行调整。不管是统一的中央集权模式，还是分散的区域分权和地方分权模式，原有的共有信念系统都面临着挑战和变革。财政分权和转移支付制度已经在多个国家得到实践，多级政府共同治理成为各国制度的共同特点，各级政府分级分类负责教育标准、收入筹集、转移支付和支出项目，从而更多地实现规模经济、区域公平和资金效率。

1. 法国：中央向地方分权

(1)分权改革之前法国的教育财政制度

法国的基础教育财政制度与其中央集权的行政体制息息相关，其背后的共有信念是对基础教育的重视和对统一的教育机构的信任，在这一制度下，法国基础教育财政的充足性和公平性得到了保障和发展。法国现代中央集权的行政体系起源于大革命和拿破仑一世时期，中央集中管理的国民教育体系也随之逐步建立，逐渐形成了中央政府负责的教育财政体系，包括基础教育在内的教育都由中央教育部门、分支机构和派出机构统一管理，中央政府是基础教育资金的主要提供者和财政负责人。直到1982年法国开始分权化改革，之后，地方政府才开始逐步参与到教育财政体系中。

(2)分权改革之后法国的教育财政制度

随着社会的发展，官僚化的公共服务体系给社会和公众带来了巨大的成本负担，共有信念系统中对统一的教育机构的信任开始变化，开始谋求分权和效率。法国自1982年以来开始进行分权化改革，中央政府向地方政府转移一部分权力和责任，改变了中央政府和地方政府的责任划分。中央政府仍然保留了重要的地位，仍然是教育合理运行保证者，控制着教学框架和课程的设计，保留了对公立学校教师聘任、培训和管理的权力。即使是私立学校，中央政府也拥有教师培训和管理的权力，同时也承担私立学校的运营费用。地方政府则按照层级分别拥有特定的职责：市负责小学(school)，省(département)负责初中(collèges)，大区(region)负责高中(lycées)(见图7—5)。

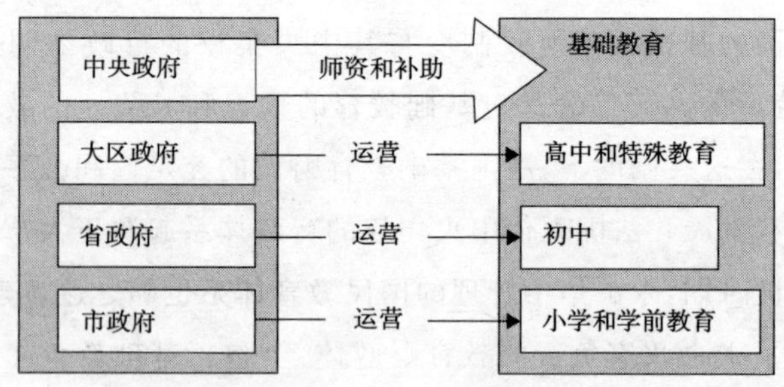

图7—5　法国的教育财政治理结构

(3)财政支出、分类管理和转移支付制度

法国教育领域的财权和事权都由中央政府主导,因此法国教育领域转移支付的规模较小,仅占全国教育财政支出的1.4%,并且主要是中央政府给区域政府的转移支付。

分权改革降低了学校的统一性,但是教师和财力的统一性仍然得到保留。目前法国超过80%的国民教育支出由中央政府提供。国家设立教育部长及教育部长的代表,其职责包括对创建和运营小学、初中、高中所需的资源进行分配,对教师进行训练、派驻和发放薪俸,以及计算机、专业电子器材等教学设备支出。法国的大区政府自2004年以来被授权通过新建、重建、从市政府和省政府等手中接管公立高中、特殊教育机构和海事职业学校。其职责包括高中的建设、重建、扩建、大修、设备和运营,同时还负责非教学人员的聘任和管理。法国的省政府自2004年以来,一方面直接获得原属国家的初中,另一方面通过协议获得原属市政府的初中。其职责包括初中的建设、重建、扩建、大修、设备和运营,同时也负责非教学人员的聘任和管理。市政府负责管理其行政区域内的学前教育和小学,其职责包括小学和幼儿园的建设、重建、扩建、大修、设备和运营。

法国实行严格的支出分类管理。法国中央政府教育部门负责对全国各级学校的教师进行培训、派驻和发放薪俸,区域和地方政府无法干预教师的管理。区域政府和地方政府负责各自管理学校的非教学人员工资和其他费用。由于法国是由过去中央集权的教育体制分权化改革而来，中央政府对区域和地方政府管理学校的建设、运营等方面的支出还有较大程度的补贴和转移支付。

综上，法国的基础教育财政制度的共有信念系统经历了以下转变：(1)充足和公平的基础教育财政制度是共有信念系统的起点和重点，中央政府是基础教育公共服务和财政支出的主要承担者；(2)基础教育财政的负担促使社会公众寻求更有效率的基础教育提供方式，为了满足居民对效率性和多样性的需求，基础教育随着行政体系一起进行了分权化改革，各级地方政府可以分担一些学校的建设和运营职能；(3)基础教育实行严格的支出分类管理，对教师、非教学人员、建设和运营开支实行分级负担和转移支付制度。

2. 德国：坚持以州为核心，扩大学校自主权

(1)以州为核心的教育财政制度

德国的基础教育财政制度起源于以州为核心的行政—财政体制，其背后的共有信念是各州是基础教育财政的核心。德国自中世纪以来邦国林立，直到 1871 年威廉一世就任德意志帝国皇帝才基本完成统一，但是各州相对于中央政府仍然拥有很大的政治势力和自治权力。以后虽然经历了两次世界大战的战败和两德分立的历史变迁，州(Länder)仍然拥有大量的立法权力和行政职能。即使在目前的德意志联邦共和国，联邦的教育职能仍局限于一部分的高等教育、继续教育，州政府才是基础教育的主要提供者和财政负责人。

教育系统的公共财政安排是政治和行政系统决策过程的结果，从而使各种形式的公共支出根据教育政策和目标的要求在各级政府之间得到合理分担。德国的行政层级分为三个层次：联邦、州和地方政府(Kommunen，例如区、区级的市或区内的市)。所有三个层次的政府都参予教育财政支出，但超过90%的公共开支是由州和地方当局提供的(见图7—6)。

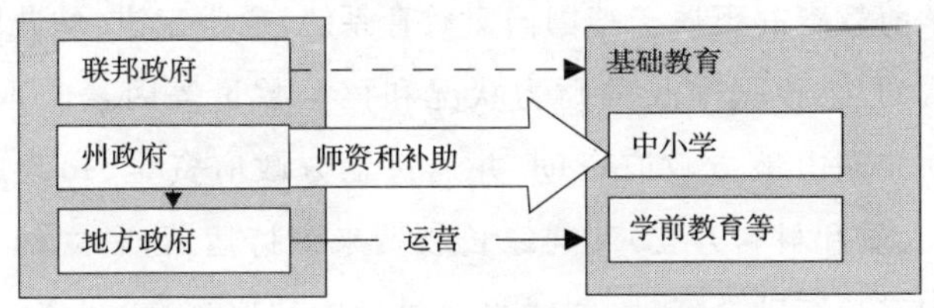

图7—6 德国的教育财政治理结构

公共管理领域现代化的进程正在深入，目的是实现资源更有效果和效率的利用。这个过程的目的首先是消除对资金使用的严格监管以扩大学校的财政自主权。近年来对学校法律的修订增加了学校自己管理预算资金的可能性。

(2)财政支出、分类管理和转移支付制度

德国教育的财权和事权都是由州政府主导，因此教育领域转移支付的规模较小，仅占全国教育财政支出的5.2%，并且主要是中央政府和区域政府对地方政府的转移支付。

目前德国公共财政资助的教育基于以下安排：大多数教育机构由政府资助；他们所需的大部分资金通过公共预算获得直接拨

款;某些接受教育的群体得到国家的财政援助,以维持他们的生活和学习。公立学校是免费的。公立学校系统由州和地方政府共同资助,学校系统公共开支的18%由地方政府负担,81%由各州政府负担。私立学校也可以得到一些来自州政府各种形式的财政支持,用以维持标准的师资和材料开支。州政府或者根据统计数据和学校类型给予一揽子资助,或者按比例进行补助。

学前教育并不属于德国国家教育系统,通常来讲,幼儿园并不是免费的,会根据家长的财力状况和孩子数量等因素收取费用。公立幼儿园由地方政府资助,并通过地方政府资金、州政府资金(用于人员和材料开支)和向家长收费来维持运营;私立幼儿园由教堂和家长互助会资助,同时也通过地方政府资金、州资金(用于人员和材料开支)和向家长收费来维持运营。州政府也可能提供补贴,用于投资、人员和材料开支等。

表 7—5　德国三级政府公共支出分担比例(%,2005 年)

分类	联邦	州	地方政府
学前教育和校外教育	1.3	38.4	60.3
学校	1.3	80.6	18.1
高等教育	10	90	—
继续教育	23.9	61.6	14.5
辅助计划	29.6	36.8	33.6
总计	4.9	74.3	20.8

数据来源:EU:Organisation of the education system in Germany(2008)。

德国有比较清晰的支出分类管理框架。德国的公立学校财政支出中，州教育和文化事务部负责教学人员的工资，地方政府承担非教学人员和材料成本。为了平衡地方当局和州的学校开支，地方当局有些费用（如接送学生往返学校）可以得到州预算的补偿（通常是州的教育部和文化部）。州还可以通过一次性补助帮助地方政府资助学校建设和补贴运营费用。如果学校的招生区域超过了地方政府范围，州政府可以成为这类学校的资助主体，并负责材料开支和非教学人员工资。私立学校也可以得到一些来自州政府各种形式的财政支持，用以维持标准的师资和材料开支，州政府或者根据统计数据和学校类型给予一揽子资助，或者按比例进行补助。

综上，德国的基础教育财政制度的共有信念系统有以下特点：(1)州政府是基础教育基本公共服务的主要承担者，地方政府也可以分担一些基础教育职能；(2)建立了比较清晰的基础教育支出分类管理框架，建立了以州政府为核心的转移支付制度体系；(3)扩大学校的财政自主权，实现资源更有效果和效率的利用。

3. 美国：坚持地方负责，强化州级统筹

(1)从分散到统筹的美国教育财政制度

美国的基础教育财政制度源自分权化的行政—财政体制，其背后的共有信念是对联邦和州政府教育权力实行严格的限制和监管，重视教育财政的充足和效率。在美国，以地方政府为主的教育财政体系起源于殖民地时期，在20世纪30年代大萧条之前，美国超过75%的K—12教育（从幼儿园到12年级）支出来源于地方政

府(学区、县、市)的征税,主要税种是针对土地和住宅等不动产的财产税,保证了学区财政的充足性。在地方政府主导的时代,每个地区自主决定他们的教育支出水平,同时也没有来自州或联邦的补助。美国专业化的学区制度提供了明显的竞争环境,居民很容易通过"用脚投票"的方式选择自己满意的学区,促使各个学区提高自身的财政效率。

但是在偏远地区和农村地区教育财政的税基并不充足,随着困难学区问题的发展,公众开始认识到学区制教育财政存在公平性的问题,开始逐步认同州政府的财政统筹作用。根据美国宪法,教育没有划归到联邦政府的权力责任范围,州政府名义上是教育的负责者,但实际上在20世纪30年代之前很少介入教育事务,完全放权给地方政府。由于各地区税基的不同,地方税收入对本地教育的支持能力也不同,因此跨地区的教育支出差异很大。从20世纪30年代早期开始,州和联邦在教育支出中的份额迅速上升,在20世纪50年代至70年代早期,州政府的支出份额已经达到了40%。

到20世纪70年代,教育投入公平性成为各州高级法院对州宪法的争论焦点,这促使了各州政府开始第二轮教育支出增加的进程,到1979年州政府的教育支出份额第一次超过地方政府。目前已有30多个州承担了较重的教育支出责任,年均投入甚至占到了各州年均预算支出的一半以上。相应的,地方政府自有收入用于教育支出占全部教育支出的份额已经下降到50%以下。

而联邦政府早期的教育投入是非常有限的,从20世纪60年代的 Head Start 和 Title I 等项目及 70 年代的农业部“免费午餐”项目以来，才开始逐渐增加联邦教育支出。但是这些支出对于教育项目和课程而言只是纯粹补助性的，而不是强制性的。2001 年的《不让一个孩子落伍》法案(NCLB)使联邦政府开始介入到教师和工资的主导中来，联邦资金投入开始对测试成绩有要求，并对预期效果设置相应的激励和惩罚(见图 7—7)。

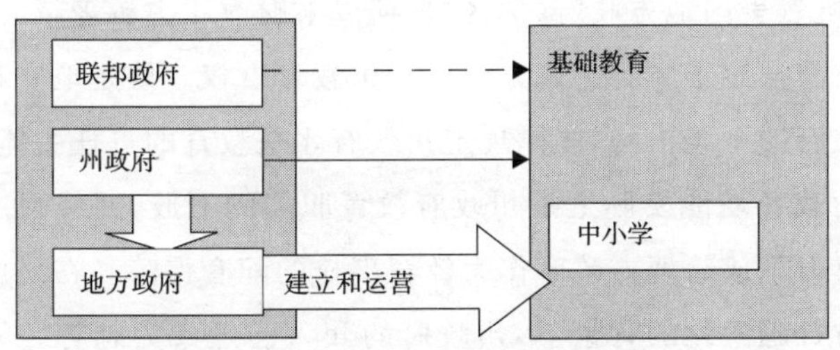

图 7—7　美国的教育财政治理结构

美国长期以来具有很深的地方自治、市场主导和分权的公共管理传统。教育通常被认为是州政府的责任，并且教育的执行绝大部分又被州政府下放给地方政府来承担。美国社会对联邦政府在教育中的作用还存在着迟疑，因为虽然联邦资金有助于增加教育支出的充足度，但是也会对州政府和地方政府的行为产生干预和扭曲，从而影响地方的教育自治。而这一点在最近几年各州和地方财政困难的条件下更是被广泛地讨论。

(2)分类支出管理和转移支付制度

美国不存在清晰的支出分类管理体系。教育财政的支出项目由地方政府接受中央政府和区域政府的转移支付后统一安排，基本没有多级政府的分工负责。美国的公立学校绝大部分由学区和其他地方政府负责，学区的委员会全权负责辖区内学校的财政管理和行政管理，联邦和州会有一些特定用途的补助，但是教师工资、设备材料、基础设施和运营支出绝大部分都由学区具体管理。

相比于法德日三国，美国转移支付的情况有很大的不同。一方面，虽然美国地方政府（学区）长期以来财政压力越来越大，但是到目前为止还是主要由地方政府承担教育事权。但是地方政府只是州政府的下属机构，法律规定州政府才是教育的责任主体，地方政府的教育职能实际上是州政府教育职能的下放，并将财产税的征收权力下放给地方政府作为教育事权的配套保障。在财产税模式矛盾日趋激化的背景下，州政府的介入已经成为趋势。另一方面，美国社会对联邦和州的权力向下扩张一直抱有抵触情绪，即使不得不借助联邦和州的财政资助，削弱地方政府的教育事权还远远没有取得共识。因此，美国的财权和事权的不匹配程度远远超过了法德日等国，转移支付规模占全国教育财政支出的 47.9%，主要是州政府和联邦政府对地方政府的转移支付。

综上，美国的基础教育财政制度的共有信念系统有以下特点：(1)地方政府是基础教育基本公共服务的主要承担者，尽可能限制政府的权力，用财产税和“用脚投票”保障教育财政的充足和效率；(2)社会各界对于各州宪法规定的教育公平和充足进行越来越多的争论，州政府在转移支付体系中发挥越来越大的作用；(3)联邦政府开始尝试介入教育财政，但是仍然受到很大的质疑。

4. 日本：增加地方自主权

(1)中央、区域和地方三级政府共同参与的教育财政制度

日本的基础教育财政制度最初以地方为主，由政府财政保障教育财政的充足。日本的现代教育最早起源于幕府末期日本向西方国家开埠，从那时起日本开始接受西方教育的影响。随着明治天皇的掌权和削藩的成功，日本建立了单一制国家体系下的都道府县一级区域政府，并建立了统一的国民教育体系。最初的基础教育费用主要由市区町村一级的地方政府负担。

日本在20世纪50年代开始更新教育财政体系，加大了中央政府和都道府县等区域政府的财力干预，进一步保障了充足性，并且提高了公平性。为了减少地方财政困难和地方支出波动的影响，日本先后通过《义务教育国库负担法》建立了中央政府财政负担部分义务教育教师工资的机制，通过《公立义务教育学校教职员人员编制和班级组织标准法》逐步实现标准的班级规模和师生比例，通过《理科教育振兴法》、《学校图书馆法》、《教科书法》、《学校给食法》、《学校保健法》、《学校安全法》确定中央政府对图书、科研和教学设施、饮食、体育、保健、灾害防护的担负和补贴，通过《偏僻地区教育振兴法》、《盲、聋及残疾人学校就学奖励法》保障教育在区域和人群中普遍公平。

在2004年以来，日本开始新的分权化改革，增加都道府县的责任，扩大地方政府和学校的自主权，提高教育财政的效率和多样

性。新改革中，市区町村和学校拥有了更多地自由裁量空间，将人员编制和班级组织等权限下放给地方政府，而中央政府更多地负责课程设计、教师培训、资金保障、教育评估等基础性工作（见图7—8）。新的体制继续保持了中央和地方共同负责的公共义务教育财政体系，但是中央政府的份额有所下降，都道府县的份额有所上升。从 2003 年到 2008 年，从日本三级政府教育支出份额来看，都道府县一级的区域政府支出占全部教育支出的比重从 46%上升到 52%，市区町村一级的地方政府从 32%下降到 31%，中央政府从 17%下降到 12%。

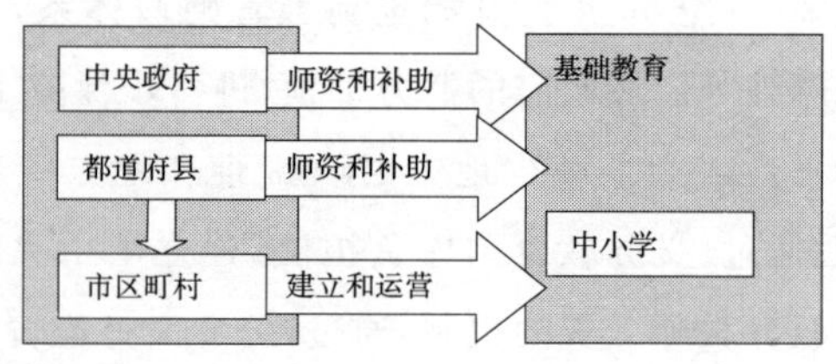

图 7—8　日本的教育财政治理结构

(2)财政支出、分类管理和转移支付制度

日本的义务教育以政府支出为主，家庭的支出负担大约只是公共教育支出的 20%。大多数的小学、初中、特殊学校由地方政府开办，但是法律规定中央政府与地方政府共同分担义务教育支出（见表 7—6）。

日本中央政府的文部省（文部科学省）负责教育框架、目标和标准的制定及实施，保证均等的教育机会、优良的教学水平、免费的教育服务。各都道府县的教育委员会负责区域内的调整和协调，市区町村的教育委员会负责义务教育的具体实施。

表 7—6　日本中央和地方教育支出分担比例(%,2003 年)

分类	中央政府	地方政府
学前教育	2.9	97.1
义务教育	26.9	73.1
高中教育	0.8	99.2
高等教育	85.6	14.4
教育行政	59.1	40.9
总计	33.1	66.9

数据来源：日本文部科学省：日本教育概览，2006。

日本的教育财权和事权由区域政府主导，但是中央政府也分担较多的支出责任，例如法律规定中央政府必须承担部分教师工资等，所以日本的转移支付相对于法国、德国来看更大，占全国教育财政支出的 14.7%，主要是中央政府对区域政府的转移支付。

日本也有比较清晰的支出分类管理框架。日本的教育财政支出项目由多级政府的分工负责明显，中央政府和区域政府分别干预地方支出项目。日本中央政府和都道府县各负责公立学校教师工资的一半；当地方政府修建或者改善公立小学或初中的设施时，中央政府也必须补贴其中的部分费用；另外，中央政府还需要对地方政府承担的学校教学活动开支进行多种形式的补助，例如免费教科书和对私立学校的补助。

综上，日本的基础教育财政制度的共有信念系统有以下特点：

(1)中央、都道府县和市区町村共同组成了基础教育财政体系,多级政府共同负担教师工资和学校运行经费;(2)支出标准和转移支付体系健全,对都道府县和市区町村的转移支付规模很大,保障基础教育财政的充足性和公平性;(3)中央加强标准制定和教育评估,对扩大市区町村和学校的自主权,提高基础教育财政的效率。

5. 中国:从责任下移到以县为主

县级政府是地方政府的重要组成部分。两千多年来,长期持续和稳定地作为国家结构的基本单元而存在,它一方面承担着对中央政府、上级政府所制定政策贯彻执行的任务,另一方面承担着对本地域内的政治、经济和社会事务管理的任务,保持了持久的生命力和对不同时代的适应性。

在我国,县级政府不仅对义务教育等拥有直接管理的职能和责任,而且承担着大量教育经费的筹措、管理和支出工作。因此,在中国基础教育财政的研究中,县级教育财政支出是关键。对县级教育财政支出的研究有助于我们了解基础教育公共服务的财政运行状况,并朝着充足、公平与效率的方向改进。

(1)1954—1978 年,逐渐分权的中国基础教育财政制度

从 20 世纪 50 年代中期到 20 世纪 70 年代末期,中国基础教育财政体制改革的基本倾向是向地方政府下放权力,地方的财政权限和管理权限也越来越大。50 年代初,教育的事权和财权控制在中央、大行政区两级,以中央为主,以后逐渐下放,到 80 年代,基础教育管理权限一直下放到县(市、区)、乡(镇)级,村虽然不是一级政府,却也负担起兴办、管理小学的任务(见图 7—9)。

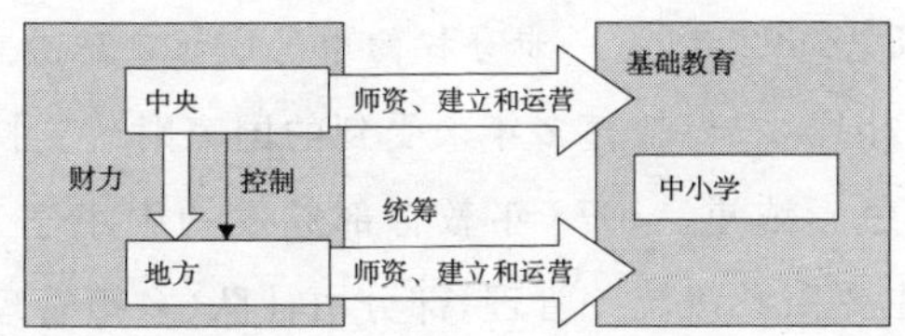

图 7—9　1954—1978 年中国的教育财政治理结构

(2)1978—2006 年，财政保障的中国城市基础教育财政制度

在基础教育的实施和投入方面，城市和农村存在两种不同的模式。1986—2006 年的《中华人民共和国义务教育法》(2006 年修订之前)规定，城市义务教育以市或者市辖区为单位组织；城市依法征收的教育费附加，纳入预算管理，由教育主管部门统筹安排，提出分配方案，经同级财政部门同意后，用于改善中小学办学条件；城镇实施义务教育的学校新建、改建、扩建所需资金，由当地人民政府负责列入基本建设投资计划，或者通过其他渠道筹措。2006 年《中华人民共和国义务教育法》修订以后，城市教育全面纳入财政保障范围(见图 7—10)。

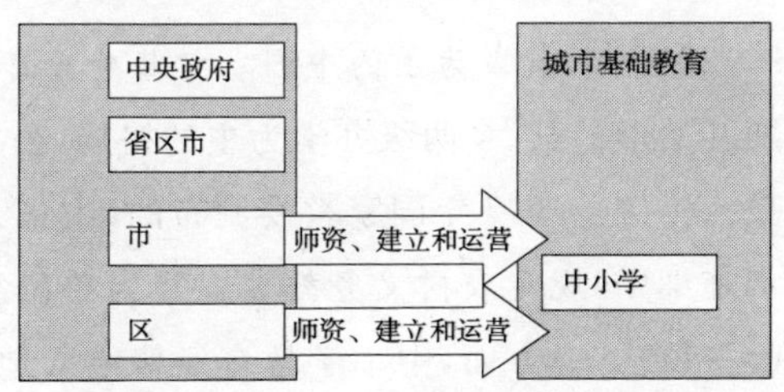

图 7—10　1978—2006 年中国的城市教育财政治理结构

(3)1978—1992年，进一步分权的中国农村基础教育财政制度

与城市相比，农村教育多年来受到的国家财政支持较少，农民自己办教育色彩浓重。1978年教育部颁发的中小学工作条例指出，中小学主要由县级统一管理，部分由社队(乡镇管理)。

这一时期的农村基础教育形成了县、乡、村三级办学的格局，公共财政在农村基础教育领域出现了明显的缺失。1985年，中共中央发布了《关于教育体制改革的决定》，在管理体制上“实行基础教育由地方负责、分级管理”，开始实行“省办大学，县办高中，乡办初中，村办小学”的财政投入体制(见图7—11)。

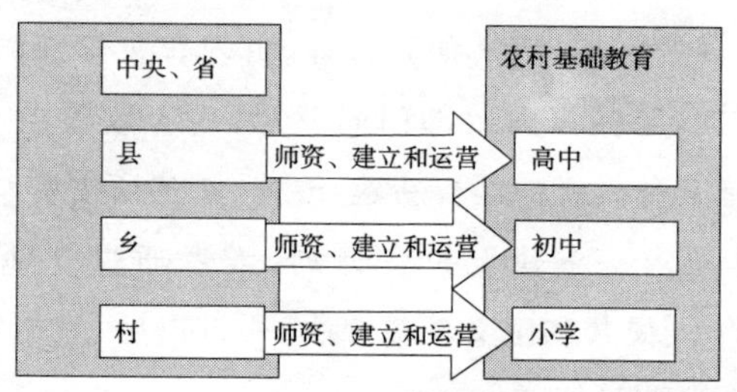

图7—11　1978—1992年中国的农村教育财政治理结构

(4)1992—2001年，县乡为主的中国农村基础教育财政制度

这一时期开始形成县、乡两级办学为主的格局，公共财政对农村教育仍然投入不够。1992年国家教委颁布的《中华人民共和国义务教育法实施细则》规定农村义务教育以县为单位组织进行实施，并落实到乡(镇)。一方面，中小学教育经费纳入地方预算，由地方财政拨款为主，中央和省级专项补助为辅，乡(镇)一级财政开

始建立，乡（镇）政府作为中小学教育的管理主体综合实施事权和财权；另一方面，长期以来实行的办学经费绝大部分由政府包下来的教育经费投入体制发生了很大的变化，“多条腿走路”成为筹措教育经费的新格局开始逐渐形成，各种形式的捐资、集资活动，城乡教育费附加的开征为教育经费增添了新的来源渠道（见图 7—12）。

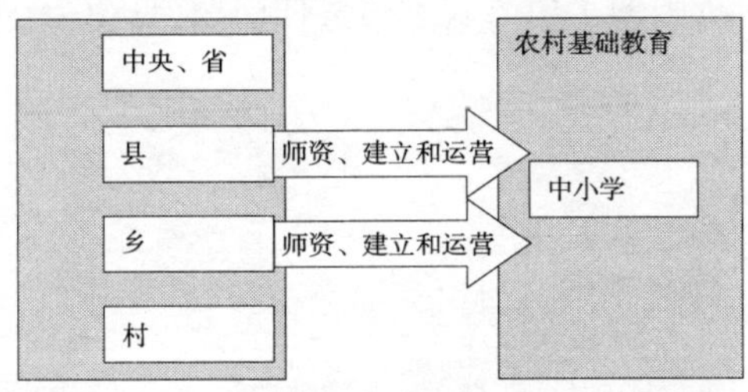

图 7—12　1992—2001 年中国的农村教育财政治理结构

（5）2001—2006 年，以县为主的中国农村基础教育财政制度

这一时期开始形成以县为主的基础教育财政体制，公共财政开始以转移支付的形式发挥重要作用。2000 年至 2003 年，中国进行了农村税费改革，取消了“三提五统”等收费项目，减轻了农民负担，但是也削弱了乡镇的财政收入，在转移支付不到位的情况下，基础教育的经费明显吃紧。

为了保障县级政府的基础教育财政能力，国家先后出台了多项政策，包括《国务院关于基础教育改革与发展的决定》（2001 年 5 月）、《国务院关于深化农村义务教育经费保障机制改革的通知》（2005 年 12 月）、《中华人民共和国义务教育法》（2006 年修订）。

这些政策和法律把义务教育管理体制由原来的“三级办学，两级管理”转变为“以县为主”，对农村义务教育经费投入实行“明确各级责任，中央地方共担，经费省级统筹，管理以县为主”的新机制，使义务教育的责任主体（包括农村中小学教师工资的管理）由原来的乡镇政府上升到县级政府，突出了省级政府对义务教育进行统筹规划的责任，也强调了中央政府的责任问题（见图 7—13）。

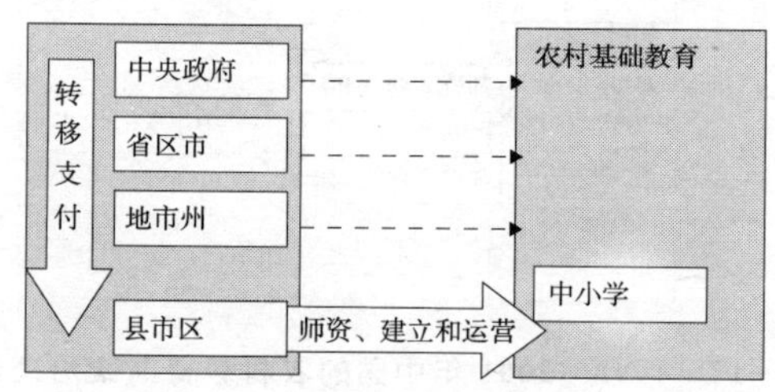

图 7—13　2001 年以来中国的农村教育财政治理结构

至此，1985 年以来逐步下放的基础教育管理责任，又逐步向县级政府和省级政府回归。

综上，中国长期以来形成的基础教育财政制度共有信念系统具有以下特点：1.政府提供基础教育公共服务；2.在经济发展水平较低，财政资源不足的时期，为了达到基本的充足水平，公办民助成为了现实选择，学校和教师主要由政府负责，经费主要由当地居民以教育费附加的形式间接承担，由家长以学杂费的形式直接承担；3.随着经济的发展和财政包干、分税制等制度的实行，财政资源的充足程度普遍提高，各地区的差异化发展越来越显著，一些地区已经通过各项税收基本解决了充足问题，基本实现和普及了公办公助，而另一些地区的充足问题还很严重，由此促使公平问题成为政府和社会的重点关注；4.1993年的分税制确定了中央政府和省级政府的财力划分，在此基础上通过转移支付制度，中央可以调节各省区之间的财力水平，直接或间接地解决地方教育财政公平问题；5.当前省以下分税制度和转移支付制度还没有完善起来，对于县级教育财政充足和公平的调节仍然存在相当大的自由裁量和博弈空间；6.我国的预算制定、经费拨付、资金使用等环节上还存在多种多样的问题，随着我国民主化、信息化程度的提高，教育财政的配置效率和规模效率逐渐成为财政改革的重点。

7.1.5 中国基础教育财政支出的规模与结构

1. 县(市)教育财政支出占GDP比重显著提高

县级教育支出占当地GDP的比重的变化趋势因城市和农村而有所不同。县级政府教育支出占当地GDP的比重在1998年有所下降，之后迅速增长并在2002年达到了顶峰，市辖区在2002年之后出现明显的下降态势，而县级市和县在2002年之后仍基本保持稳定或出现反弹。虽然近年来财政收入快于GDP的增长，但是对于县级政府来讲，要保证教育支出维持在较高的水平十分困难。

市辖区和县级市的县级教育支出占当地GDP的比重在1%—1.5%之间，而县的比重较高，在1.5%—2.5%之间。1997年以来，市辖区的教育财政支出占GDP的比重并没有显著上升，县级市提高了约40%，县提高了约60%（见图7—14）。这背后的主要原因应当是2000年之后转移支付制度的差别化实施，重点关注财力薄弱地区和农村地区，确保这些地区的财力达到本地GDP限制水平之上。

根据全国县级政府的一般预算支出数据可以看到，一般预算教育支出普遍占到市辖区、县级市和县政府一般预算的20%以上，而三者之中又以县比例最高，县级市居中，市辖区最低。这说明越是城市地区，县级政府的财力越充裕，越是农村地区，县级政府的财力越拮据（见图7—15）。

县级政府一般预算教育支出占一般预算支出合计的比重基本上是在缓慢地下降。这说明一方面，教育是县级财政的大头，另一方面，县级政府在财政支出安排上对教育支出进一步增加乏力甚至削减（见图7—16）。

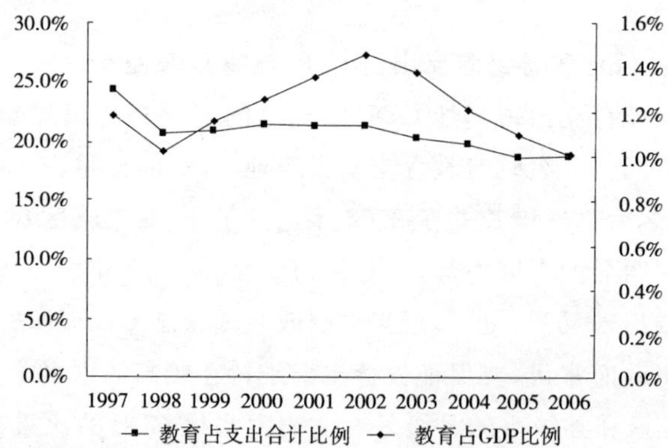

图7—14　历年全国市辖区一般预算教育支出占财政支出和GDP的比重

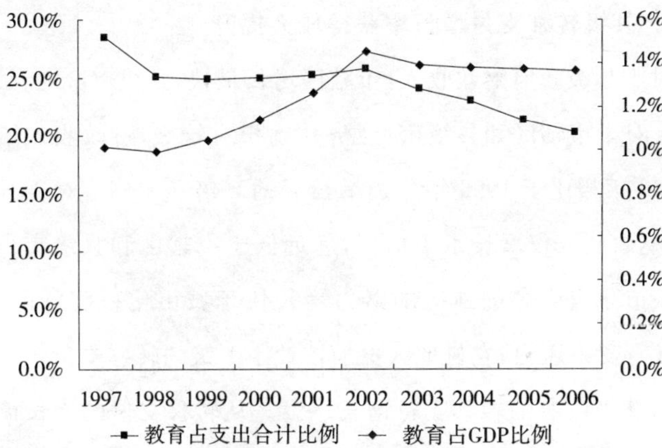

图 7—15　历年全国县级市一般预算教育支出占财政支出和 GDP 的比重

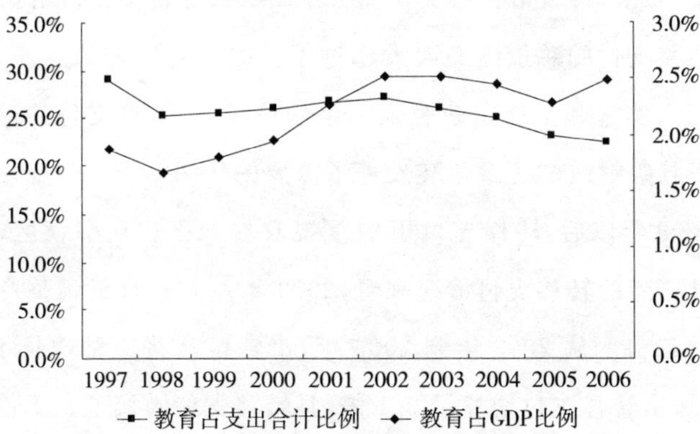

图 7—16　历年全国县一般预算教育支出占财政支出和 GDP 的比重

2. 县级转移支付增长率获得较大提升

对于县级政府财政收入，市辖区增长最快，县级市次之，县增长最慢。对于市辖区和县级市，经济基础相对较好，财政收入增长迅速，2006 年相比于 1996 年分别增长了约 6 倍和 4 倍。对于县政府来讲，财政收入仅增长了 1 倍多，远远低于市辖区和县级市。这说明以城市化程度高的地区的财力增长快于城市化程度低的地区。面对教育支出压力，农村地区更加依赖于上级的转移支付。

对县级政府的转移支付增长迅猛。从转移支付的增长情况中可以看到，1998 年之后，转移支付增长开始快于教育支出，2003 年左右又有一个大的提速。从 1996 年到 2006 年，市辖区转移支付增长了 16 倍，县级市转移支付增长了 14 倍，县转移支付增长了 12 倍。转移支付的总量已经大大超过了县级教育支出的总量，在分税制深入实施和县级财政收入不足的情况下，转移支付的迅速增长对于县级财政的正常运转发挥了重要的作用。

2003 年以后，转移支付更加重视农村地区。从市辖区、县级市和县三者的转移支付情况来看，2003 年左右的政策调整产生了不同的趋势。从 2003 年到 2006 年，市辖区转移支付增长了 2.4 倍，县级市转移支付增长了 3.1 倍，县转移支付增长了 3.1 倍。这说明 2003 年之后，我国的转移支付政策开始加大对农村地区的投放力度(见图 7—17、7—18、7—19)。

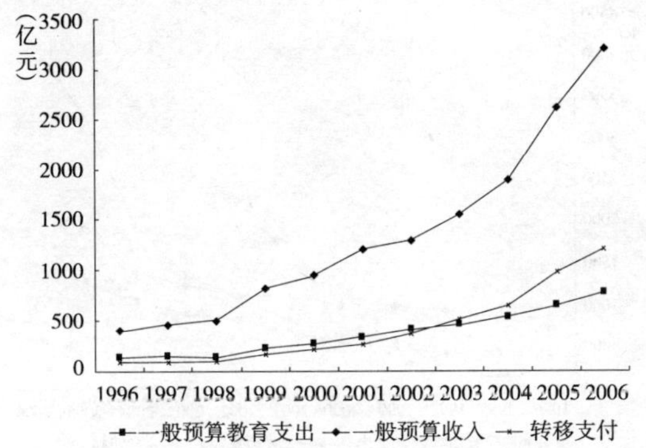

图7—17 历年全国地级市辖区一般预算教育支出与财政收入、转移支付比较

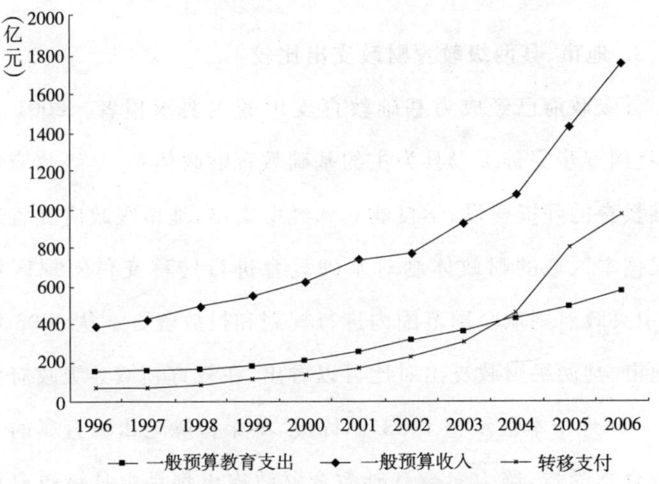

图7—18 历年全国县级市一般预算教育支出与财政收入、转移支付比较

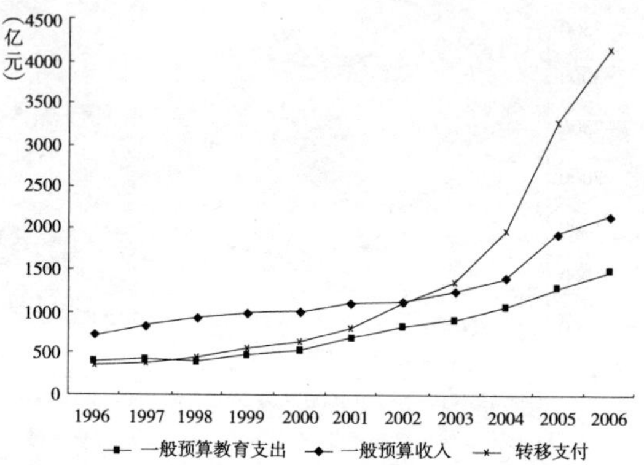

图 7—19　历年全国县一般预算教育支出与财政收入、转移支付比较

3. 地市、县两级教育财政支出比较

县级政府已经成为基础教育支出的主要承担者。2001 年之后，我国逐步完善了以县为主的基础教育财政体制，县级政府负责基础教育的师资建设、学校建立和经费支出，地市级政府和省级政府根据本区域的财政体制对基础教育进行转移支付实现区域统筹，中央政府则从全国范围内进行规划和投放资金。从 2005 年全国地市、县两级财政支出对比可以看出，在教育领域县级政府承担了 77%，地市本级承担了 23%，因此，如果排除地市级直属的非基础教育类学校，绝大多数基础教育财政支出都是由县级政府承担（见图 7—20）。

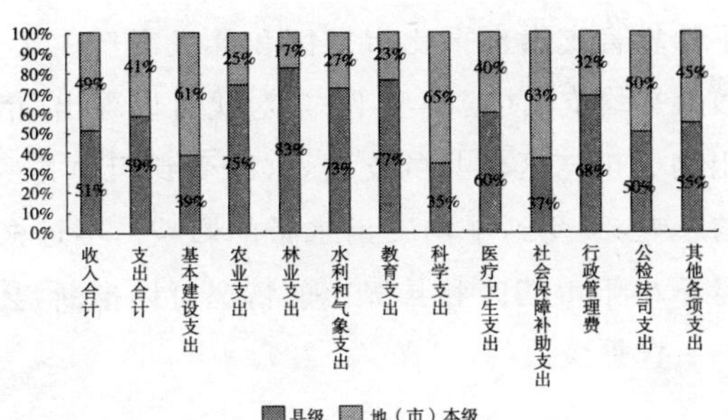

图7—20　2005年全国地市县两级财政支出对比

县的教育支出总和高于市本级、市辖区和县级市。从全国市、县两级财政教育支出总计对比可以看出，县政府支出最多，这一方面是因为县的数量和所辖人口都远远多于市辖区、县级市，而另一方面市本级由于职责划分所限，直接教育支出数量较少（见图7—21）。

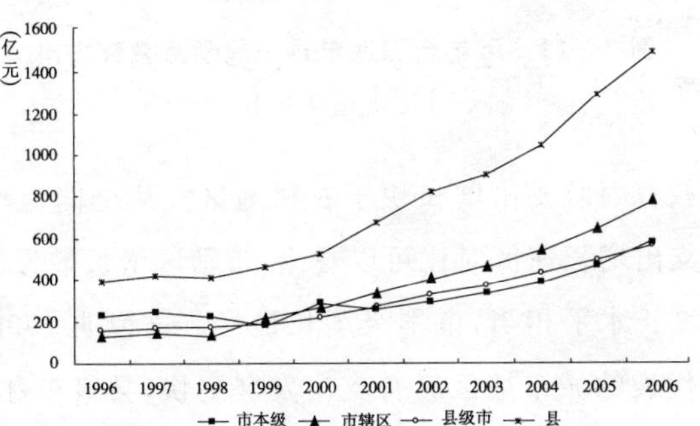

图7—21　历年全国地市县一般预算教育支出(按类型总计)

县的平均教育支出水平比市辖区和县级市低。从全国市、县两级财政教育平均支出(按类型平均)对比可以看出,市本级和县级市的支出高于市辖区和县的支出,这既受到四种类型政府所辖人口数量的影响,又受到平均支出水平的影响。不过根据县的平均人口数量不小于市辖区和县级市的情况可以推断,县的平均教育支出水平一直是最低的(见图 7—22)。

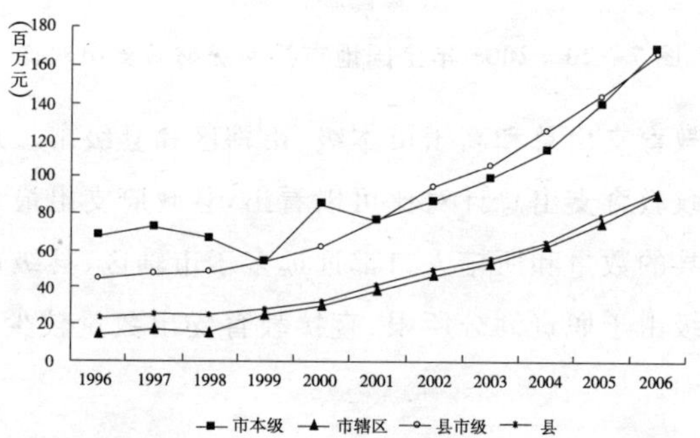

图 7—22　历年全国地市县一般预算教育支出(按类型平均)

城市教育财政支出增长快于农村地区。从全国地市、县两级财政教育支出增长速度对比可以看出,市辖区增长最为迅速,县级市和县的增长水平相当,市本级增长最慢。这说明 1998 年以来,市辖区所代表的城市地区教育支出发展更快,县级市和县则更多地代表着农村地区,发展相对较慢,因此城乡差异带来的影响仍在加大(见图 7—23)。

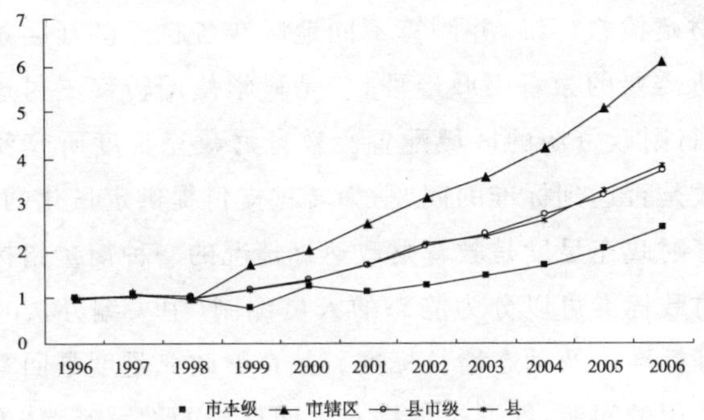

图7—23 历年全国地市县一般预算教育支出

(以1996年的教育支出数为1)

7.2 县级教育财政充足性的实证研究[1]

充足的教育财政是国家发展的基石。《国家中长期教育改革和发展规划纲要2010—2020》指出，教育投入是支撑国家长远发展的基础性、战略性投资，是教育事业的物质基础，是公共财政的重要职能。

为了进一步完善各级教育经费投入机制、保障学校办学经费的稳定来源和增长，有两项工作十分重要，一是制定教育支出标准

---

〔1〕 卜紫洲.中国县级教育财政实证研究：充足、公平与效率[D].北京：清华大学，2011.

和教育财政拨款标准，并测算不同地区在各自经济社会条件下达到标准所需要的教育财政经费；二是科学使用转移支付这一政策工具，进行财政资源的区域配置。教育财政充足度研究就是计算教育财政是否达到标准的问题，为转移支付提供定量化的支持。

教育财政充足度是教育财政达标情况的一种衡量指标。政府的教育财政标准可以分为静态的人员编制（中央编办，2001）和生均经费等标准以及动态增长标准。教育财政充足度是回答教育资金够不够用的问题，即通过筹措充足而稳定的教育经费，为教育过程中的教师、公用经费、房屋基础设施等提供支持和保障，从而达到一定水平上的教育财政标准。

教育财政充足度是转移支付的一种决策依据。我国自 1994 年以来的分税制改革，改变了中央和地方财权事权结构，基础教育管理责任逐渐下放，财政收入却向上集中，这种情况下高层级政府应当更大力度地提供财政转移支付，保障低层级政府（特别是县乡基层政府）具备相应的财力来履行公共服务职能。乔宝云等（2005）通过实证研究发现，我国 2000 年之前的财政分权设计可能忽视了地方的社会福利，财政分权并没有提高地方小学义务教育的水平。2000 年之后，基础教育管理体制改革开始大量使用转移支付这一政策工具，扭转了“财权上收，事权下推”的趋势。从财政预算的角度看，在确立了合适的教育目标、较为准确地测算为了达到目标所需的教育成本之后，才能比较准确的进行预算安排和转移支付，保证各个地区（特别是薄弱地区）达到特定标准之上的教育财政充足度，进而实现公共服务均等化。

因此,对县级教育财政充足度的实证研究,将有助于了解我国教育财政达标的实际情况,衡量教育财政体制改革的效果,加强转移支付制度的科学性和针对性,更好地实现基本公共教育服务均等化和完成我国向人力资源强国的转变。

根据前面的制度分析和政策分析,本章提出了两个方面的理论命题来进行实证检验:

H2—1:随着2000—2006年的改革进程,我国县级教育财政充足有所改善。

H3—1:增加转移支付和提高县级对上级财力依赖等财政政策和改革措施有助于改善县级教育财政充足。

7.2.1 教育财政充足性的研究

充足是教育财政研究的基本维度之一。Ladd和Hansen(1999)指出,为了达到更广泛的教育目标,为必要的教育产出提供充足的资金是最重要的一步。Ladd(2008)认为充足应该被理解为一种投入或产出的绝对性标准,从产出的角度看,充足性就是使所有学校拥有充足的资源以达到一个特定产出标准(同时要考虑学生特性对成本的影响)。

从研究对象来看,充足度可以分为三个层级。宏观层次上的国家研究和国际比较,中观层次上的地区和学区研究,微观层次上的学校和学生研究。西方学者已经在学区和学校财政充足度的中观和微观层次的研究上有了很大的进展。Reschovsky和Imazeki

(2000)指出，美国学者开始关注和解决学区、学校甚至学生的教育成本差异问题。

我国在宏观层次上的充足度研究曾经取得了较大的成就。我国教育财政学界对于充足性问题提出很早、对社会的影响很大。我国教育财政充足性研究始于20世纪80年代，王善迈(1985)、秦宛顺和厉以宁(1992)等重点讨论了充足性的概念、教育支出占国内生产总值的比例，以及教育财政支出占各级政府财政支出的比例等问题。

当前的教育财政体制改革更需要中观层次充足度研究的突破。当前我国的教育财政体制改革的方向是公共教育服务均等化，需要对各个地区物价、工资、规模经济等因素的差异进行充分考虑，并使用转移支付作为政策工具来实现对各地区的调整，这实际上是对中观层次上的充足度计算提出了更细致的要求。我国目前对于中观层次上的充足度实证研究还不够，在研究方法和数据来源上尚未取得突破，还不能为教育财政预算和转移支付提供定量化的支持。

首先，国内教育财政研究数据收集比较困难。县级数据(接近于学区概念)数量大、发布少，整理和使用困难。有少数学者通过与相关部委的合作关系进行过一些研究，如王蓉(2002)、曾满超和丁延庆(2003)等利用教育部收集的教育财政基层统计报表数据进行研究。该研究对财政部和国家统计局的县级数据统计资料进行了重点整理并取得了较大的进展，使得充足性的数量化研究成为可能。

其次，国内教育财政研究在研究方法上的突破较少。黄斌、钟宇平(2008)指出,国内教育财政的政策制定和研究一直缺乏针对教育充足性的财政规划和测算;在计算教育财政缺口时,多以预定比例与实际比例之间的差额计算为主要方法,未能考虑教育需求的变化,未能考虑不同历史时期不同国家的社会、政治、经济、教育发展水平的差异。费宇和李晓鹏(2006)采用因素法构建了省级政府教育标准财政支出测算方法,但本质上是一种公平性测度而非充足性测度,尚未解决教育本身的资金需求测算问题。

西方学者在中观层次的充足度实证研究方法上有较多的探索。通过测定教育成本和规划资金分配,实现资金的精确分配,避免任何一个学区的财政投入出现不足(Duncombe 和 Yinger,1997;Downes 和 Stiefel,2008)。Guthrie 和 Rothstein(1999)指出,目前教育财政充足度定量化研究主要有四种方法:成本函数(Cost Function),标杆学区(Successful District),专家评分(Professional Judgment)和循证(Evidence-Based)。这四种方法对充足性概念、教育投入和产出的判断等方面都有着不同的侧重,各有优缺点,不同的学者分别在一些地区进行了应用。其中,循证(Evidence-Based)方法是资源成本模型(Resource Cost Model)的一种,具有结构清晰、结果直观、敏感度小的特点。相比于其他三种方法,循证(Evidence-Based)方法更适用于中国这样大规模、跨区性的比较。循证(Evidence-Based)方法是资源导向而不是产出导向,首先辨别和测定提供教育服务所需的资源(人力资源、空间、时间、材料等),然后估计资源的价格及不同地区(甚至学校)的价格差异,最后通过计算各种资源的数量和价格得出提供服务的总成本。与专家评分(Professional Judgment)方法借助专家组的判断确定各种资源的需求量不同,循证(Evidence-Based)方法根据政策或改革的要求确定资源需求量。Allan Odden,Lawrence Picus 等人对 Evidence-Based 方法进行了大量的研究和应用,分别在肯塔基,阿肯色、亚利桑那、怀俄明、华盛顿、威斯康星等州进行了应用,[1]其中

---

〔1〕 参见 Odden A. R. Equity and adequacy of school finance today [J]. Phi Delta Kappan,2003,85(2):120 - 25. Odden A. R. ,Fermanich M. Picus L. O. A state-of-the art approach to school finance adequacy in Kentucky [R]. Report prepared for the Kentucky State Department of Education. North Hollywood, CA: Lawrence O. Picus and Associates,2003; Odden A. R. ,Picus L. O. ,Archibald S,Goetz M,Mangan M T, Aportela A. Moving from good to great in Wisconsin: Funding schools adequately and doubling student performance [R]. Madison, WI: University of Wisconsin, Wisconsin Center for Education Research,Consortium for Policy Research in Education,2007; Odden A. R. ,Picus L. O. ,Fermanich M. An evidence-based approach to school finance adequacy in Arkansas [R]. Report prepared for the Interim Legislative Committee on Educational Adequacy. North Hollywood, CA: Lawrence O. Picus and Associates, 2003; Odden A. R. , Picus L. O, Fermanich M. Goetz M. An evidenced-based approach to school finance adequacy in Arizona [R]. Report prepared for the Steering Committee of the Arizona School Finance Adequacy Study. Phoenix, AZ: Rodel Charitable Foundation of Arizona, 2004; Odden A. R. , Picus L. O. , Goetz M. Recalibrating the Arkansas school funding structure. Report prepared for the Adequacy Study Oversight Sub-Committee of the House and Senate Interim Committees on Education of the Arkansas General Assembly [R]. North Hollywood, CA: Lawrence O. Picus and Associates, 2006; Odden A. R. ,Picus L. O. ,Goetz M. . Fermanich M. Seder R. ,Glenn W. ,Nelli R. An evidence-based approach to recalibrating Wyoming's block grant school funding formula [R]. Report prepared for the Wyoming Legislative Select Committee on Recalibration. North Hollywood,CA: Lawrence O. Picus and Associates,2005; Odden A. R. ,Picus L. O. ,Goetz M. ,Fermanich M. Mangan M. T. An evidenced-based approach to school finance adequacy in Washington [R]. Report prepared for the K—12Advisory Committee of Washington Learns. North Hollywood,CA: Lawrence O. Picus and Associates,2006。

阿肯色和怀俄明州的立法机构采纳了基于 Evidence-Based 方法的报告建议并以此为依据重新配置州内学校财政的结构。

综上所述，教育财政充足性研究的重点应当从按比例投入的研究进一步深入到定量投放的研究。当前我国教育财政应当加强中观层次上的充足度实证研究，为教育财政支出和转移支付决策提供定量化的支持。如果我们能够借鉴循证等方法，并根据我国的实际情况使用这些充足度实证研究的方法，将有助于解决我国目前支出标准不明、转移支付不清的问题，有助于建立充足、公平、效率的公共财政体系，实现公共服务均等化。

7.2.2 充足度指标

1. 县级教育财政充足度的构建和计算

根据以往的文献，对于教育财政充足度的构建和计算通常有四种方法（Guthrie 和 Rothstein，1999）。由于中国实际能够获得的县级教育财政变量和数据的限制，本研究选择其中的 Evidence-Based 方法来构建充足度模型：首先确定教育目标和标准，然后计算出教育计划中各个项目达到目标所需的要素数量，第三将要素数量乘以各个要素价格水平获得成本，并汇总到县级政府（学区）或更高层次的政府，计算为学生提供一揽子教育产品和服务所需的总成本，最后根据标准教育支出和实际教育支出对比，计算充足度。

(1)确定教育财政充足性的教育目标

教育财政充足性就是要满足教育对资金经费支持的需求。一是最低标准，如我国在 1990 年代开始“普及义务教育评估”验收时，对教育目标（入学率、辍学率、文盲率、教育质量等方面），教育能力（师资水平、办学条件）和教育经费（拨款增长、公用经费、教职工工资、经费筹措等方面）都有量化或明确的标准和要求（国家教育委员会，1994）。二是理想标准，要实现更高的教育目标，如达到《义务教育课程设置实验方案》所需要的更高的师资水平、基础设施、技术设备、实验条件方面的投入。

在 2006 年以前，我国教育财政充足性的总体目标是满足最低标准的充足性。绝大部分地区公用经费水平还比较低，基础设施建设具有专项性，教育财政支出的主要部分还是教师工资。在大部分地区，教育的主要目标还是满足最基本的教育需要，即普及基础教育；教育财政支出的目标还是达到充足性的最低标准，即满足教师工资发放和学校运转。

(2)计算教育计划中各个项目达到目标所需的要素数量

教育生产要素主要包括教师及其他工作人员、基础设施、公共运行费用等方面。由于数据限制，本章根据普通中小学教育占县级教育支出的比重、城市和农村的人口比例、政府预算经费占全部教育经费的比重、全部教育支出中基础设施和公用经费的实际比例，对教育支出规模进行了调整，得到了较为准确的教育需求，并以此推算满足教育需求所需要素的标准数量。

(3)要素数量乘以各个要素价格水平获得标准教育支出

教育生产最主要的要素是教师，其价格水平就是教师工资。国家统计局每年都发布教育行业、政府及公共组织等行业的省级数据，因此可以在省级行业工资水平的基础上再根据各省物价水平、各县(市、区)的人均财政收入水平差异进行调整。将测算得到的各项标准教育支出汇总,得到各县(市、区)或更高层次的政府的标准支出。

(4)根据标准教育支出和实际教育支出对比,计算充足度

本章研究的教育财政充足度是实际教育支出(spending)与为了达到教育目标而需要获得的财政资源数量(standard cost)的比值。根据标准教育支出和实际教育支出计算得到各县(市、区)的教育财政充足度。

根据对工资数据调整方法的不同,本研究尝试了三个模型,目的是弥补使用省级数据所造成的各县(市、区)收入差距信息,更准确地反映各县(市、区)的要素价格差异。

模型1:

$$Adequacy_{c,t}=\frac{E_{\text{Real c,t}}}{E_{\text{Standard c,t}}}=\frac{E_{\text{Real c,t}}}{\sum_{j}\sum_{i}S_{i,c,t}\times\frac{P_{j,c,t}}{P_{T,c,t}}\times R_{i,j}\times S_{p,t}\times P_{j,p,t}\times e_{p,t}} \tag{7—1}$$

模型2:与模型1相比,模型2根据人均财政收入对标准教育支出进行了调整,乘以人均财政收入调整系数 $l=1+\frac{\log X-\log MEAN}{2(\log MAX-\log MEAN)}$。

$$Adequacy_{c,t}=\frac{E_{\text{Real c,t}}}{E_{\text{Standard c,t}}}=\frac{E_{\text{Real c,t}}}{\sum_{j}\sum_{i}S_{i,c,t}\times\frac{P_{j,c,t}}{P_{T,c,t}}\times R_{i,j}\times S_{p,t}\times P_{j,p,t}\times e_{p,t}\times l_{c,t}} \tag{7—2}$$

模型 3：与模型 2 类似，模型 3 根据人均财政收入的对数正态分布对标准教育支出进行了调整（变量的对数值符合正态分布），即：$Z=\log(X)\sim N(0,1)$。

$$Adequacy_{c,t}=\frac{E_{\text{Real c,t}}}{E_{\text{Standard c,t}}}=\frac{E_{\text{Realc,t}}}{\sum\limits_{j}\sum\limits_{i}S_{i,c,t}\times\frac{P_{j,c,t}}{P_{T,c,t}}\times R_{i,j}\times S_{p,t}\times P_{j,p,t}\times e_{p,t}} \tag{7—3}$$

其中：$Adequacy_{c,t}$ 为各县（市、区（c））在各年（t）的教育财政充足度；$E_{\text{Real c,t}}$ 为各县（市、区）的实际教育支出；$E_{\text{Standard c,t}}$ 为各县（市、区）的标准教育支出；$S_{i,c,t}$ 为各县（市、区）的分小学、中学的学生数；$P_{j,c,t}$ 为各县（市、区）的分农村、城市的人口，$P_{T,c,t}$ 为各县（市、区）的总人口；$R_{i,j}$ 为分农村、城市和小学、中学的标准师生比；$S_{p,t}$ 为各省（区、市）教育行业工资水平；$P_{j,p,t}$ 为各省（区、市）分农村、城市的消费者价格指数；$e_{p,t}$ 为统计口径调整系数（除以事业性经费支出个人/共用部分比例、基建支出比例，乘以普通中小学教育占县级教育支出的比重，除以政府预算经费占全部教育经费的比重，省级数据），$l_{c,t}$ 在（7—2）中为模型 2 人均财政收入调整系数。

2. 县级教育财政充足度的数据

全国有接近 2800 多个县级行政区划单位，其中县级市 300 多个，县（自治县、旗、自治旗、特区和林区）1600 多个，市辖区 800 多个，本章整理并使用其中的 2150 多个县级行政单位的 7 年面板数据（2000—2006 年）。本数据来源于财政部预算司和国库司编写的2000—2006各年《全国地市县财政统计资料》(县级数据),以及国家统计局编写的2000—2006各年《中国县市社会经济统计年鉴》(县级数据)、《中国统计年鉴》(省级数据)等统计资料。

这些官方发布的数据可以在相当程度上保证数据的权威性、连续性和相对可靠性。为了消除极端值和数据错误的影响,本研究在充足度计算中去除了两端各1%的极值。在本研究中我们无法获取县级的物价指数、教师行业工资、财政支出中公用经费和基建支出比例、具级教育支出中普通中、小学比例数据,只有用省级数据代替和调整(见表7—7),我们将在未来的研究中逐步解决这一问题。

表7—7　县级教育财政充足度计算主要指标*

变量	样本观测数	均值	标准差	最小值	最大值
实际教育支出(万元)	12946	7161.5	6257.2	6	106450
标准教育支出(万元)	12946	4544.7	5309.9	44.708	89458
小学生数(人)	12946	45516	37965	320	537316
中学生数(人)	12946	30687	24366	18	217000
农村人口(万人)	12946	38.633	29.432	0**	208
全部人口(万人)	12945	47.343	34.107	0.569	251
教师行业平均工资(元)	12946	15139	6405.3	7159	48714

注:*由于统计数据本身的误差、错漏,可能出现异常值,我们将在使用过程中加以考虑和去除;** 一些市区没有农村人口。

7.2.3 县级教育财政充足度的统计分析

1. 县级教育财政充足度的统计分布

通过三个模型,本研究分别计算获得了全国2150多个县(市、

区)2000—2006 年教育财政充足度的面板数据。对三个模型的结果进行总结,可以发现以下几个特点:

(1)全国平均教育实际投入(含政府财政投入和社会投入)高于最低标准投入的要求 2000—2006 年平均充足度超过 1,实际投入超过最低标准投入大约 30%—40%。这意味着我国的教育充足度正在逐渐从最低标准向理想标准转变之中(见表 7—8)。

表 7—8　县级教育财政充足度测量结果

	平均值	最小值	最大值	数据量	县数	平均年数
模型 1	1.340	0.451	3.505	12892	2155	5.982
模型 2	1.410	0.549	3.119	12890	2157	5.975
模型 3	1.331	0.484	3.145	12890	2157	5.975

但是,政府财政投入还没有达到最低支出标准,政府投入还需要增加 20%左右。因为充足度计算中的实际支出数既包括了财政性经费支出,也包括了社会性经费支出,而财政性经费占县级全部教育支出的比例平均通常为 60%—80%(见表 7—9)。

表 7—9　仅政府财政投入的县级教育财政充足度测量结果

	平均值	最小值	最大值	数据量	县数	平均年数
模型 1	0.818	0.244	2.225	12842	2152	5.967
模型 2	0.860	0.307	2.064	12840	2154	5.961
模型 3	0.813	0.265	2.006	12840	2151	5.969

(2)充足度指标呈正态分布,但是最高和最低充足度的差距仍然较大。

三个模型的结果两端差距较为明显。充足度最高的地区是最低标准投入的 3 倍以上，充足度最低的地区仅为最低投入标准的 40%，充足度最高值和最低值相差接近 7 倍（见图 7—24、7—25、7—26）。第一个原因是地区差距。各县（市、区）的经济社会差距较大，导致教育财政充足度差距大。计算生均教育支出数据可以发现，最高的县（市、区）约为 4000 元/生，而最低的县（市、区）约为 300 元/生。第二个原因是数据不足造成的计算误差。虽然我们使用了各县（市、区）的人均财政收入进行调整，一定程度上反映了各县（市、区）的经济社会差距，但是对于一些地区仍然产生了明显的扭曲。解决这种误差需要获得更为详尽的反映要素价格差异的数据，我们将在下一步的研究中继续完善。

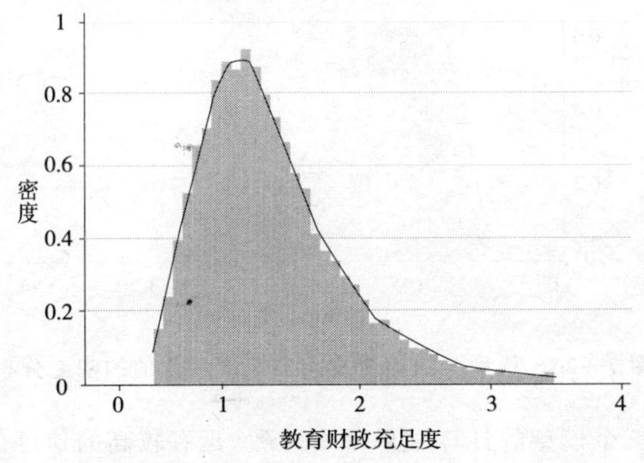

图 7—24　模型 1 的教育支出充足度测量值的密度分布

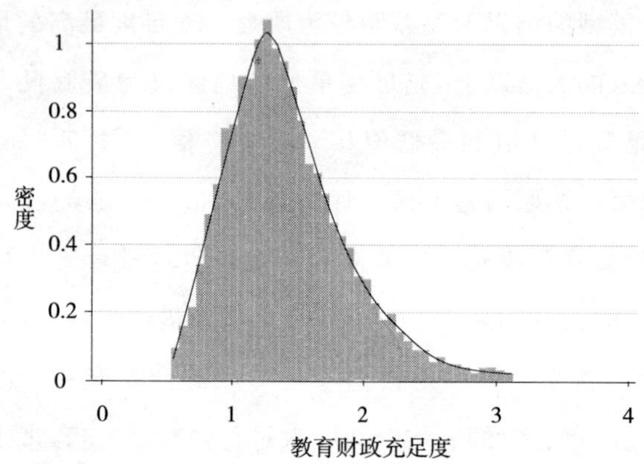

图 7—25　模型 2 的教育支出充足度测量值的密度分布

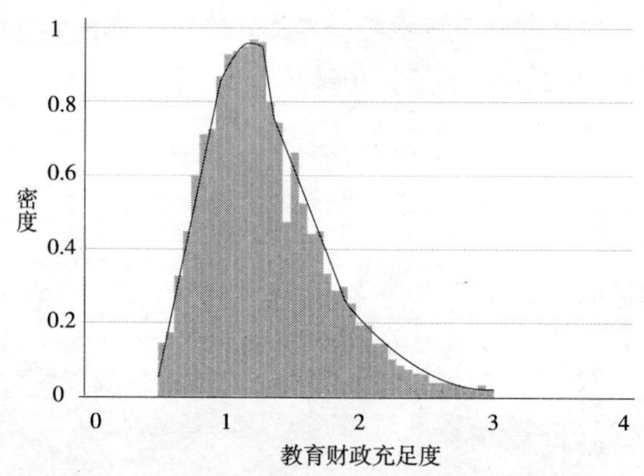

图 7—26　模型 3 的教育支出充足度测量值的密度分布

(3)三个模型的计算结果基本一致,具有较高的信度。

模型 2 和模型 3 根据人均平衡财政收入分别使用对数直线法

和对数正态分布法对各县教育支出进行了调整，其结果的统计分布特征与模型1的结果相似，但是提高了对低充足度地区的评价，降低了对高充足度地区的评价，减小了充足度分布的差距。

2. 县级教育财政充足度的时间变化

县级教育财政充足度随着我国教育财政改革的推进而逐步上升。从时间上的发展变化来看，2000—2006年全国县(市、区)教育支出充足度平均值呈上升态势。计算结果显示全国县(市、区)教育支出充足度平均值(仅包括政府支出)从2000年的0.74提高到2006年的0.92，7年间增长了24%，年均增长3%(见图7—27、7—28)。

这种变化与2000年以来我国基础教育体制改革的政策演变过程相吻合。2000—2006年的基础教育体制改革，强调了各级政府的职责和经费保障，促进了县级教育财政充足度的提高。为了解决基础教育(特别是农村基础教育)的保障问题，国家在管理体制和经费保障两个方面陆续出台了政策，建立和完善中央地方共担，经费省级统筹，管理以县为主的新机制。

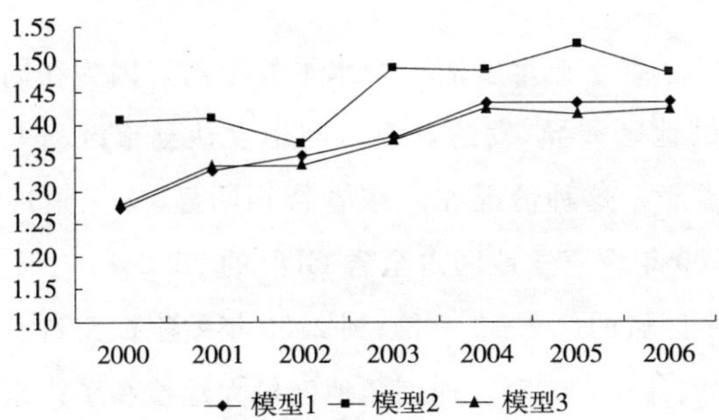

图7—27　2000—2006年全国县级平均教育支出充足度的跨年变化

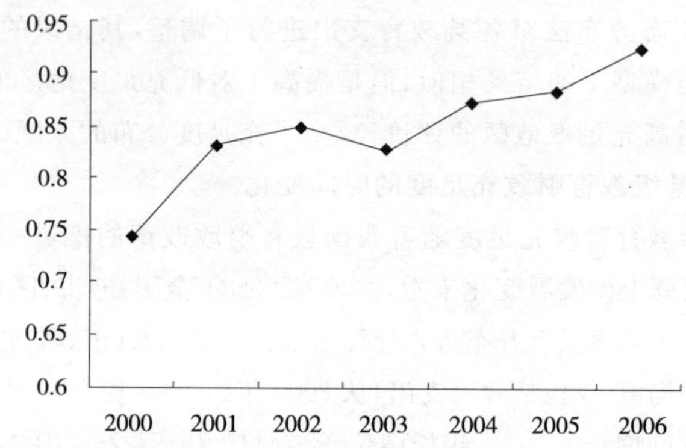

图 7—28　2000—2006 年全国县级平均教育支出充足度的跨年变化(仅政府支出)

3. 县级教育财政充足度的地区差异

经济发达地区更有可能获得较高的教育财政充足度,经济落后地区更有可能处于充足度的洼地。例如上海、浙江、北京等相对发达地区充足性水平较高,而河南、海南、甘肃、西藏等地充足度较低(见图 7—29)。

有些发达省区充足度的平均水平并不高。因为在同一省内存在着巨大的地区差异,发达县市区与不发达县市区的差距甚至超过省级的差距。这种情况在广东省特别明显,珠三角地区经济高度发达,2000 年珠三角地区占全省 GDP 的 75.2%,人均 GDP 是省内其他三个区域的 2.7—3.7 倍;到 2006 年差距扩大到了 3.5—4.4 倍(广东省统计局,2007)。珠三角地区极大地拉高了广东省的平均要素价格,使得本研究中广东省许多县的充足度测算值偏低。

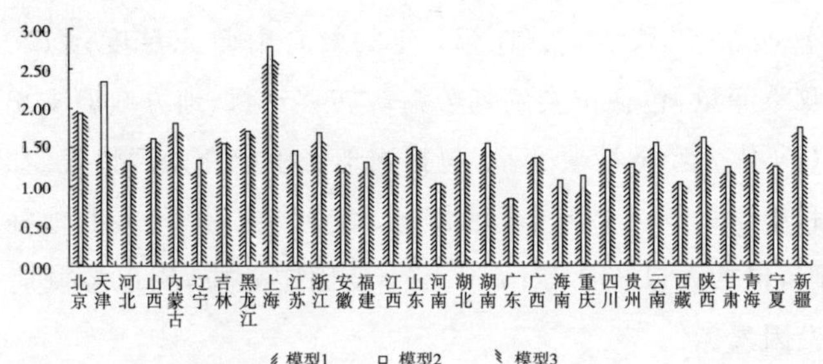

图 7—29　全国县(市、区)教育支出充足度(各省多年平均)分布

7.2.4 对充足度指标的回归分析

1. 理论模型

对于中国来说,过去 30 年的改革开放使教育财政的制度和政策发生了很大的变化,这为比较制度的学术研究提供了很好的案例。中国在经济、税收、财政管理方面的改革促进和影响了教育财政模式的快速变革,2000 年以后,中央政府开始介入基础教育财政体制,并要求省级政府也承担一部分财政责任,提高基础教育充足度的整体水平,本节将用实证方法研究这一阶段的教育财政充足性的影响因素,详细分析政策对教育财政充足性的影响,揭示中国的单一制行政体制和财政分级制对教育财政充足度的共同作用。

我们将中国的教育财政的充足性问题模型化:

$$Adequacy_{c,t} = f(FIN, ECN, X, T) \qquad (7—4)$$

$Adequacy_{c,t}$代表 c 县在第 t 年的教育财政充足度；FIN 代表财政政策变量，包括按类别划分财政转移支付、地方政府支出情况等；ECN 代表经济社会变量，包括当地经济社会发展情况，如当地小学和中学的学生数量、金融情况、就业情况；X 代表其他控制变量矩阵，包括人口统计等；T 代表年度固定效应，用以控制时间性的不变因素。

本章的研究目标和被解释变量是教育财政充足度，这一变量反映了某一县实际教育支出在多大程度上满足了潜在的教育支出需求。在本章第二节中已经构造了这样一个变量，作为模型中的被解释变量。

本研究的解释变量包括财政收入、转移支付、财政政策、人口和就业等因素。

（1）自有财政收入

在自有财政收入方面，本研究计算了各县自有财政收入的人均值，这一变量反映了当地的经济实力和活跃程度，一县的经济越发达，人均自有财政收入越高，经济越不发达，人均自有财政收入越低。

（2）转移支付

在转移支付方面，本研究使用了转移支付与县级政府自有收入的比值。转移支付是近十年来财政管理体制改革中最重要的政策变化内容之一，从 1998 年以来，对地方政府特别是贫困和农村地区增加的转移支付呈指数级增长。中央政府财政部和其他部门向下实施的转移支付具有多种名称、类型和用途，但主要可以分为两种：一种是改善地方财政能力，可以由地方政府自由支配，即一般性转移支付；另一种是实现特定的用途和目标，必须用在制定的项目中，即专项转移支付。税收返还是 1994 年财税改革之后形成的一种中央政府和省级政府之间的收入资金的转移方式，不是转移支付，在本研究的转移支付中不包括税收返还。但是转移支付与其说是教育财政充足度的因，不如说是它的果，转移支付的起源、设计和运行在很大程度上是为了弥补基层财政运行缺口。在现实中，一个县的财政越困难，人均教育支出越低，教育充足度越低，转移支付就越高。因此，本研究在教育财政充足度的解释变量中没有直接使用转移支付，而是使用了转移支付与自有收入的比值，这一比值越大，说明县级政府的财力依赖越明显，越有利于教育财政充足度的提高。

(3)财政特征哑变量

同时我们还使用了一些反映各县财政特征的哑变量，在各县的财政状况方面我们根据财政部的分类使用了亿元县、补贴县、赤字县等三个哑变量。亿元县是指自有财政收入超过亿元，亿元县的具备较为充足的财政来源，通常财政运行状况较好。补贴县是指各县除了转移支付之外还接受了特定数量的补贴，这种制度安排早于 1998 年开始的转移支付制度。赤字县是指收入非常有限，经常性的发生财政赤字。补贴县和赤字县是县级政府与省级政府和中央政府之间的一种特殊的补助制度安排，前者在享有固定数额的补贴的同时面临预算的硬约束，而后者则被允许发生财政赤字从而产生预算软约束问题。

(4)政府规模和功能

在政府规模和功能方面，我们引入了财政供养人口数量，这其中就包含了教师数和退休人员数。除了前面提到的教育支出，在政府支出方面我们的变量还包括人均基本建设支出、人均行政管理支出、人均公检法司支出，这三个变量我们计算的是各县与全省平均水平的比值。

(5)经济社会情况

关于当地经济社会情况，我们使用了每万人单位就业人口数，每万人农业就业人口数，人均存款等变量。人均 GDP 代表经济活动数量，就业人口数反映了城市化水平，人均存款是人均可支配收入的代理变量。

(6)其他控制变量

在其他控制变量方面，本章考虑了反映规模经济因素的村平均小学生数、乡镇平均中学生数、人口密度等变量。

(7)年度虚拟变量

在本研究的样本空间内，宏观财政经济政策变动频繁，为了控制那些我们无法观测到，但的确对被解释变量有很大影响的随年度变化的因素，本研究使用了年度虚拟变量。

考虑到通货膨胀的因素，一些变量在时间和空间上可能会受价格因素的影响，本研究对所使用的全部经济和财政数据都根据当年各省的消费者价格指数(CPI,以 1993 年为基期)进行了调整。

2. 数据分析和检验

本研究的数据来源是官方年度性和全国性的数据,包括财政部出版的历年《全国地市县财政统计资料》、国家统计局出版的历年《中国县市社会经济统计年鉴》、公安部出版的历年《全国县市人口统计资料》。

(1)数据的描述性统计

本研究的原始数据集是一个横截面为 2150 多个县,时间跨度为 7 年的面板数据集,但是本研究将使用的一些计量模型需要使用平衡(balanced)数据,因此我们需要将面板数据平衡化,使用全国 516 个县(市、区)、7 年的平衡面板数据。为了消除数据单位的影响,本研究对大部分的解释变量进行了标准化或去单位化。原始变量的统计摘要和处理后的变量统计摘要详见表 7—10 和表 7—11。

表 7—10　原始变量的描述统计摘要

变量	单位	样本观测数	均值	标准差	最小值	最大值
被解释变量						
充足度系数	1	3633	0.803	0.339	0.140	2.297
财政政策变量						
转移支付与自有收入比	1	3633	0.484	0.263	0.001	1.890
人均自有财政收入	万元	3633	0.055	0.046	0.005	0.682
人均基本建设支出*	1	3633	0.837	1.264	0.071	17.696

人均行政管理费*	1	3633	0.914	0.557	0.163	6.439
人均公检法司支出*	1	3633	0.938	0.508	0.184	6.568
亿元县**	1	3633	0.462	0.499	0	1
补贴县**	1	3633	0.354	0.478	0	1
赤字县**	1	3633	0.284	0.451	0	1
经济社会变量						
小学生数/村	人	3633	134.99	73.328	6.9	622.83
中学生数/乡镇	人	3633	1656.7	1130.3	5.6	6751.8
财政供养人口	人/万人	3633	296.73	120.31	32.095	1274.1
单位就业人口	人/万人	3633	584.01	526.06	97.162	2602.8
农业就业人口	人/万人	3633	5360.6	1481.9	693.794	9557
人均银行存款	万元	3633	0.306	0.270	0.0115	4.223
其他控制变量						
人口密度	万人/km^2	3633	0.040	0.072	0.00004	0.243
人口增长率	%	3633	0.005	0.053	−0.135	0.162

注：* 与全省平均的比值。**哑变量，所有与价格有关的变量已经进行了 CPI 的调整。

表 7—11　处理后的变量描述统计摘要

变量	样本观测数	均值	标准差	最小值	最大值
被解释变量					
充足度系数	3633	0.803	0.339	0.14	2.297
财政政策变量					
转移支付与自有收入比	3633	0.484	0.263	0.001	1.891
人均自有财政收入*	3612	0	0.981	−1.831	4.712
人均基本建设支出***	3633	0.837	1.264	0	17.696
人均行政管理费***	3633	0.914	0.557	0.163	6.439

人均公检法司支出**	3633	0.938	0.508	0.184	6.568
亿元县***	3633	0.462	0.499	0	1
补贴县***	3633	0.354	0.478	0	1
赤字县***	3633	0.284	0.451	0	1
经济社会变量					
小学生数/村*	3612	0	0.981	−2.9	4.921
中学生数/乡镇*	3612	0	0.981	−2.351	9.239
财政供养人口*	3612	0	0.981	−2.47	5.761
单位就业人口*	3612	0	0.981	−1.758	5.809
农业就业人口*	3612	0	0.981	−4.623	8.695
人均银行存款*	3612	0	0.981	−2.104	5.457
其他控制变量					
人口密度*	3612	0	0.981	−2.42	4.046
人口增长率	3633	0.005	0.053	−0.745	2.42

注：*标准化值。**与全省平均的比值。***哑变量，所有与价格有关的变量已经进行了 CPI 的调整。

充足度系数是反映教育财政供给与需求的匹配程度的变量。在以往的研究中，通常使用生均经费衡量教育财政资源的充足程度，但是这一指标一方面没有考虑当地的物价水平和工资水平，另一方面没有考虑当地生源对教育服务的需求。在本研究中根据循证(Evidence-Based)方法建立并计算了充足度系数，考虑了每个县的教育财政资源的需求情况，并与实际教育财政供给情况进行了对比。充足度系数的单位为 1。

转移支付与自有收入比值是每个县受到的上级转移支付与自有财政收入的比值，反映县级财政纵向财力分布的变量。

县级政府的财政收入可以分成两种来源，一种来自自身管辖地区的税收和非税收入，另一种来自中央和各级政府的税收返还和转移支付。本研究通过计算转移支付和自有收入的比值，来反映财力资源的纵向分布情况。转移支付与自有收入比值的单位为1。

人均自有财政收入是一般预算收入项目，反映县级政府自身财力的变量。根据我国的分税制度安排，县级政府可以享有增值税、营业税、个人所得税、公司所得税、契税、资源税、城镇土地使用税、印花税等各种税收的部分或全部。自有财政收入是县级政府财力的基础。人均自有财政收入的单位是元或万元，为了消除量纲的影响，本研究进行了标准化的处理，单位为1。

人均基本建设支出是一般预算支出项目，反映县级政府将多大的财力分配到经济建设领域的变量。温家宝总理将我国政府职能分为宏观调控、市场监管、社会管理和公共服务四种类型，对于县级政府来讲，经济建设并不是最核心的职能，但是它一方面反映了地方政府的财力，另一方面也是公共服务等职能履行的基础。人均基本建设支出的单位是元或万元，为了消除量纲的影响，本研究计算了各县值与当年全省均值的比值，单位为1。

人均行政管理费和人均公检法司支出是一般预算支出项目，反映县级政府将多大的财力分配到行政管理和公检司法领域的变量。公检法司和各种行政管理支出体现了县级政府社会管理和各项公共服务职能。人均行政管理费和人均公检法司支出的单位是元或万元,为了消除量纲的影响,本研究计算了各县值与当年全省均值的比值,单位为1。

亿元县、补贴县、赤字县是反映三种财政制度安排的哑变量,变量为1代表该县具有亿元县特征,享有补贴县待遇,获准可以出现财政赤字。变量为0代表不享受这些特征或者政策的普通县级单位。

小学生数/村是每个县的小学生人数与村数的比值,反映小学规模经济的变量。在我国,小学的布局与行政村有很大的关系,通常每个乡镇有一个中心小学,代为承担乡镇区域内的小学教育协调工作,每个行政村至少有一个小学或教学点。但是中国各地区的地理人文情况差异很大,经济发达地区的小学密集程度通常高于欠发达地区,平原地区的小学密集程度通常高于山区,由此可能导致小学的规模经济出现显著差异。小学生数/村的单位为人/村,为了消除量纲的影响,本研究进行了标准化的处理,单位为1。

中学生数/乡镇是每个县的中学生人数与乡镇数的比值,反映中学规模经济的变量。在我国,中学的布局与乡镇有很大的关系,通常每个乡镇有一所初级中学。与小学的情况相似,经济和地理因素可能引起规模经济的差异。中学生数/乡镇的单位为人/镇,为了消除量纲的影响,本研究进行了标准化的处理,单位为1。

财政供养人口是每个县在编的由财政予以供养的人员数;单

位就业人员在国际统计局的口径中是指在各级国家机关、党政机关、社会团体及企业、事业单位中工作，取得工资或其他形式的劳动报酬的全部人员；农业就业人口是在从事农业劳动的人员数量。这三个指标是为了反映经济社会的就业结构，本研究分别计算了每万人口中的财政供养人口、单位就业人口和农业就业人口，并进行了标准化处理，单位为1。

人均银行存款是每个县居民银行存款与人口的比值，反映了居民可支配收入情况。人均银行存款单位是万元，为了消除量纲的影响，本研究进行了标准化的处理，单位为1。

人口密度是每个县人口与面积的比值，反映了当地的经济地理分布。人口密度的单位是万人/km^2，为了消除量纲的影响，本研究进行了标准化的处理，单位为1。

人口增长率是每个县的当年人口增长情况，反映了当地的人口流动情况。由于区划的调整，个别县级单位的人口可能会出现非自然的剧烈变化，本研究去除了最极端的值，保留其他值用以观察自然和非自然人口变动对教育财政的影响。人口增长率单位为1。

(2)数据的平稳性

面板数据模型与时间序列数据模型相似，都可能会存在数据的平稳性问题。如果数据的平稳性不能满足计量模型的假设条件，将会出现伪回归，其结果丧失了原有的意义。

面板数据按照横截面的大小N和时间跨度T的不同，可以被分为微观数据和宏观数据，微观数据指时间跨度T较小，而横截面N较大的数据，通常来源于各种抽样调查，宏观数据指时间跨度T较大，而横截面N较小的数据，通常来源于各国宏观统计。

Baltagi(2005)指出，针对数据平稳性的单位根检验在时间序列模型研究中已经是必须的准备步骤，但是在面板数据中还不常见，Harris和Tzavalis(1999)，Levin、Lin和Chu(2002)等人发展了面板数据的单位根检验方法。在各种面板数据单位根检验方法中，Harris和Tzavalis检验方法(HT unit-root test)适用于时间跨度T较小，而横截面N较大的数据。本研究使用HT检验方法对数据的平稳性进行了检验，本节模型中所使用的数据在HT检验中的p-value都接近于0，拒绝了存在单位根的零假设，面板数据是平稳的(见表7—12)。

表7—12 数据平稳性的HT检验

变量	Statistic	z	p-value
充足度系数	0.410	−13.143	0.000
小学生数/村	0.413	−12.950	0.000
中学生数/乡镇	0.132	−30.096	0.000
转移支付自有收入比	0.561	−3.895	0.000
人均自有财政收入	0.367	−15.721	0.000
财政供养人口	0.282	−20.944	0.000
单位就业人口	0.172	−27.657	0.000
农业就业人口	0.112	−31.323	0.000
人均银行存款	0.298	−19.946	0.000

人均基本建设支出	0.268	－21.759	0.000
人均行政管理费	0.224	－24.484	0.000
人均公检法司支出	0.239	－23.521	0.000
人口密度	0.045	－35.413	0.000
人口增长率	－0.133	－46.222	0.000
亿元县	0.444	－11.055	0.000
补贴县	0.299	－19.902	0.000
赤字县	0.139	－29.656	0.000

3. 计量模型

本研究使用了面板数据的固定效应模型(Fixed Effect，FE)、随机效应模型(Random Effect，RE)和面板校正标准误模型(Panel Corrected Standard Errors，PCSE)。教育财政充足度的计量模型具有以下基本形式：

$$Adequacy_{i,t}=\alpha_i+r_t+\beta\cdot(FIN,ECN,X)+\varepsilon_{i,t} \qquad (7—5)$$

其中：α_i为固定县区的效应，以控制样本横截面之间的变动；r_t为固定年份的效应，以控制样本中因时间变动产生的效应；β为财政经济解释变量和其他控制变量对教育财政充足度的影响系数；$\varepsilon_{i,t}$是误差项。

(1)个体效应的显著性

对于固定效应模型而言，回归结果中的 F 统计量就是检验所有的个体效应整体上是否显著。Prob＞F＝0.0000 表明固定效应模型优于混合最小二乘(OLS)模型。

对于随机效应模型而言，可以进行 Breusch and Pagan 拉格朗日乘数检验，Prob＞chi2＝0.0000，表明随机效应非常显著，随机效应模型也优于混合 OLS 模型。

个体效应的显著性说明固定效应模型和随机效应模型都优于混合 OLS 模型的估计，因此选择使用这两种模型。

(2) Hausman 检验

在固定效应和随机效应两种模型的估计中，选择哪一种模型则需要进行 Hausman 检验来确定。

从检验的 Prob＞chi2＝0.0000 这一结果来看，随机效应模型的假设无法满足，所以应当舍弃随机效应模型，考虑采用固定效应模型。

(3) 异方差、序列相关、截面相关与 PCSE（Panel Corrected Standard Errors，面板校正标准误）模型是 Beck 和 Katz（1995）引入的，可以有效的处理面板数据中的异方差、同步相关、序列相关等问题。

通过 Modified Wald 检验、Wooldridge 检验、Breusch-Pagan 检验等方法，可以判断固定效应模型和随机效应模型是否存在截面异方差、序列相关和截面相关。从检验结果来看，存在明显的截面异方差、序列相关和截面相关。因此，对于教育财政充足度的计量分析考虑使用 PCSE 模型进行估计将更为可靠。

4. 结果和讨论

表 7—13 列出了固定效应模型、随机效应模型和 PCSE 模型的结果，显示了对模型的探索和改进。三种模型的结果在大部分

时间是一致的，许多财政经济变量、人口等解释变量对教育财政充足度有着显著的解释作用。但是根据前面异方差、序列相关、截面相关检验的结果可知，固定效应和随机效应模型的估计可靠性低，PCSE 模型的估计可靠性高，因此本章主要以 PCSE 的结果解释教育财政充足度。

(1)自有财政收入

自有财政收入的估计系数显著为正，这说明在控制其他因素不变的条件下，自有财政收入的提高有利于教育财政充足度的提高。这与理论模型的预计一致，经济实力的提高有利于人均自有财政收入的提高，进而有利于教育财政充足度的提高。这反映了教育作为县级政府的法定职责，主要由县级政府组织实施，依赖于区域经济的发展和政府财政能力的提高。要提高教育财政充足度，提高县级自有财政收入是一个直接而有效的办法。

(2)转移支付

转移支付与县级政府自有财政收入比值的估计系数显著为正，这说明在控制其他因素不变的条件下，转移支付与县级政府自有财政收入比值的提高有利于教育财政充足度的提高。在我国当前税制结构和分税比例基本保持稳定的条件下，转移支付与县级政府自有财政收入比值反映了教育财政领域上级政府和县级政府的财力配比，这个比值越大，上级政府在教育财政中的决定作用越大，上级政府的转移支付相比于县本级自有财政收入增长得更快，财力依赖越明显，越有利于教育财政充足度的提高。财政转移支付是中央和省级政府近年来改善教育财政充足度的重要政策工具，倾向于提高贫困地区（内陆和西部地区）的教育财政充足度，这一政策的实施使得相对贫困地区县级政府收益颇大，相对于全国各县平均获得相当于其自有收入50%的转移支付，个别县能够获得相当于其自有收入180%的转移支付。

（3）财政特征——哑变量

在反映各县财政特征的三个哑变量中，亿元县和补贴县的估计系数显著为正，赤字县的估计系数显著为负，这说明在控制其他因素不变的条件下，亿元县和补贴县更有可能获得高的教育财政充足度，赤字县更有可能获得低的教育财政充足度。亿元县自有财政收入超过亿元，具备较为充足的财政来源，财政运行状况较好，有利于教育财政充足度的提高。补贴县接受了上级政府特定数量的财政补贴，是转移支付提高财力依赖的一种方式，有利于县级政府的财政运行，有利于教育财政充足度的提高。赤字县由于收入有限和经常性的财政赤字，限制了财政的正常运行，不利于教育财政充足度的提高。

（4）政府支出

在政府支出方面，财政供养人口数量的估计系数显著为正，这说明在控制其他因素不变的条件下，财政供养人口的增长有利于教育财政充足度的提高。人均行政管理支出和人均公检法司支出的估计系数显著为正，这说明在控制其他因素不变的条件下，办公经费人均支出（人均行政管理支出和人均公检法司支出）的提高有利于教育财政充足度的提高。财政供养人口和办公经费人均支出分别代表了政府支出的数量和价格，这两个方面的提高意味着政府支出规模的提高，在收支平衡的前提下意味着财政能力的增强。首先，公办教师属于财政供养人口的范围，所以财政供养人口的增长通常意味着教师人数也在增长，说明财政能力对于教育等公共事业的支持能力有所加强。其次，人均行政管理支出、公检法司支出的提高也反映了政府财力的增强，表明县级政府能够承担较多的公共开支，更有可能达到更高的教育财政充足度。

(5)经济社会

在经济社会情况方面，每万人单位就业人口数、每万人农业就业人口数、人均存款的估计系数显著为正，这说明在控制其他因素不变的条件下，每万人单位就业人口数、每万人农业就业人口数、人均存款的提高有利于教育财政充足度的提高。这三个变量的增长体现了当地经济社会在就业和居民可支配收入两个方面的改善，由于教育财政非常依赖于地方经济社会的发展，所以这三个变量的改善有利于实现更好的教育财政充足度。

(6)其他控制变量

在其他控制变量方面，村平均小学生数和乡镇平均中学生数的估计系数显著为负，这说明在控制其他因素不变的条件下，乡村平均学生数量的增加不利于教育财政充足度的提高。在中国大多数县里，每个行政村一般拥有至少一所小学，每个乡镇一般拥有至少一所中学，乡村平均学生数量主要反映了农村地区(相对于城区和城市）的教育情况，乡村平均学生数量越多，农村教育规模越大，当地的城市化程度和经济发展水平越低，县级政府的财政能力越差。由于缺乏足够的财政手段来保持与学生数量增长相适应的教育经费增长，学生数量相对增加降低了教育财政充足度。

人口密度的估计系数显著为正，这说明在控制其他因素不变的条件下，人口的增长和聚集有利于教育财政充足度的提高。从空间上看，城镇地区的人口密度高，农村地区的人口密度低；东部地区的人口密度高，西部地区人口密度低；平原地区的人口密度高，山区和边远地区的人口密度低；因此，人口密度高的地区经济社会条件更好，更容易获得高的教育财政充足度。从时间上看，同一区域人口密度的提高说明该区域城市化水平的提高，经济社会条件改善，从而实现教育财政充足度的提高。

（7）年度虚拟变量

由固定效应模型和随机效应模型可知，年度固定效应的估计系数显著为正，这说明在控制其他因素不变的条件下，样本时间范围内的其他政策变动和经济社会变化对教育财政充足性产生了有利的影响。

常数项显著为正，这说明教育财政充足性指标的初始值显著为正，这主要是受预算内教育财政支出的影响。由于这一变量与被解释变量和其他解释变量高度相关引起共线性问题，本研究的模型没有将其包括在内。

表 7—13　FE,RE,PCSE 模型的回归结果(N=516,T=7)

	FE 模型	RE 模型	PCSE 模型
<u>财政政策变量</u>			
人均自有财政收入	0.0290***	0.0480***	0.0659***
	(0.009)	(0.008)	(0.007)
转移支付自有收入比	0.177***	0.235***	0.370***
	(0.028)	(0.024)	(0.044)
人均行政管理费	0.102***	0.123***	0.149***
	(0.015)	(0.014)	(0.014)
人均公检法司支出	0.0623***	0.0687***	0.0732***
	(0.014)	(0.014)	(0.014)
亿元县	0.0269***	0.0181*	0.0297**
	(0.010)	(0.009)	(0.015)
补贴县	−0.0164	0.0155	0.0940***
	(0.011)	(0.010)	(0.020)
赤字县	0.0353***	0.0282**	−0.0189**
	(0.012)	(0.011)	(0.009)
<u>经济社会变量</u>			
小学生数/村	−0.0207***	−0.0240***	−0.0342***
	(0.006)	(0.005)	(0.004)
中学生数/乡镇	−0.0555***	−0.0576***	−0.0467***
	(0.006)	(0.005)	(0.006)
财政供养人口	0.0179***	0.0254***	0.0158***
	(0.007)	(0.006)	(0.005)
农业就业人口	0.00561	0.00850**	0.0226***
	(0.005)	(0.004)	(0.003)
人均银行存款	−0.0279***	−0.0103	0.0325***
	(0.009)	(0.007)	(0.005)
<u>其他控制变量</u>			
人口密度	0.0465**	0.0331***	0.0267***

	(0.020)	(0.009)	(0.004)
2001	0.0536***	0.0482***	
	(0.008)(0.008)		
2002	0.0679***	0.0597***	
	(0.009)	(0.009)	
2003	0.0615***	0.0533***	
	(0.009)	(0.009)	
2004	0.103***	0.0892***	
	(0.009)	(0.009)	
2005	0.111***	0.0969***	
	(0.010)	(0.010)	
2006	0.151***	0.139***	
	(0.010)	(0.010)	
Constant	0.503***	0.444***	0.379***
	(0.020)	(0.019)	(0.032)
R—squared	0.451	0.501	0.521

注：***p＜0.01。**p＜0.05。*p＜0.1。

7.3 小结

以往教育财政理论通常采用财权事权划分的视角，将教育财政体制分为中央集权、地方分权和混合等模式。本章将青木昌彦比较制度分析模型应用到基础教育财政制度，提出基础教育财政的制度目标是充足、公平和效率，基础教育财政制度的共有信念系统是充足、公平和效率之间的平衡，基础教育财政制度的多样和变迁源于对充足、公平和效率的共有信念的多样和变迁。

本章分析了法、德、美、日等主要发达国家和中国的教育财政制度，发现各国教育财权事权划分是一个在历史路径中动态演化，关于充足、公平和效率的共有信念系统驱动着各国教育财政制度的发展，从而证明了理论命题 H2—1。从各国的发展历史来看，基础教育财政制度的起点是公共权力对于基础教育提供方式的介入，由于基础教育的重要性，各国纷纷建立了基础教育财政体系。在最初的共有信念系统中，充足是基本的考虑。同时，制度在很大程度上受到了各国行政体制的影响，形成了分别由中央、区域、地方单级政府负责的多样化的基础教育财政制度。

随着社会的发展和制度的运行，社会公众和公共权力的目标开始发生转变，公平和效率开始逐渐成为共有信念系统的组成部分和核心要素。教育目标、财政标准、管理运行开始逐渐规范化和制度化。各国的基础教育财政制度开始在充足、公平和效率三个政策目标之间寻求平衡，不管原本是集权更多还是分权更多，各国的教育财政体制都开始向多级政府共同治理模式发展，纷纷建立了分级分类的学校管理体系和财力再分配的转移支付体系。

中国的基础教育财政制度自建国以来，随政府体制演变经历了多次变迁，2000 年前后逐渐在公众、政府中形成了以县为主和公共服务的共识，并逐渐落实到法律、规划和制度中。当前我国的基础教育财政制度的共有信念系统是以充足为基本目标，逐渐调整地区公平，逐步实现财政效率。当前我国基础教育财政的主要负责主体是县级政府，核心的制度安排包括三个方面：提高县级对上级财力依赖的转移支付体系,多级政府共同参与的治理体系,规范科学的财政管理体系。目前来看,中国基础教育财政正在进入以县为主提供服务和转移支付补充财力的发展轨道。

与国内大部分研究采用生均经费等指标来衡量充足性不同,本研究将教育财政充足的概念界定为财政资源供给与需求的匹配程度,是县级教育标准支出与实际支出的比较。本章采用 Evidence-Based 方法,建立了县级教育最低支出标准测算模型,并利用 2000—2006 年全国县(市、区)的面板数据实际计算了县级教育财政充足指标。

2000—2006 年我国出台了一系列的教育财政体制改革措施,其政策目标就在于改善基础教育财政的充足、公平和效率。随着转移支付等政策和制度的推进,我们提出了如下理论命题以供实证检验:H2—1 我国县级教育财政充足状况有所改善;H3—1 提高县级政府对上级财力依赖程度的政策和改革有助于改善县级教育财政充足状况。

本研究通过统计分析发现了我国县级教育财政充足性的一些特点:全国县级基础教育投入已满足最低标准的要求,但是政府财政投入还没有完全到位;在空间上,充足度呈正态分布,地区间差距仍然较大;在时间上,充足度随着教育财政体制改革的推进而逐步提高,证实了我国县级教育财政充足状况有所改善的 H2—1 理论假设。

本研究进一步对数据进行了平衡化处理和平稳性检验,选用固定效应模型(FE)、随机效应模型(RE)和面板修正标准误模型(PCSE)进行了充足性影响因素的回归分析,得到了财力依赖程度和其他控制变量对教育充足度的影响,证实了提高县级政府对上级财力依赖程度的政策和改革有助于改善县级教育财政充足状况的 H3—1 理论假设。这些研究结论的政策导向是:应当继续把教育作为财政支出重点领域予以优先保障;应当力争短期之内每个县级政府的教育财政充足度都达到最低标准之上,实现公共财政充分保障的公共教育基本服务;我国的法律和政策已经基本确立了中央、地方共担,经费省级统筹,管理以县为主的基础教育财政原则,应当明确和细化各级责任,完善省以下分税和转移支付制度。

卜紫洲

第8章　县级财政案例

在我国历史上，县级政府历来是最基础也是最重要的一级政权。但在计划经济年代，我国县级政府的主要职能是为国家工业化提供积累，承担上级政策执行的任务，自主权相对较小；县不仅丧失了能动性，而且县级政府之间的差异性也被抹杀了。1978年后，我国开始从行政和经济两个方面实行放权，而1994年分税制改革是市场化进程中制度化分权的典范。有人通过研究1986—2002年的扩展样本发现，〔1〕分税制改革之后我国财政分权对经济增长的影响显著为正。当前，省直管理县财政体制改革以及"省直管县"改革的推行，〔2〕使得中国县级政府正经历着一场深刻的体制和制度变革。一系列改革措施的推行，极大地激发了县级政

〔1〕 张晏，龚六堂.分税制改革、财政分权与中国经济增长[J].经济学(季刊)，2005，1.

〔2〕 在制度化分权方面，我国最近在政府治理、府际财政关系实践方面有了新的突破。2009年年初，中共中央1号文件提出推进省直接管理县(市)财政体制改革，稳步推进扩权强县改革试点，依法探索省直接管理县(市)的体制。4月，中共中央组织部一系列文件，指出"提高县委书记地位，为省直管县进一步奠定基石"。2009年5月份，中共中央办公厅引发《关于加强县委书记队伍建设的若干规定》提出，县委书记的选拔任用，应按程序报经省级党委常委会议审议。县(区)党政一把手任职批准层级提高到省级，凸显县级扩权的保障。7月9日，财政部公布《关于推进省直接管理县财政改革的意见》，"省直管县"财政改革将在2012年年底前在中国大部分地区推行。

府参与经济建设的积极性，复苏了县作为一级利益主体的自我意识，并最终为县级政府竞争提供了空间和激励。由于财政治理是事关地方治理好坏的一个关键因素，因此，本章将基于县级政府自身利益最大化的假设，从实证研究的角度，拟以 A 省 G 县为案例研究对象，主要通过直接观察、参与性观察、开放式访谈和焦点式访谈以及文献研究法收集数据资料，分析扩权改革中的地方政府财政增收策略。

8.1 固本强基：精心筹措税收收入

改革开放以来，地方政府有了基于地方经济发展的动力，以及"为增长而努力"的制度空间。制度空间的存在为保持地方官员持续、稳定的投入和努力提供了保证。虽然对不同年龄、不同层级、不同部门、不同地区以及不同出身的政府官员来说，晋升激励效果存在差异，但是这种政治晋升带来的高额回报对所有的政府官员来说仍然是一种高能激励。前文已指出，地方政府持续的扩张性财政支出需要财政收入的持续增加。在政治晋升锦标赛的激励下，地方政府为了维持和促进地方经济发展，往往需要从税收收入、非税收入、争取上级支持以及通过国有企业间接贷款制度等方面做文章，以满足地方经济发展的公共财政支出需要。

扩权强县改革释放了 G 县政府发展经济的活力。与其他地方一样，G县地方经济的振兴、繁荣和发展，无非是两个渠道：要么依靠本地资金，要么吸引外来资金。在对待本地资金上，要用得好，留得住。在对待外来资金上，一是靠政策，主要是中央与上级政府财政投入，二是靠招商引资，充分利用市场资本，主要是外资和来自国内其他地区的资金。我国民营资本虽然经历一个高速发展的阶段，但地方经济的繁荣和发展仍然对外资具有较高的依赖性。

8.1.1 工业园建设：未来财政增收的希望

工业园区的建立有其理论依据。早在1890年，经济学家马歇尔就在其《经济学原理》中率先指出了产业区（industrial district）所带来的产业集聚外部性问题。随后不久，德国学者韦伯区分了区域因素和位置因素在工业区位中的影响，指出对区位起作用的位置因素包括集聚因素（agglomerative factors）和分散因素（deglomerative factors）。[1] 此外，工业园区的建立还有着减少交易成本的功能。由于园区内的企业有着共同的竞争基础、制度背景以及相对完整的产权界定与比较充分的市场竞争，交易过程中的信息不对称问题以及其他一些不确定性问题得到了较好的解决。

自1985年我国第一个工业园区"深圳科技工业园"成立以来，工业园区日益成为我国地方工业化与经济发展的重要载体和经济

---

〔1〕 卢瑞华，何志强.工业园区建设的分析模型初探[J].科技管理研究，2009，10.

增长的强大引擎，同时也是地方产业结构升级与技术进步的推进器。不过，工业园区功能的有效发挥，最终取决于入驻园区资本的数量和质量。而入驻园区资本的数量和质量又取决于园区对资本的吸引力，具体包括企业入园成本（如企业入园所需承担的撤、迁、建与资产损毁等额外费用）、园区地价、地方优惠、企业入园的相对利润及其潜力、企业寿命、融资成本、招工成本、地方政府的行政管理水平等。

根据掌握的资料，目前，G县财政收入对房地产的依赖比较严重。这也是工业化初期欠发达地区财政增收遇到的普遍问题。工业化的滞后，严重削弱了县域经济的发展后劲。县政府充分认识到目前这一财政收入体制的缺陷，提出了在三次产业中主攻工业的发展战略思路：

从（G县）自身来看，改变很大，原来不到1亿的收入，现在2亿多了。与5年前大不同，过去每年千把万，现在23200万了。这种规模、成效得益于财政分灶吃饭。县里四大发展战略（工业强县、农业稳县、环境立县、和谐兴县）中，主攻工业。三次产业结构中，二产比例逐步提高。二产比例提高后，对财政收入的贡献是最高的，有3—5成。主要是由于增值税这一块税率比较高。〔1〕

〔1〕 根据访谈笔录整理。对G县某县长的访谈，材料编号agxz20100128yxy。

工业企业的税收大多属于国税，对地方财政直接增收贡献不大，发展工业显然不是为了眼前财政增收的利益。一位副县长在接受访谈时认为目前在地税这一块，房地产开发占了很大比重，工业税收所占比例很小。该县长认为，发展工业可以强县，但工业肯定不会富县，这是由中国的税收体制决定的。所谓工业强县主要体现在GDP上，强在经济总量，强在就业，强在统计数据上。工业发展后，县域经济强了，一方面可以增加财政收入总量，一方面可以带动相关产业发展。所以这也是为什么要搞开发区的原因。〔1〕

开发区的这一产业定位，决定了其不可能作为地方政府，尤其是欠发达地区地方政府当期财政增收的重点。一般说来，在发展初期，开发区需要大量投入，因此开发区基本上不可能通过发展企业做到自求平衡。建开发区的目的是发展工业企业，工业企业的税收还是国税比较多，国税的大头都上交中央了，分下来的省里还要留一部分，到县里的很少很少，微乎其微。但是：

> 从开发区自身角度来讲，你搞工业就不如搞商业，我现在是留了6.5个平方公里的商业用地。只有工业这个产业做大了、做强了，才能聚集人气，才能拉动消费，然后你的商业才能上来，否则的话，你光搞商业、房地产，谁来买呢？因此地方发

---

〔1〕 访谈笔录。对G县某县长的访谈，材料编号agwtl20100125h+l

> 展首先应该是工业发展，然后才有三产，这应该是经济发展的基础。基础不做起来，单纯只看效益，肯定不行。现在肯定亏本，地也亏本，企业来了，税收你还得奖励给他，真正能赚到钱的也就是在五、六年以后，一个企业进来，五年后你才能实实在在看到他的效益，这个周期比较漫长，真是比较漫长。实际上发展工业，搞开发区建设，就是一个基础性工作。对一个地区来说，地方经济发展这是最基础性的，不能纯粹讲经济效益。〔1〕

按照县里的思路，大投入的背后，希望有大收益，而且这种收益不仅仅局限于税收收入。县域经济的持续稳定发展不仅需要县政府领导者深谙国家政策、了解县情民意、熟悉经济激励之道，还需要领导者有能力改变不利于经济发展的既有模式，制定适合本县的产业发展战略，找准地方经济发展的问题，以大思路、大视野对待县域经济发展，努力在工业园区化的基础上，实现园区产业化与产业集群化。G县组织财政收入很重要的一块是开发区建设，因此G县也把工业园区建设当作全县工作的重中之重来抓，因为开发区承载了整个县对于经济发展的希望。〔2〕实践中，G县政府对开发区发展的支持力度非常大。访谈中，G县开发区主任介绍了G县政府给予开发区的相关政策：

---

〔1〕 访谈笔录。对G县经济开发区主任的访谈，材料编号agjjkfq20100128zj。

〔2〕 访谈笔录。对G县某县长的访谈，材料编号agwtl20100125h+l。

目前县里采取的关键措施是简政放权。把县直机关职能部门能放到开发区的权力就下放，不能下放的就采取限时工作制度。这已经以县委政府的名义出台了文件。回来后我们研究了每个部门，哪些权力能下放，哪些不能下放。不错，这该你审批，审批你给个明确的时间，我们这个规定死的。比如说，接到什么样的材料到你那儿去，国税部门办一般纳税人，3个工作日必须办好。这是帮助企业最关键的，不能服务好企业，招商引资是引不来的。这是一个大环境。〔1〕

取得县委、县政府支持后，G县开发区也意识到强化自身力量的重要性，我们针对重点的服务内容，培训自己的专业人才，和上面对口，提高办事效率，减少中间的服务环节。〔2〕

为迅速打开园区建设新局面，G县提出了新的园区建设方案，作了30平方公里的规划，经过专家评审，并且作了产业布局规划。根据制定好的产业发展战略，G县开发区将为入驻企业提供相应的基础设施与政策、投资环境，同步推进"筑巢引凤"和"引凤筑巢"，实现通水、通路、通电、通汽、通邮、通热、通讯、平整土地，以及绿化与美化等"七通一平二化"工程，并加强开发区的幼儿园、农民公寓，包括整个行政服务中心等的建设。〔3〕

〔1〕 访谈笔录。对G县经济开发区主任的访谈，材料编号 agjjkfq20100128zj。
〔2〕 同上。
〔3〕 同上。

应当说,工业园区化、园区产业化与产业集群化不仅能够增强县级财政的税入,而且在就业、城市化、人才培养、县服务业发展等新兴地方增长极方面有着积极意义。工业园区作为资本、科技与人才结合的场所,它往往有着固定的区域,以及集合了某一或某些产业发展所需的要素,如建筑物、工厂、各种公共设施和娱乐场所等常常有着明显的规模经济效应、区位经济效应、降低交易成本效应与技术创新效应。在经济发展的初期,工业园区的建立可能并没有太多的区域资源秉赋限制。随着经济的日趋成熟以及园区竞争的日益激烈,区域资源秉赋由于其强大的产业聚集功能,将呈现出其越来越重要的作用。

8.1.2 招商引资:财政增收的借力策略

在以 GDP 增长为核心考核内容的政治锦标赛激励下,随着经济社会管理权限的逐步扩大,县级财政支出规模快速扩张,而财政收入增长速度远未达到支出的增长速度,财政收支压力已经成为横亘在县级政府领导人面前的重要障碍。在现有财源无法满足财政增收需求的情况下,招商引资自然成为了县级政府寻求化解政治压力和应对府际竞争的有效手段和必然选择。

在以往的招商引资实践中,政府曾经作为"代理型政权经营者”、“谋利型政权经营者”和“变通型政权经营者”身份出现[1]。但不管地方政府以何种身份出现，我们都需要从地方政府公共利益代理人和自身利益谋求者的双重角色出发，来分析其行为和目的。

第一，地方政府招商引资的宏观—微观“双效应”。招商引资既可以是引进外资，也可以是引进内资。在计划经济与市场经济之间的过渡阶段，由于我国政治经济体制尚不完善形成“制度漏洞”[2]，因此地方政府便利用制度漏洞的存在，制定一些优惠政策，以吸引企业家到本地投资。地方政府的这种行为事实上具有双重目的，即从宏观层面是发展国家整体经济、促进地方产业结构的优化升级，加快地方经济结构的调整、扩大就业与促进社会进步；微观层面则是提高劳动者收入、促进地方财政收支。

第二，地方政府招商引资的基本策略：“实招”与“虚应”。[3]

---

〔1〕“代理型政权经营者”指改革前，地方政府作为国家意志的贯彻者和对上级指令和政策的服从和执行者身份，而“谋利型政权经营者”则指财政体制改革后，地方政府谋求自身利益动机与行为能力的增强，特别是指地方政府拓展预算外收入的冲动。“变通型政权经营者”指地方政府作为公共利益与官员个人利益的双重代表身份，使其在贯彻上级政府政策与命令时，具有相机抉择性或曰变通性特征，即当国家政策有利于地方利益时，地方政府会积极贯彻执行国家政策；而当上级指令与政策方针与地方政府利益抵牾时，地方政府可能会，也可能不会贯彻上级政府的意志。参见：黄河. 地方政府招商引资行为透视——基于变通性经营政权的分析[J]. 湖北经济学院学报，2007，3.

〔2〕即指社会生活中因制度体系不完善，制度与制度之间不能衔接而出现制度真空的状况。

〔3〕黄河. 地方政府招商引资行为透视——基于变通性经营政权的分析[J]. 湖北经济学院学报，2007，3.

虽然中央政府努力对地方政府的招商引资行为加以规范和引导，但地方政府各有自身的招商引资策略。集中体现在利用既有资源和条件招商引资，包括利用本地资源优势和区位优势，利用执行政策的灵活自主性，以优惠政策创造成本优势吸引投资者。当然也不可否认某些地方政府采取“虚应”手段，欺、哄投资商。一些地方政府为了在招商引资竞争中胜出，不惜突破政策优惠的底线，在地方政府能承受的范围之外对开发商作出承诺。〔1〕结果，项目引进后，地方政府很多承诺根本无法兑现，使政府失信于投资者。此外，由于地方资源禀赋差异，一些地方政府根本完成不了上级政府制定的目标，于是地方官员做数字瞒骗上级机关，地方首脑则“睁一只眼，闭一只眼”。〔2〕

在最近几年甚至更长一段时间内，县域经济的发展仍离不开招商引资，像G县这样经济落后地区尤其如此。由于外资的数量有限，高质量的项目更是弥足珍贵，为了获得些宝贵的资源，G县更是竞相采取一些优惠政策以吸引外商投资。基于此，G县政府强化了其在招商引资中的主导者身份，县委、县政府主要领导在大会、小会一再强调“一号工程”、“一把手工程”的提法：

---

〔1〕 以工业项目供地价格为例：G县工业项目用地国家规定指导价为5.6万元/亩，土地部门在出让土地时一般按照这一标准挂牌，但是实际招商引资中的协议价为3.5万元/亩。其中差价由财政部门通过其他方式予以补贴返还。净地“三通一平”的成本一般远高于这一价格。仅此一项，县财政每年需要补贴数千万元。

〔2〕 黄河.地方政府招商引资行为透视——基于变通性经营政权的分析[J].湖北经济学院学报，2007,3.

> 近年来，主攻工业、“工业强县”、招商引资战略深入人心，招商引资、工业经济呈现出速度提升、总量扩张、效益提高的喜人局面。“全党抓经济，优先抓工业，重点抓招商，突出抓项目”。坚持招商引资“一号工程”、“一把手工程”不动摇，拓宽思路，创新机制，全方位提高利用外资的能力和水平。[1]

G县某县长强调财政收入依赖于经济发展，因而认为招商引资非常重要，G县应从招商引资方面来增加财政收入。该县长指出，G县1965年建县，工业基础薄弱。再加上这一地区的国有企业都是些小企业，随着经济转型，这些企业本身也没有核心竞争力，国有集体企业改制一推进，就纷纷倒闭。最近几年县里撑下去的企业，基本都是招商引资项目，本地的也有，但不多。工业作为主攻方面，县里每年下达的招商引资任务指标中，工业项目的任务量要达到70％。这是战略。在具体措施上，是抓开发区建设。[2]

为落实“一把手工程”，G县除了组建庞大的招商引资队伍外，[3]还一度采取了强制性分配招商引资任务的做法：

> 抓招商引资，发展工业，这几年全县干部的工作思路也通

〔1〕 G县县委书记在全县招商引资全民创业工业经济大会上的讲话（2008年2月29日）。

〔2〕 访谈笔录。对G县某县长的访谈，材料编号agxz20100128yxy。

〔3〕 2009年，该县组建10个招商分局，开展产业招商。

> 过强制性分配任务有了转变。全力招商引资，有硬性考核指标，包括乡镇干部都分配招商引资任务，把大家的思想都引导到这里来。同时这两年软环境也在逐步改善。[1]

此外，对于花大力气引来的项目，G 县政府也认识到了做好跟踪服务工作的重要性，开始加大对重点项目的跟踪和服务力度，如定期检查项目建设进度情况，协调项目建设中的问题，加强政府部门的服务力度。G 县开发区主任曾指出开发区的主要功能还是服务。把服务做好，不是仅开发区就能做成的事，涉及到一个大环境，涉及到县直各部门服务企业的办事效率、工作环境。[2]

总体上看，G 县招商引资主要从内外两方面进行着手：

一是改善投资环境，"打扫干净屋子再请客"。值得注意的是，随着我国劳动力工资水平的提高，以及社会保障制度的日益完善，招商引资的优惠政策虽然仍然是开发商非常看重的一个条件，但开发商逐渐从看重基础设施建设向基础设施建设与公共服务等软环境并重转变，优惠政策已悄然变为吸引开发商的关键因素之一，一改其改革开放初期的关键性激励因素地位。因此，可以预见，为了有效竞争，吸引开发商、劳动力，以及提高本地区要素资源价格（如土地）的需要，地方政府接下来必然会重视开发商、劳动力所关

---

〔1〕 访谈笔录。对 G 县财政局局长的访谈，材料编号 agczj20100126zjp。
〔2〕 访谈笔录。对 G 县经济开发区主任的访谈，材料编号 agjjkfq20100128zj。

注的问题，如除改善基础设施建设外，地方政府将更加重视公共服务水平的提高，以及医保、教育等公共品供给。

二是强化促销宣传，“走出去、请进来”。在招商引资方面，G县政府和开发区正逐渐改变以往“酒香不怕巷子深”的观念，开始主动争取，积极出击，通过制定促销宣传方案，竞相宣传自身的优势，努力提升本地区的知名度，以适当的方式将本地优势传达到目标投资者那里，积极促成投资者的注意，引发目标投资者投资欲望。

概言之，在地方政府招商引资竞争中，不外乎三个竞争层次，即基于劳动力、土地、其他自然资源等基本生产要素成本的比较优势竞争，基于税收优惠等的优惠政策竞争，以及基于区位条件、行政管理与服务水平、市场秩序与经营环境等软实力竞争。在我国新的绩效考核体系尚未建立起来、公共服务目标还不甚明晰的情况下，一旦地方政府领导者因招商引资获得嘉奖，周边地区的领导人会积极地模仿其“成功经验”，以降低政治竞争中目标的模糊性和风险。地方政府在招商引资竞争中的模仿行为，导致“引资竞争”演化成“让利竞赛”，也使市场机制的作用得不到充分发挥，造成地方经济发展的效率损失。

8.1.3 放水养鱼：税收征管的平衡策略

在我国地方经济管理中，税源培植始终是地方官员财政增收的一个首选策略。整体来看，地方政府税源培植就是要解决“以财养税，养税补财”、“放水养鱼”等问题。地方政府可以通过财政支出方式对特定企业予以奖励，全部或部分返还其所纳税收（地方留成部分），以实现培植、壮大税源的目的。为了做好税源培植这一文章，G 县政府强调要抓好基础税源、速效税源、新兴税源工作，努力营造“建得起，留得住，壮得大，交得多”的税源培植格局，形成了本地区的骨干税源体系。

首先是维护、巩固、壮大现有税源。G 县政府已经认识到，维护、巩固、壮大现有税源与引进新税源具有同等意义，因此 G 县有意强化对既有大企业、大项目的服务意识，帮助企业做大做强。同时，很多地方政府还出台了一系列大企业培育规划，有针对性地扶持对地方经济发展作出突出贡献，或有贡献潜力的企业。

实践中，在强大的政绩考核压力下，县政府一方面会通过税收减免和返还等优惠政策，“放水养鱼”，涵养税源；另一方面，也会加强税收监控，完善税收征管机制，努力挖掘地方税收潜力，重点稽查，强化管理，堵塞漏洞，做到应收尽收。

在加强税源的监控和征管方面，G 县财政与税务部门认识到，如果不重视税源监控与税收征管工作，准确掌握企业经营状况，防止税源流失，很难保证财税收入的稳步增长。因此，在税源培植之外，G 县政府从税收征管上做文章，强调在税收管理上，通过税收管理员制度加强企业财务管理、成本核算，帮助企业做好本行业与政策的预测工作，为企业经营提供良好的服务，做好税源管理工作；通过改革税务部门的工作方式，规范检查，为企业经营创造良好的经营环境，做好税收服务工作；重点稽查纳税意识差、偷税严重的纳税人，坚持做到应收尽收，进一步公平税负，做好税收征管工作。

在税收管理上，G县强调要依法办事，培养纳税人的纳税意识，积极优化税收环境，进一步规范税务登记、出口退税、纳税申报、税收优惠等税收管理环节，努力做到税负公平、服务热情、集中服务、退税及时、优惠政策落实到位、信息透明。实际执行过程中，为灵活处理一些特殊性、突发性问题，税收法律等制度往往为税收执法人员设置了一些"自由裁量空间"，由税收技法人员视具体情况酌情处理。不过，税收执法中自由裁量权的存在以及中国社会人情伦理的差序格局特征，极易导致税收执法过程中的"人情税"、"关系税"、"态度税"现象，导致地方财政税收的流失。为此，G县努力提高税收管理与执法人员的素质与法制意识，防止执法人员滥用自由裁量权。

8.2 抑制资源攫取冲动：谨慎对待非税收入

在我国地方政府的财政收入结构中，非税收入占了很大比例。曾经有学者估算，2007年我国非税收入达到8.7万亿，超过当年财政收入3亿多。[1] 其中，预算外非税收入主要用于弥补支出缺

〔1〕 甄静慧.新"圈钱运动"：财政扩张面临节点[J].南风窗，2009，15.

口以及地方基本设施建设资金等。但是,由于非税收入一般不具有法律约束力,受国家经济政策和政治的影响比较大,因此与税收收入相比,具有很大的不稳定性和不可持续性。财政收入不确定、不可持续必然难以支撑庞大的地方财政支出需求,而且财政收入的不确定性、不可持续性也可能使地方政府的掠夺性敛财行为加剧。

8.2.1 非税收入的由来与财政地位

费与税是政府收入的两种重要形式,二者不可混为一谈。因为税收是基于政治权力发生的固定、无偿、强制性的政府收入,而费则是政府基于交换或提供公共服务所取得的收入,“费改税”强调的只是要求将不规范的政府收入改为规范的政府税收收入。

1994 年,我国开始将部分预算外管理的收费、基金等纳入预算内管理。2004 年,财政部下发《关于加强政府非税收入管理的通知》以后,政府非税收入这一概念逐步成为一个规范统一的概念,即它是指“除税收以外,由各级政府、国家机关、事业单位、代行政府职能的社会团体及其他组织依法利用政府权力、政府信誉、国家资源、国有资产或提供特定公共服务、准公共服务取得并用于满足社会公共需要或准公共需要的财政资金,是政府财政收入的重要组成部分,是政府参与国民收入分配和再分配的一种形式”,〔1〕

〔1〕 财政部:《关于加强政府非税收入管理的通知》(财综[2004]53 号)。

政府非税收入管理范围主要包括行政事业性收费、政府性基金、国有资源有偿使用收入、国有资产有偿使用收入、国有资本经营收益、彩票公益金、罚没收入、以政府名义接受的捐赠收入、主管部门集中收入以及政府财政资金产生的利息收入等(见表 8—1),其中社会保障基金、住房公积金不纳入政府非税收入管理范围。目前,各类基金、罚没收入、行政事业性收费等大部分非税收入基本都纳入了预算管理,预算内外资金在部门预算改革中逐步得到统一,预算外非税收入的规模越来越小。

表 8—1　我国现行非税收入主要构成

非税收入项目	分类
行政事业性收费	包括管理类、证照类、考试类、检验检疫类、资源类、公共事业类等类型的收费
政府性基金	包括三峡基金、电力建设基金、铁路建设基金、旅游发展基金、农网还贷资金、对外贸易发展基金、茧丝绸发展基金等
各种收入附加	诸如水运客货运、车辆购置、农村教育事业附加费等
产权性收入	含土地出让金、土地收益金、土地开发费、土地增值费、上缴利润、股息红利等

在我国非税收入管理实践中,有一部分非税收入纳入了政府预算管理,这一部分非税收入即预算内非税收入。[1] 另外,据财政部 1995 年统计,中央政府及有关部门批准的收费项目共 369

〔1〕 参见席斯:《全国人大要求 2011 年实现非税收入纳入预算管理》,http://www.eeo.com.cn/Politics/beijing_news/2008/03/12/93914.html。

项，其中272项纳入预算外管理，只有97项纳入预算内管理。[1]另外，我国非税收入管理也存在很大的问题。比如：

> "一些执收执罚单位自立收费项目、擅自提高收费标准、违规使用收费票据、私自设立过渡账户、收入不及时上缴财政，违反规定瞒报、截留、坐支、挪用的情况时有发生；一些部门和单位将行政事业性收费转为经营服务性收费收取，为单位或小团体谋取利益；一些部门和单位将'国家权力市场化、国有资源私有化、政府收入部门化'，逃避财政监管的手段越来越隐蔽；一些权力部门将行政审批前的审核工作交给协会和中介组织，强制入会并强行收取会员费、咨询、资料费，再与行政管理部门利益分成；一些高校利用政府投资建设的基础设施和财政供养的教职员工，联合办学或出资成立民办学院，高校分成收入数额巨大，按民办学校收费管理，没有上缴财政，由学校自行分配，造成国家收入的极大流失。据估算，每年仅我省高校脱离财政监管的其他收入在10亿元以上。"[2]

此外，由于现行非税收入基本上是分散管理的，多家理财、多头征收、多头管理的做法因管理成本高，很难实施有效监督，无法杜绝漏征、减征、多征非税收入的收缴行为。再有，在非税收入管理方式

---

〔1〕 蔡建明.政府非税收入研究[D].大连:东北财经大学,2006:95-100.

〔2〕 人民网:《浅议政府非税收入管理改革》,http://unn.people.com.cn/GB/22220/74456/75779/6067715.html。

上，仍沿用预算管理以前的“谁收谁用、多收多用、多罚多返”的管理模式，重征收、轻支出监管，收支方面存在明脱暗挂的问题。

经访谈发现，G县2008年的非税收入结构如下：

G县非税收入以政府性基金、行政事业性收费、罚没收入为主，而政府性基金又以土地出让金为主，其次是育林基金、墙体材料基金、散装水泥基金。2008年，G县土地出让金达5100万元，行政事业性收费5000万元，其中3000万元是教育收费，用于教育发展，罚没收入近2000万元。[1]

访谈发现，G县的非税收入比例是非常高的。以2009年为例，上半年G县财政收入完成1.091亿元，比去年同期增长20.9%，其中税收入占60%，非税收入占40%。[2] 有关该县财政局局长的访谈也佐证了这一数据：

在我们这里(G县)非税收入所占的比重还是非常高的，应该不能高，应该以税收为主，经济好一些的地区应该不超过财政收入的20%，但确实高。其中，行政事业性收费和罚没收入基本还是返还，县财政一般不算在可用财力。[3]

〔1〕 访谈笔录。对G县审计局局长的访谈，材料编号agczj20090728fsjcm。

〔2〕 访谈笔录。对G县审计局局长的访谈，材料编号agczj20090727wfjz。

〔3〕 访谈笔录。对G县财政局局长的访谈，材料编号agczj20100126zjpz。

8.2.2 非税收入扩张的冲动与抑制

实践中,由于非税收入不具有税收收入的强制性、无偿性、固定性,而且非税收入很大一部分游离于预算管理之外,其所受约束也过少,因此极易膨胀,并造成当期虚假财政收入。此外,由于非税收入征收和使用都不如税收收入规范,G县实际非税收入比例可能比上述数据还要高。分税制改革后,由于税收收入迅速向中央政府集中,地方政府财政资源的征缴、使用开始向预算外非税收入转移、向上级政府资金划拨转移,而包括罚没收入、行政事业性收费在内的大量非规范性预算外非税收入的存在,极易加速地方政府"扶持之手"向"掠夺之手"转变。在G县:

> 一些政府部门包括公安、计生等,主要依靠交警罚没的那些非税收入、计生罚款罚没性非税收入,作为日常开支。经营性收入很少,因为他们都纳入到城建去了,就是交给建投去了,经营性收入基本上就没有了。所有的罚没收入都是按一定比例返还的。县财政留一部分。这么做是因为,公安、计生等部门不收,县财政一分钱得不到。非税收入组织收入的弹性非常大,为了保护他们的积极性,管理就没有那么严格。比如公安,他不组织这个罚没收入,你也得给他补贴,他组织了这个罚没收入以后,财政就可以少给他拨款。非税收入实际上是用来弥补一般预算收入不足的这部分的,是用来弥补的

> 最好办法。双方都有积极性，组织收入的单位又有积极性，财政也有积极性。你多收一点，我可以少给一点，我还可以得一点，何乐而不为呢？[1]

G县非税收入的使用与管理仍存在诸多不规范之处。比如，土地出让金虽然应当缴纳到非税收入管理局，直接进国库，不算财政收入，纳入预算管理，但其实是由土地部门来管理的，只要使用单位申请即可使用，因而呈现出很大的不规范性。[2] 访谈中，G县审计局局长也指出G县非税收入管理中的不规范问题：

> 在非税收入方面，从审计情况来看呢，也存在一些不规范的问题。比如一些地方收了费没有上缴，直接开支掉了，但是考虑到下面困难的情况，不这样做，他们的工作就没有办法开展。一个是过去前期返还不及时，第二是资金不能保证。他们就要想办法。[3]

除了上述原因之外，非税收入的扩张还与县级财政压力有很大关系。G县财政保吃饭、保运转没问题，财政压力最大的地方，主要是建设上没钱，在经济和社会事业发展、基础设施建设方面，没有多少资金，压力很大。想从一般性财力里面解决这个问题肯

〔1〕 访谈笔录。对G县某县长的访谈，材料编号 agwtl20100125h+l。

〔2〕 访谈笔录。对G县审计局局长的访谈，材料编号 agczj20090727wfjz+yq。

〔3〕 访谈笔录。对G县审计局局长的访谈，材料编号 agsjj20100127zjx。

定很难,因此,G 县主要从抓基金收入,这个钱主要是用来搞建设,尤其是土地出让金。[1]

不过,G 县非税收入的筹措也是有选择性的,主要在计生和公安这两块。这是因为近年来,G 县财政支出压力不断增大,政绩冲动、民生需求、基础设施建设、经济发展的投资拉动、一般公共服务支出等,都需要县政府给予足够的资金支持。在强大的竞争压力下,G 县为了推动地方经济的发展,采取了一系列相机性措施,如 G 县 2009 年采取了一系列行动,有针对性地提升地方政府的服务意识与水平,利用物价部门的价格调控职能,为企业清费减负,优化发展环境。

8.2.3 非税收入的规范化管理趋势

G 县官员意识到,名目各异的基金和收费,加上法治意识缺乏和部门利益的影响,这些收费主要用于收费单位的自收自支,收费的多少与收费单位的经济利益直接挂钩,导致政府性收费的无序状态,并严重恶化地方经济发展与投资环境,加重了市场主体的负担。政府性收费如果管理不当,就会对税源拓展带来负面影响。访谈发现,G 县明确要求对土地出让金等非税收入进行预算管理,G 县财政报表也纳入了相应的非税收入科目,G 县非税收入管理中的自收自支、无序管理现象得到了一定程度的遏制。

---

〔1〕 访谈笔录。对 G 县某县长的访谈,材料编号 agxz20100128yxy。

这些钱(非税收入)都要进入财政再分配的。只是在分配去向上,拿出10%来安排一般性的支出,保工资、保运转;另外90%用于事业上。不能像过去解决以费养人的问题。过去由于编制控制不严,进人多,收的费都发工资养人去了。现在市政方面的建设费,如道路毁坏、管网建设,你都要用在这方面去。〔1〕

G县的这种非税收入管理状况从某种程度上验证了下述说法,即除少数地区外,〔2〕政府非税收入中仍有相当一部分非税收入未纳入预算管理。〔3〕以土地出让金管理为例,1994年分税制改革后,中央政府为地方财政留了个"小口",即将土地出让金划归地方政府。这为地方活跃的房地产市场埋下了伏笔。实践和研究

---

〔1〕访谈笔录。对G县某县长的访谈,材料编号agxz20100128yxy。

〔2〕如湖南在全国率先实现了非税收入全部纳入预算管理,并制定了《非税收入管理条例》和《株洲市市级非税收入预算管理办法》。参见席斯:《全国人大要求2011年实现非税收入纳入预算管理》,http://www.eeo.com.cn/Politics/beijing_news/2008/03/12/93914.html。

〔3〕审计署2008年对18个省(自治区、直辖市)财政预算管理情况进行了审计调查,重点抽查了45个市(州)及其所属106个县(区、旗),发现土地出让收入等非税收入未全部纳入预算管理,部分城市的开发区预算收支未纳入所属城市本级预算管理。抽查的10个省本级、23个市本级和41个县,2007年有848.26亿元非税收入未纳入一般预算和基金预算管理,占这些地区应纳入预算管理的非税收入的22.63%,其中16个市县超过50%。从结构看,上述应纳未纳入预算管理的非税收入主要是土地出让收入626.42亿元和已收缴的国有资本经营收益44.56亿元,合计占上述848.26亿元的79.1%。参见中国新闻网:《审计署:土地出让收入等非税收入未全部纳入预算》,http://www.chinanews.com.cn/estate/estate-zcfg/news/2009/07-17/1779771.shtml。

表明，土地出让金已成为地方财政的重要构成部分，特别是地方预算外非税收入的主要来源。2006 年 1 月 1 日农业税废止以后更是如此。尽管在 2006 年有所调整，将新增建设用地土地有偿使用费的 30%划归中央，但这并没有扭转地方政府对土地收入的依赖。由于地方政府在很大程度上靠土地出让金等非税收入生财，政府官员往往担心房地产市场的衰退。这是因为，房地产既是地方政府的一个重要税收来源，也是地方政府高额国有土地使用权出让金的保证，如果房地产市场萎靡不振，会造成房地产税收减少，进而加大地方财政收入持续、较快增长的难度。张照、王德在《我国城市基础设施建设资金运作模式研究》一文中，给出了土地收益的分配使用图（见图 8—1）。

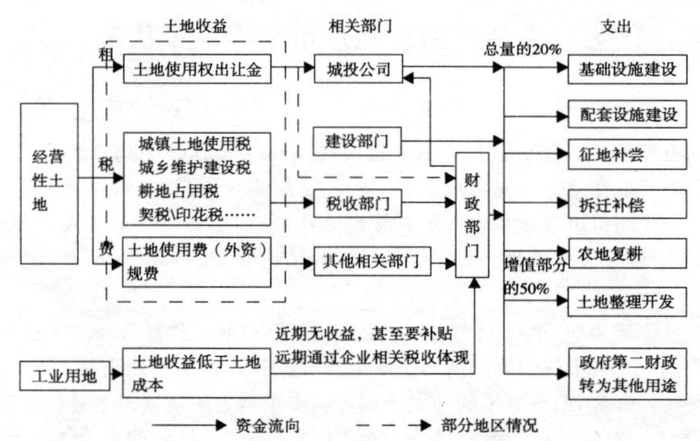

图 8—1　土地收益费分配使用图[1]

〔1〕 张照，王德. 我国城市基础设施建设资金运作模式研究[J]. 城市规划，2009，3.

对于地方政府来说，依靠土地出让金增加非税收入，不仅便于使用，而且能很快得到巨额收入。G县一位县长在谈到开发区土地运作时说到：

> 很简单的概念是，土地指标拿到手就是钱，我们运作得好的话，一亩地至少能挣100万，有3000亩地就能搞30个亿。这是可以保障整个开发区发展的。[1]

在G县，非税收入管理的依据是G县《关于规范非税收入管理的意见》（G政[2008]36号）。这一文件强调要继续深化"收支两条线"管理改革，将所有政府非税收入全部纳入财政管理。要按照"两块资金、统一计划、收支统管、综合平衡"的财政预算管理体制，实现政府税收与非税收入的统筹安排。在编制预算时，将政府非税收入（剔除具有专门用途的政府性基金）与一般预算支出对应起来，合理核定预算支出标准，进一步明确预算支出范围和细化支出项目。通过编制综合财政预算，确保各项事业正常运转，改变部门的分配不公现象，增强政府调控能力。G县的非税收入管理具体要求如下：[2]

第一，除"国有土地使用权出让金收入"、"新增建设用地土地有偿使用费收入"外，其他政府非税收入以上年收入数为基数进行核定（考虑当年增减因素需提供相关政策文件依据）。

---

〔1〕 访谈笔录。对G县某县长的访谈，材料编号agwtl20100125h+l。

〔2〕 参见G县人民政府文件：《关于规范非税收入管理的意见》（G政[2008]36号）。

第二，除"政府性基金收入"、"中小学（含职业学校）及幼儿园的各类收入"、"捐赠收入"、"国有资本经营收入"、"国有资源（资产）有偿使用收入"、"主管部门集中收入"、"上级补助收入"等收入外，单位组织的其他政府非税收入在编制部门综合财政预算时一律按照 20％的比例安排"征收业务成本支出"。

第三，在编制部门综合财政预算时，要按照统一的支出口径、标准编制支出预算。一是单位的"工资福利支出"、"对个人和家庭的补助支出"、"商品和服务支出"、"基本建设支出"等一般预算支出全部由财政预算内安排的，其组织的政府非税收入除安排 20％的"征收业务成本支出"外，其余归政府所有，由政府统一调控使用。二是单位的一般预算支出财政预算内未安排的，均从其组织的政府非税收入中安排，另外安排 20％的征收业务成本，结余归政府所有，由政府统一调控使用。

第四，各单位要按照规定的项目、标准认真做好各项收入的征收工作，对当年完不成收入基数的，财政部门应按照相应的比例扣减其当年"商品和服务支出"等预算指标；如超收，只安排 20％的征收业务成本，其余归政府所有，由政府统一调控使用。

8.3 游说财政：财政资金的非规范分配

2008 年国务院为确保中国经济渡过难关，宣布在民生工程、基础设施、生态环境建设和灾后重建等领域投入 4 万亿元，一些地方政府、企业闻风而动。掌管投资大权的国家发改委门前更是“人头攒动”，交通比以前明显拥挤很多。有学者担心，这些用于国家发展、解决民生问题的资金，到了地方政府后，很可能将资金用于短期见效快的政绩工程、面子工程。[1] 众所周知，我国财政体制正处于改革、转型过程之中。与我国财政体制不完善相适应，转型期我国财政资金的分配呈现出很强的“游说财政”的特点。游说财政有两种理解。一种理解是在财政预算过程中，各利益相关者试图通过阐发自己的观点影响政府部门预算编制与资金的具体分配。另一种理解是，地方政府通过加强与上级政府、中央政府的联系，以获得更大份额的财政资金。G县在对上争取资金和项目方面，具有较好的代表性和样本意义。

8.3.1 对上争取项目：趋利避害策略的运用

实践中，G县政府把向上级政府争取项目和资金作为一种弥补地方财政缺口、缓解地方经济发展资金压力的生财之道。为此，G县还专门成立了“县争取项目工作小组办公室”。之所以有很强的激励成立“县争取项目工作小组办公室”，是因为在很多情况下，上级政府为了贯彻其政策意图，往往会设立一些需要争取的项目。这些项目的实施往往同时要求地方政府安排相应的配套资金，因

〔1〕 马光远.别让游说者忽悠了四万亿[J].理论与当代，2009，1.

此其效果也就取决于地方政府配套资金的跟进力度。而目前专项资金管理和使用尚未建立起完善的监督机制，部分项目选项、立项尚具有很大的随意性。访谈中，G县一位县长谈到：

> 中国的体制就这样，现在在逐步走向规范化、透明化。建国以来，我国的行政管理体制，权力在上面，为什么要"跑部"，跑的那个多拿钱啊。[1]

不过，在项目建设过程中，由于地方财政无力提供配套，常常存在项目资金不到位，[2]甚至截留挪用中央和省市财政专项资金的现象，严重影响了项目建设的进度与质量。当然，在争取项目配套的过程中，也不排除部分地方政府有实力、有能力配套而不愿配套的情形。在这一情形下，国家项目原有的政策意图完全被地方政府所忽视，纯粹成了地方政府自主发展的资金来源。实践中，地方政府为了获得这部分资金，使尽浑身解数争取项目，对地方财政有益、社会效益明显的项目尤其如此。项目争取来，拿到国家拨付的资金以后，地方政府对配套资金实际问题避而不谈。因为就算配套资金不到位，项目也不会中途下马。在这一过程中，地方政府通过地方配套资金"套"住了国家的项目与资金，并带来了地方经

---

〔1〕 访谈笔录。对G县某县长的访谈，材料编号 agxz20100128yxy。

〔2〕 配套资金不及时到位，是指地（州、市）、县级配套资金（含企业自有资金）到位比例低于省（含中央）财政资金到位比例。

济的繁荣和地方官员“政绩”的凸显，因此地方政府往往对配套项目表现出极大的热情与支持，甚至出现项目超范围申报、重复申报和虚报项目等行为。[1]

实践中，配套项目除地方配套资金到位不及时外，各级政府部门还存在弄虚作假的情况，如项目单位“采取先转入后抽走的方法，或者虚列支出作为自筹资金、虚报财务报表的办法，以及将不属于该项目的支出当作是对该项目垫付的资金而视为自筹资金上报等手段，还有就是在财政、主管部门的资金未到位的情况下，项目单位采取挂应收款的办法”[2]。根据调研情况来看，上述情形在 G 县并不多见。访谈发现，G 县争取的“新农保”试点[3]、义务教育化债[4]和省道一级路改造项目[5]等配套项目，在一定程度上反映了地方政府争取项目和资金的选择性和相机性。

8.3.2 争取专项资金

专项资金是财政部门或上级单位拨给下级行政事业单位，用于专项工作或工程的资金，要求专款专用，如扶贫专项资金、水利

---

〔1〕 徐轶，谢欣. 地方财政项目配套资金问题初探[J]. 地方财政研究，2009，5.

〔2〕 同上。

〔3〕 访谈笔录。对 G 县劳动和社会保障局书记、副局长的访谈，材料编号 aglbj20100127dxy+zzb。

〔4〕 访谈笔录。对 G 县审计局局长的访谈，材料编号 agsjj20100127zjx。

〔5〕 访谈笔录。对 G 县某交通局长的访谈，材料编号 agjtj20100126zam。

建设专项资金、农业综合开发专项资金、下岗再就业专项资金等。

A省实行省直管县改革后，对于专项资金的管理主要涉及：[1]第一，专项资金的申报。各县要求专项资金支持的，由县财政部门或县主管部门会同县财政部门直接向省直有关主管部门和省财政厅申报。对按规定需要市财政配套的项目，应经市财政或市财政和市直有关部门共同审核同意后上报。

第二，专项资金的分配和下达。省直部门年度预算中的专项资金，凡用于补助市、县的项目要单独编列，并细化到具体的市、县，与用于部门本级、下属单位的项目分开。补助市、县的专项资金，预算执行中由省财政厅或省财政厅会同省直有关主管部门直接分配和下达到市、县，下达到县的专项资金同时抄送市财政局及有关部门。按照国家和省政府有关社会保险政策要求已经实行企业职工基本养老、失业、医疗等社会保险市级统筹的市，社会保险基金补助专款（含转移支付）由省财政厅或省财政厅会同省直主管部门分配和下达到市。为及时发挥财政资金使用效益，省直有关部门应抓紧做好项目前期准备工作，尽可能提前分配和下达专项资金，省财政安排的补助市、县的专项资金原则上应在每年10月底前全部分配和下达。

第三，专项资金的监督管理。各市、县要加强专项资金的使用

---

〔1〕 参见A省财政厅：《A省关于省直管县财政体制改革的具体实施意见》。http://www.sdpc.gov.cn/tzgg/jjlygg/t20050916_42959.htm。

管理，切实做到专款专用，充分发挥资金的使用效益。市、县应及时向省财政厅及省直有关主管部门报送专项资金的使用情况及成效分析。省财政厅和省直有关部门直接对市、县专项资金使用情况进行跟踪检查和绩效考评。

我国财政体制改革造成事权下沉，基层财政吃紧。在一些经济欠发达地区，由于区域经济发展缓慢，地方财政财力有限，以前的“吃饭财政”格局并没有彻底改变，地方可支配财力不足。实行部门预算后，财政资金安排使用的机动性虽然得到保证，但经人大批准的部门预算，是以人头、规定标准分配财政资金的。特别是在经济相对落后地区，由于其所规定的标准不高，公用经费难以满足支出需要。因此，在实际工作中，专项资金被挤占挪用的现象十分突出。为了填补公共经费的资金缺口，平衡年终决算，地方政府部门往往会打专项资金的主意，以致非常有限的专项资金，或者变成了日常办公费、招待费和外出考察费用，或者变成了争取新项目的启动资金，或者用于偿还旧债、建设“形象工程”“政绩工程”、发奖金、福利和补贴等。[1]

此外，在政绩驱动和利益诱惑下，地方政府为了从上级政府那里尽可能多地争取资金，往往会“虚报项目，套取、转移专项资金到账外，私设账外账、小金库”[2]。再有，地方政府在申报项目时，为

〔1〕 王晓莉.县级财政资金管理中存在的问题及对策[J].现代企业，2008，6.

〔2〕 沈慕华.财政专项资金管理存在的问题及对策[J].山西财税，2005，7.

防多报少批，往往提高申报资金数目。对上级政府追加的资金，在资金使用无人监督检查的情况下，用款单位往往有挪用专项资金的冲动与行为。

最后，在激烈的地方竞争中，一些地方出于政绩的考虑，地方政府一般重工业轻农业，倾向于将专项资金投向脱离当地实际的"标志工程"、"形象工程"，偏离专项资金的使用目标。在专项资金配套上，由于地方财力有限，配套资金往往无法及时到位。有的地方政府则采用"空转"的办法使配套资金假到位，[1]即项目实施政府或项目实施单位先上缴一定数量的资金，然后作为上级政府的配套资金下拨给项目实施政府或单位，以套取中央资金，然后再用已到位资金套取下一批中央资金，如此往复。资金争取来以后，地方官员为了完成上级交付的任务或本级政府的目标，认为专项资金只要不进个人腰包，怎么使用都无所谓。在强大的竞争与发展、财政支出压力下，随意挤占、挪用专项资金，甚至虚报工程量，截留、转移专项资金，以至"专用专款"也就成为顺理成章的"政治需要"了。调研中，G县审计局局长指出：

> G县2009年争取专项资金达2.84亿元。省直管县改革减少了中间环节，为G县争取专项资金提供了效率保障。[2]

---

〔1〕 沈慕华. 财政专项资金管理存在的问题及对策[J]. 山西财税，2005，7.

〔2〕 访谈笔录。对G县审计局局长的访谈，材料编号 agczj20090727wfjz。

在调研过程中，我们没有发现G县有前述专项资金使用和管理上的违规行为。这可能与我们将访谈的重点放在了前面几个问题上有关。我们将在日后的研究中，继续跟进这一问题。

8.4 变相借贷：充分发挥政府性融资平台的功能

当前，我国地方政府没有发行债券的资格，亦不能以地方政府名义直接借贷。这样，地方政府要想获取地方经济建设和社会公共事务所需的资金，就只能在中央政府的担保下，向外国银行贷款，或者向国家开发银行贷款。除此之外，当前地方政府获取资金的一个主要途径是通过建立政府性投资公司如城市经营投资公司、交通建设投资公司、城市发展公司进行融资。由于这些投资公司一般由地方政府所有或控股，而且经营的产品品种主要涉及基础设施和城市建设等与国计民生关系甚密的行业，这种融资手段所得资金数额往往较大，因此它们往往是地方政府从银行间接融资的桥梁，是当前地方政府获取资金的主要渠道。这也使地方政府面临的预算约束进一步软化。马骏、刘亚平在研究中国地方政府财政风险时，将政府性投资公司视为地方政府变相借债的一种重要形式（见图8—2），并认为这会带来地方政府的财政机会主义（见图8—3）。

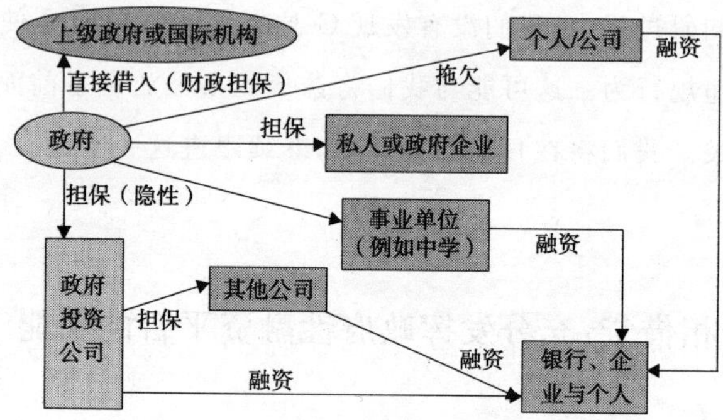

图 8—2 地方政府变相借债形式〔1〕

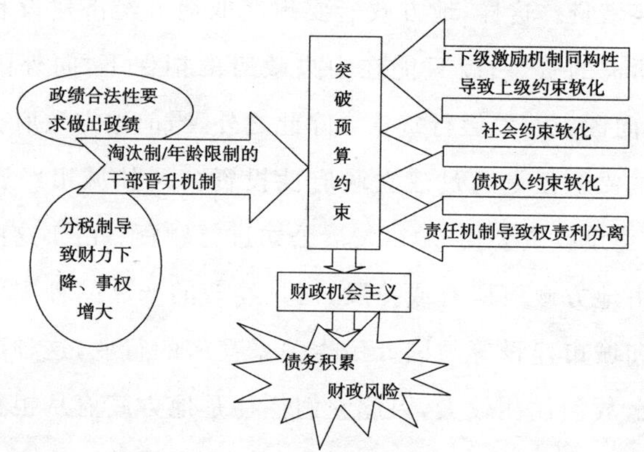

图 8—3 财政机会主义的产生〔2〕

〔1〕 马骏，刘亚平. 中国地方政府财政风险研究："逆向软预算约束"理论的视角[J]. 学术研究，2005，11.

〔2〕 同上。

此外，张照、王德在《我国城市基础设施建设资金运作模式研究》一文中，也给出了县城市建设国内举债图（见图 8—4）。

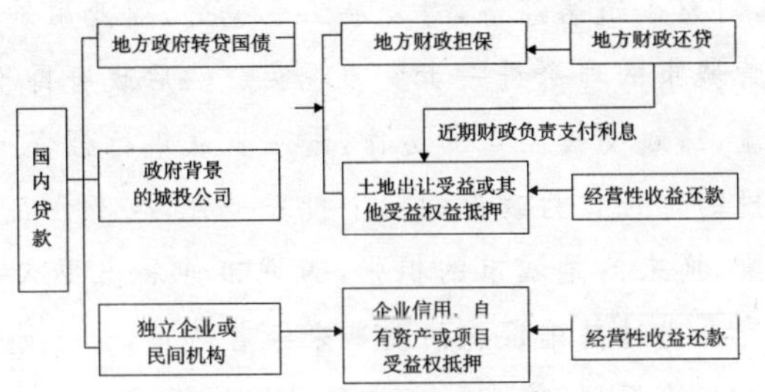

图 8—4　县城市建设国内举债图[1]

在"经营城市"理念与强大的发展资金需求压力下，各地方政府为了提升自身的资金管理与筹措能力，盘活城市资产，以城建城，纷纷以 1988 年国务院发布的《关于投资管理体制的近期改革方案》为依据，改革城市投融资体制，建立城市建设投资公司、交通投资发展有限公司、城建开发公司、城建资产经营公司等政府城建投融资平台，专事资产与资金运营，为城市基础设施建设等投资回收周期长的项目拓展资金来源。在此背景下，G 县也成立了 G 县交通投资有限公司，负责交通基础设施建设、投资及经营。其现实与定位是：

交投作为投资公司，我们的定位是，代政府作为一个融资

---

〔1〕 张照，王德. 我国城市基础设施建设资金运作模式研究[J]. 城市规划，2009，3.

> 平台,通过交通基础设施的改善,把城市的框架拉开,通过桥梁和道路作为沟通点,把城市发展的空间伸长,带动生地变成熟地,对整个道路经济,对发展工业也好,商业用地也好,把整个经营城市的理念进一步变为现实。然后政府再不停地注入现金流,通过交投公司的运作,进一步从银行融资……这样我们交投的定位作为政府的一个投资平台,生产公共产品,公路和桥梁,换来的是城市的扩张,为城市伸展出更大的空间,然后政府再通过基础设施的改善来经营城市,让土地进行升值。通过更好的规划,使土地变成更丰富的钱袋子,这样就不停地有资金注入交投。〔1〕

可见,作为连接政府与市场的重要渠道,地方政府性投资公司最为重要的职能就是为城市重大项目投融资。城投等政府性投资公司的使命是在遵循市场规律的基础上,通过多渠道展开资本化运作,建设城市基础设施,以提高城市基础设施投资与运营的效率。

不过,在当前条件下,G县交投等政府性投资公司在项目投资管理、国有资产出资人行使权力、资产变现、资金筹措、化解风险等方面还不成熟,主要表现在没有将城建项目进行科学划分,分类管理,如各地方政府普遍将经营性(如市政收费道路、桥梁、地铁等)、准经营性(具有部分公益性,如教育产业化、供水、供气等)和非经营性等项目作相同处理;融资渠道单一、负债率居高不下、项目收

〔1〕 访谈笔录。对G县某交通局长的访谈,材料编号 agjtj20100126zam。

益低;政府直接参与管理、重建设、轻经营,重形象、轻管理;资金高度集中,统收统支,缺乏监管等。而且,这些投资公司与国土、城建、财政、市政、水务、房地产等政府主管部门的关系也未理顺。此外,由于没有建立起完善的债务偿还与资金使用效率评估等现代企业制度体系,G 县交投等政府性投资公司有纯粹"借债公司"之嫌,〔1〕G 县交投的融资功能尚未完全发挥出来。〔2〕

8.5 结语

总体看来,从 G 县财政收入的创收手段来看,G 县财政收入增收策略不外乎就是拓展税源、扩大土地出让金等非税收规模以及争取上级政府转移支付等。G 县增加税收的途径,也仅限于招商引资、开源节流等手段,且其效果并不是很明显。这说明,除了策略性地使用一些常规手段外,G 县还没有找到更好的途径。

当然,政治与经济、行政制度约束软硬程度决定了地方政府组织财政收入的可能行动集。在较硬的制度约束〔3〕环境下,各地方

〔1〕 访谈笔录。对 G 县某县长的访谈,材料编号 agwtl20100125h+l。

〔2〕 访谈笔录。对 G 县经济开发区主任的访谈,材料编号 agjjkfq20100128zj。

〔3〕 虽然本章没有给出衡量制度约束的软硬程度方法,但直观上,制度约束的软硬程度差异是客观存在的。用定量方法分析衡量制度约束软硬程度及其影响将是今后研究的一个方向。

政府组织财政收入的可能行动集相对确定，且数量有限，地方政府的主动性、机动性很难发挥。但在制度约束相对软化的情形中，地方政府官员的行动空间会急剧增大，结合适当的绩效评估方法，地方政府官员之间的努力程度和工作能力很容易显现出来。因此，相对于硬制度约束来说，软制度约束带来的地方官员激励更强。

G县的经验表明，在扩权强县改革的大背景下，县级政府为了获得较多的公共财政收入，以改善地方发展环境，会发展地方经济，努力拓展财源，采取如放宽招商引资优惠政策、加快工业园建设、规范税收征管、积极向上级政府争取项目和资金等措施。概括来讲，G县的财政收入扩张具有如下三个特点：第一，预算约束的逐渐硬化促使G县努力改善当地软、硬环境，以利于招商引资，加快地方经济发展；第二，在G县，预算软约束表现为G县或者向上级政府"游说"，或者通过成立城投等政府性投资公司融资以争取发展本地经济的资金或物资。第三，对于逆向预算软约束来说，在我国非税收入逐渐走向规范化的背景下，G县向下索要资源的方式已有所变化，收取过头税、恶意摊派等做法已经得到了较大的遏制。

此外，作为理性的行为者，地方官员组织财政收入并不是盲目的。事实上，地方政府组织财政收入呈现出很强的选择性或相机性，即在扩大财政基数方面，地方政府除了做常规的拓展财源的工作，如积极培植税源外，地方官员还会根据资金获取难易程度和自身晋升压力，有选择性地根据中央政府或上级政府的政策调整自己的财政收入组织策略。这种相机性财政收入增收策略有时会表现为 101 省道一级路改造这样的“钓鱼工程”，有时会表现为其他形式。不同官员对资金获取方式认识上的差异，导致地方财政增收及其激励的差异。

刘述良　何逢阳

参考文献

Addonizio M. F. 1991,"Intergovernmental grants and the demand for local education expenditure," *Public Finance Review*, 19(2): pp. 209 - 232.

Banker R. D., Morey R. C. 1986, "Efficiency Analysis for Exogenously Fixed Inputs and Outputs", *Operations Research*, 34(4): pp. 513 - 521.

Bartle, John R. & Jun Ma(2001), "Applying Transaction Cost Theory to Public Budgeting and Finance", In John Bartle, *Eds Evolving Theory of Public Budgeting*, New York: JAI Press.

Benson, C. S. (1995), "Educational Financing", *In International Encyclopedia of Economics of Education*, edited by Martin Carnoy, New York: Pergamon, pp. 408 - 412.

Berne R., Stiefel L. 1984, "The Measurement of Equity in School Finance: Conceptual", *Methodological, and Empirical Dimensions*, Baltimore MD: The John Hopkins University Press: pp. 7 - 40.

Bessent A., et al. 1982, "An Application of Mathematical Programming to Assess Productivity in the Houston Independent School District," *Management Science*, 28(12): pp. 1355 - 1367.

Cadien, N. (1990), "Public Budgeting in the United States: The State of the Discipline", in *Public Administration: The state of the Discipline*, N. Lynn & A. Wildavsky, eds., New Jersey: Chatham, ch. 11.

Cambron-Mccabe N. H., Odden A. 1982, "The Changing Politics of School Finance-Third Annual Yearbook of the American Education Finance Association", Cambridge, Massachusetts: *Ballinger Publishing Company*.

Cheema G. S., Rondinelli D A. 2007. From government decentralization to decentralized governance // Chema GS and Rondinelli DA (eds) Decentralizing Governance. Washington, DC: Bookings Institution Press: 1–20.

Courant, P. N., E. M. Gramlich and D. L. Rubinfeld. "The Simulative Effects of Intergovernmental Grants Or Why Money Sticks Where It Hits," in P. M. Miezkowski and W. H. Oaklands (eds.) Fiscal Federalism and Grants-in-Aid. Washington, DC: The Urban Institute, 1979.

Crafts, Nick. "The Industrial Revolution," in Floud and McCloskey (1994), Volume1, 44–59.

Davis, Rafus. "The federal principle reconsidered," in Wildavsky, ed., American Federalism in Perspective Boston, Little Brown, 1967.

Denison E. F. 1962. The sources of economic growth in the United States and the alternatives before us. New York: Committee for Economic Development: 167–69.

Downes T., L. Stiefel. "Measuring equity and adequacy in school finance," in H. F. Ladd and E. B. Fiske, eds., Handbook of research on education finance and policy, New York: Routledge, 2008: 222–37.

Duncombe W. D., Yinger J. M. 1997. Why Is It So Hard to Help Central

City Schools? Journal of Policy Analysis and Management, 16 (1):85 - 113.

Fare R. G. ,Shawna N M and Zhang Z. 1994. Productivity Growth,Technical Progress,and Efficiency Change in Industrialized Countries. American Economic Review,84(1):66 - 83.

Fare R. ,et al. 1997. Productivity growth in health-care delivery. Medical Care,35(4):354 - 66.

Floud,Roderick and Donald McCloskey (eds). The Economic History of Britain since1700,in three volumes. Cambridge University Press,2nd edition,1994.

Gosling,J. J. (1997),"Budgetary Politics in American Governments (2nd ed.)",Garland Publishing,Inc.

Gruber,Jonathan. Public Finance and Public Policy. Worth Publishers, 2005.

Guthrie W. ,R. Rothstein,"Enabling adequacy to achieve reality: Translating adequacy into State school finance distribution arrangements," in H. F. Ladd,R. Chalk & J. S. Hansen,eds. ,Equity and Adequacy in Education Finance,Washington: National Academy Press,1999:209 - 259.

Hayek,Friedrich A. "The Use of Knowledge in Society." American Economic Review. Vol. 35(1945):519 - 530.

Hou,Yilin. 2006. "Stages of Budgetary Development-A Socio-Economic Model on the Development of Public Budgeting," paper prepared for presentation at the annual conference of the American Society for Public Administration (ASPA),April1 - 4,2006,Denver,Colorado; available at available at SSRN: http://ssrn.com/abstract=971079.

Hou,Yilin. 2008. "The Onset of a New Fiscal Regime in a Transitional

Society: Effects of Tax Separation and Central Transfers on Sustaining Local Revenue Trends-Evidence from Chinese Local Governments," paper presented at the2008National Tax Association conference, November, 2008, Philadelphia, USA.

Hoxby C. M. 1996. Are Efficiency and Equity in School Finance Substitutes or Complements? Journal of Economic Perspectives, 10(4): 51－72.

Hyde, A. C. (1991), "Government Budgeting: Theory, Process, and Politics (2nd ed.)", Brooks/Cole Publishing company, Pacific Grove, California.

Jin, Hehui, Yingyi Qian, Barry R. Weingast. "Regional Decentralization and Fiscal Incentives: Federalism, Chinese Style." Journal of Public Economics Vol. 89(2005): 1719－1742.

Johnson, Paul. "The Welfare State," in Floud and McCloskey (1994), Volume3, 284－317.

Kennedy J. J., "From the Tax for Fee Reform to the Abolition of Agricultural Taxes: The Impact on Township Governments in Northwest China," The China Quarterly, Vol. 189, no. 1(2007), 43－59.

Ladd H. F., "Reflections on Equity, Adequacy and Weighted Student Funding," Education Finance and Policy, vol. 3, no. 4(Fall2008), 402－423.

Ladd H. F., J. S. Hansen, eds., Making money matter: financing America's schools, Washington, DC.: National Academy Press, 1999: 1－5.

Loeb S. 2001. Estimating the effects of school finance reform: a framework for a federalist system. Journal of PublicEconomies, 80(2): 225－247.

Madoerin, Mascha (2007), "Gender-responsive Budgeting Initiatives in

Switzerland: Work in Progress",Berne: Muenchenstein.

Montinola,Gabriella,Yingyi Qian,and Barry Weingast. "Federalism,Chinese Style: The Political Basis for Economic Success in China." World Politics Vol. 48(1995):50 - 81.

Musgrave,Richard. Theory of Public Finance: A Study of Public Economy. New York: McGraw,1959.

North,C. Douglas. Understanding the Process of Economic Change. Princeton,NJ.: Princeton University Press,2005.

North D. C. 1990. A Transaction Cost Theory of Politics. Journal of Theoretical Politics,2(4):355 - 367.

North,C. Douglas and Robert Paul Thomas. The Rise of the Western World-A New Economic History. Cambridge University Press,1973.

Oates,Wallace. Fiscal Federalism. New York: Harcourt Brace Jovanovich,1972.

Oates W. E. 1969. The Effects of Property Taxes and Local Public Spending on Property Values: An Empirical Study of Tax Capitalization and the Tiebout Hypothesis. Journal of Political Economy,77(6): 957 - 71.

Odden A. Clune W. 1995. Improving Educational Productivity and School Finance. Educational Researcher,24(9):6 - 10.

Rao,M. Govinda. "Resolving Fiscal Imbalances: Issues in Tax Sharing," in Robin Boadway and Anwar Shah (eds.), Intergovernmental Fiscal Transfers: Principles and Practice. Herndon,VA,USA: World Bank, 2007.

Ray S. C. 1991. Resource-Use Efficiency in Public Schools: A Study of Connecticut Data. Management Science,37(12):1620 - 1628.

Reschovsky A., J. Imazeki, "Achieving Educational Adequacy through

School Finance Reform", *Journal of Education Finance*, Vol. 26, no. 4 (2000): pp. 373 - 396.

Rubin, I. S. (1988), "The Authorization Process: Implications for Budget Theory", *New Directions in Budget Theory*. Albany: State University of New York Press.

Schick, A. (1995), "The Federal Budget—Politics, Policy, Process", *The Brookings Institution*.

Schultz T. W. 1961. "Investment in Human Capital", *The American Economic Review*, 51(1): 1 - 17.

Sato, Motohiro. (2007), "The Political Economy of Interregional Grants. In Robin Boadway and Anwar Shah eds.", *Intergovernmental Fiscal Transfers: Principles and Practice*, Herndon, VA, USA: World Bank.

Tiebout C. M. 1956, "The Pure Theory of Local Expenditure". Journal of Political Economy, 64(5): 416 - 424.

W. D. Duncombe, J. M. Yinger, "Why Is It So Hard to Help Central City Schools?" Journal of Policy Analysis and Management, Vol. 16, no. 1 (1997): 85 - 113.

Zou, Heng-fu. "The growth impact of intersectoral and intergovernmental allocation of public expenditure: With applications to China and India", China Economic Review12(2001): 58 - 81.

〔法〕卢梭. 社会契约论[M]. 北京:商务印书馆,1982.

〔美〕罗伯特·D. 李,罗纳德·约翰逊. 公共预算系统(第6版)[M]. 北京:清华大学出版社,2002.

〔美〕迈克尔·麦金尼斯. 多中心体制与地方公共经济[M]. 上海:上海三联书店,2000.

阿特金森,斯蒂格利茨. 公共经济学[M]. 上海:上海人民出版社,1994.

艾义中.抗日民主根据地民主政治建设的历史经验回顾[J].经济社会体制比较,1998,4.

安体富.中国转移支付制度:现状、问题、改革建议[J].财政研究,2007,1:2—5.

暴景升.当代中国县政改革研究[M].天津:天津人民出版社,2007.

卜紫洲.中国县级教育财政实证研究:充足、公平与效率[D].北京:清华大学,2011.

蔡建明.政府非税收入研究[D].大连:东北财经大学,2006:95—100.

程瑜.政府预算契约论——一种委托-代理理论的研究视角[M].北京:经济科学出版社,2008.

戴罗仙.税费改革与我国义务教育财政体制改革研究[J].经济问题探索,2005,5:108—112.

方堃.城乡统筹的县域农村公共服务模式与路径研究——从"国家单方供给"到"社会协同治理"的逻辑变迁[J].天津行政学院学报,2009,3.

费宇,李晓鹏.地方政府教育标准财政支出测算研究[J].思想战线,2006,4:110—116.

高培勇.中国财税体制改革 30 年研究——奔向公共化的中国财税改革[M].北京:经济管理出版社,2008.

高培勇,马蔡琛.中国政府预算的法治化进程:成就、问题与政策选择[J].财政研究,2004,10.

高培勇等.财政体制改革攻坚[M].北京:中国水利水电出版社,2005.

古志辉.中国 1978—2002 年的财政制度、经济增长与转轨:理论与事实[J].数量经济技术经济研究,2005,10.

郭志强,邓朝金.规范财政转移支付预算管理[J].中国财政,2007,4.

侯一麟.政府改革的逻辑[C].//朱春奎,侯一麟,马骏.公共财政与政府改革.上海:上海人民出版社,2008.

胡豹,黄莉莉.新型农村公共财政体系构建的理论与实证[M].杭州:浙江大学出版社,2007:15.

胡伟.制度变迁中的县级政府行为[M].北京:中国社会科学出版社,2007.

黄斌、钟宇平.教育财政充足的探讨及其在中国的适用性[J].北京大学教育评论.2008,6:139—153.

黄河.地方政府招商引资行为透视——基于变通性经营政权的分析[J].湖北经济学院学报,2007,3.

黄佩华,迪帕克.中国:国家发展与地方财政[M].北京:中信出版社,2003.

贾康.地方财政问题研究[M].北京:经济科学出版社,2004:13.

贾康,刘军民.非税收入规范化管理研究[J].税务研究,2005,4:24—31.

贾康,苏明.部门预算编制问题研究[M].北京:经济科学出版社,2004.

贾康,赵全厚.中国财税体制改革30年回顾与展望[M].北京:人民出版社,2008.

靳东升.依法治税(中央与地方税权关系研究)[M].北京:经济科学出版社,2005.

李保民.县级财政赤字的成因与治理方略[J].改革,1994,4:112—116.

李存生,杨永刚.农村基础教育现状分析与对策——咸阳市礼泉县基础教育个案分析[J].教育探索,2006,2:50—51.

李剑阁.中国新农村建设调查[M].上海:上海远东出版社,2007:21.

李萍.中国政府间财政关系图解[M].北京:中国财经出版社,2006.

李一花.中国县乡财政运行及解困研究[M].北京:社会科学文献出版社,2008.

辽宁省财政科学研究所课题组.后农业税时代县乡财政经济运行情况的调查——基于辽宁财政科研观察点问卷分析[J].地方财政研究,2008,4.

楼继伟.中国政府预算:制度、管理与案例[M].北京:中国财政经济出版社,2002.

卢瑞华,何志强.工业园区建设的分析模型初探[J].科技管理研究,2009,10.

吕丽艳."以县为主"的农村义务教育管理体制运行状况个案调查[J].东北师大学报(哲学社会科学版),2004,1:123—128.

吕炜,孙克竞.省以下财政体制改革框架分析[J].地方财政研究,2008,2.

吕炜.1998年以来财政体制与政策的宏观评价[J].财贸经济,2003,3.

马蔡琛.变革世界中的政府预算管理——一种利益相关方视角的考察[M].北京:中国社会科学出版社,2010:16.

马蔡琛.机制重塑:中国公共预算管理改革的路径选择[J].公共经济研究,2003,2.

马蔡琛.市场经济国家的预算超收形成机理及其对中国的启示[J].财政研究,2008,11:72—74.

马蔡琛.政府预算[M].大连:东北财经大学出版社,2007.

马蔡琛.政府预算管理理论研究及其新进展[J].社会科学,2004,5.

马蔡琛.中国预算管理制度变迁的经济学分析[J].税务与经济,2002,2.

马蔡琛,李红梅.社会性别预算中的公民参与[J].学术论坛,2010,12.

马蔡琛,李璐."省管县"体制下的县级政府预算管理研究[J].经济纵横,2010,8.

马蔡琛,李璐.再论中国公共预算改革的路径选择——基于PPBE和规划预算的考察[J].甘肃行政学院学报,2009,1.

马蔡琛,李璐.中国预算管理公共化进程的典型特征与路径选择[J].广东社会科学,2009,6.

马光远.别让游说者忽悠了四万亿[J].理论与当代,2009,1.

马国贤.我国转移支付的现状、问题与改革[J].财政监察,2009,15:19—23.

马昊.当代中国县级公共财政制度研究[M].北京:中国经济出版社,2008:79—82.

马昊.我国县级财政转移支付制度存在的问题、原因及对策研究[J].商场现代化,2010,3:93—95.
马骏等.国家治理与公共预算[M].北京:中国财政经济出版社,2007.
马骏,刘亚平.中国地方政府财政风险研究:“逆向软预算约束”理论的视角[J].学术研究,2005,11.
孟景伟.中国农村公共产品的供给与筹资机制研究[D].成都:西南财经大学,2009:69.
莫勇波.公共政策执行中的政府执行力问题研究[M].北京:中国社会科学出版社,2007.
彭世华,谭日辉.促进欠发达县域基础教育均衡发展的理想与现实——以湖南省慈利县为例[J].中国教育学刊,2006,12:18—24.
乔宝云,范剑勇,冯兴元.中国的财政分权与小学义务教育[J].中国社会科学,2005,6.
乔宝云,范剑勇,彭骥鸣.政府间转移支付与地方财政努力[J].管理世界,2006,3:50—56.
秦宛顺,厉以宁.教育投资决策研究[M].北京:北京大学出版社,1992.
青木昌彦.中国公共财政的制度性问题[J].中国发展观察,2005,4.
任仕君.县域义务教育资源配置现状分析与对策研究[J].当代教育科学,2005,23:24—26.
沈慕华.财政专项资金管理存在的问题及对策[J].山西财税,2005,7.
世界银行.中国省级支出报告[R].2002.
宋童文,邱旭东.关于缓解县级财政困难的思考[J].财经政法资讯,2008,1.
苏冬一,姚建.完善县乡财政管理体制推进辽宁农村综合改革[J].财政与金融,2006,12.
孙开.财政体制改革问题研究[M].北京:经济科学出版社,2004.
陶勇.中国县级财政的困境及其出路[J].甘肃行政学院学报,2009,

2:59—65.

王朝才,冷永生,王彦荣.县市政府财力自主性与转移支付制度[J].经济与管理研究,2008.

王宗兴.制度变迁与美国南部的崛起[M].杭州:浙江人民出版社,2002:2—4.

王广庆.地方政府非税收入态势与困境摆脱[J].改革,2009,12:48—53.

王广庆.县级财政转移支付变迁:制度与分配[J].经济学家,2010,12:27—34.

王磊.推进省直管县(市)财政体制改革的瓶颈因素分析[J].中国财经信息资料,2009,13.

王善迈.教育投资必须保证受教育者人均教育投资逐步增长[J].教育与经济,1985,2:41—44.

王世忠,王一涛."一费制"对贫困地区中小学的影响——以湖北省英山县为例[J].中国教育学刊,2004,8:18—21.

王迎春.我国县级财政困难的成因及对策研究[J].乡镇经济,2005,4:51—53.

王雍君.中国财政均等化与转移支付体制改革[J].中央财经大学学报,2006,9:1—5.

魏强.中西部地区义务教育"以县为主"准备好了吗?——从3个县基础教育的调查看中西部义务教育现状[J].中国审计,2004,7:69—70.

吴理财.地方财政约束下的农村基础教育问题——湖北京山县"留守孩子"问题调查引起的思考[J].人文杂志,2005,5:135—140.

吴中学.县级财政分配机制存在的问题及其原因分析[J].科技信息,2009,3.

贤成毅.财政体制:现实与选择[J].改革,2001,5.

谢旭人.中国财政改革三十年[M].北京:中国财政经济出版社,2008.

邢相勤,李四林.当代美国公共预算改革及评析[J].中国行政管理,

2009,6.
熊玮.规范财政转移支付预算管理的思考[J].华商,2008,6.
许善达.中国税权研究[M].北京:中国税务出版社,2003.
徐轶,谢欣.地方财政项目配套资金问题初探[J].地方财政研究,2009,5.
闫恩虎.县域经济论纲[M].广州:暨南大学出版社,2005.
阎坤.中国县乡财政体制研究[M].北京:经济科学出版社,2006.
闫天池,杨松建.我国县级财政困难的解决对策[J].东北财经大学学报,2003,3:33—35.
杨龙.新中国经济发展的政治因素[M].天津:天津社会科学院出版社,1998.
杨荫凯.中国县域经济发展论——县域经济发展的思路与出路[M].北京:中国财政经济出版社,2005.
尹恒,康琳琳,王丽娟.政府间转移支付的财力均等化效应[J].管理世界,2007,1:48—55.
尹恒,朱虹.中国县级地区财力缺口与转移支付的均等性[J].管理世界,2009,4:37—46.
袁飞,陶然,徐志刚等.财政集权过程中的转移支付和财政供养人口规模膨胀[J].经济研究,2008,5:70—80.
苑广睿.政府非税收入的理论分析与政策取向[J].财政研究,2007,4:8—12.
曾满超,丁延庆.中国义务教育财政面临的挑战与教育转移支付.北京大学教育评论[J].2003,1.
张光.转移支付对县乡财政教育支出的影响[J].教育与经济,2006,2:29—32.
张光远.我国收费体制改革思路研究[J].改革,2000,4:5—10.
张恒龙,陈宪.政府间转移支付对财政努力与财政均等的影响[J].经济科学,2007,1:15—23.

张洪剑.缓解县级财政困难的对策研究[J].黑河月刊,2008,2:19—20.
张立球.财政体制:理论思考与现实对照[J].湖南财政与会计,2000,12.
张馨.税收公共化:费改税成功的基点[J].涉外税务,2005,9:7—10.
张晏,龚六堂.分税制改革、财政分权与中国经济增长[J].经济学(季刊),2005,1.
张闫龙.财政分权与省以下政府间关系的演变.社会学研究[J].2006,3.
张照,王德.我国城市基础设施建设资金运作模式研究[J].城市规划,2009,3.
张振斌.财政体制改革十年的回顾与思考[J].财经问题研究,1989,10.
赵力涛.中国义务教育经费体制改革:变化与效果[J].中国社会科学,2009,4.
"中国政治体制改革研究"课题组."十一五"及今后一个时期我国财政体制改革框架安排研究[J].经济研究参考,2007,7.
甄静慧.新"圈钱运动":财政扩张面临节点[J].南风窗,2009,15.
钟开斌.中央与地方关系基本判断:一项研究综述.上海行政学院学报[J].2009,3.
周飞舟.分税制十年:制度及影响[J].中国社会科学,2006,6:100—115.
周振鹤.体国经野之道——中国行政区划沿革[M].上海:上海书店出版社,2009.